LA COMÉDIE

DE NOTRE TEMPS

Ce volume a été déposé au ministère de l'intérieur (section de la librairie), en décembre 1874.

PARIS. TYPOGRAPHIE DE E. PLON ET Cie, RUE GARANCIÈRE, 8.

LA COMÉDIE
DE NOTRE TEMPS

LA COMÉDIE
DE NOTRE TEMPS

(DEUXIÈME SÉRIE)

LES ENFANTS — LES JEUNES
LES MURS — LES VIEUX

ÉTUDES AU CRAYON ET A LA PLUME

PAR

BERTALL

PARIS

E. PLON ET Cⁱᵉ, IMPRIMEURS-ÉDITEURS

RUE GARANCIÈRE, 10

———

1875

AVANT-PROPOS

Nous croirions ne pas avoir accompli la tâche que nous nous sommes proposée, si, ayant reproduit ce que nous avons pu saisir à notre époque du costume, des façons d'être, des manières, des habitudes, de la civilité et du savoir-vivre en général, nous ne cherchions pas à entrer plus avant et plus particulièrement dans le jeu des différents acteurs qui occupent actuellement la scène.

N'y a-t-il point quatre actes principaux dans cette comédie ?

Dans le premier, l'acteur est enfant ;

Dans le second, il est jeune ;

Dans le troisième, il est mûr ;

Dans le quatrième, il est vieux.

Premier acte. — On apprend à apprendre.

Deuxième acte. — On apprend à vivre.

Troisième acte. — On n'apprend pas à vieillir.

Quatrième acte. — On est forcé d'apprendre à mourir.

Un homme de beaucoup d'esprit, hanté souvent par les papillons noirs, résumait ainsi notre passage en ce monde :

> On entre, on crie,
> Et c'est la vie.
> On crie, on sort,
> Et c'est la mort.

C'est le drame ; mais il y a aussi la comédie. Cette comédie où l'on rit parfois *pour ce que le rire est le propre de l'homme,* comme disait Rabelais.

La comédie de l'enfance, de l'éducation et de l'instruction.

La comédie des plaisirs et des fautes, celle de l'amitié et de l'amour.

Puis, la comédie des carrières et des professions, de l'égoïsme et de l'argent.

Enfin, celle des ambitions couronnées ou déçues, celle des dénoûments.

Ce sont les quatre actes de cette comédie que nous allons essayer de dessiner à la plume, et d'après nature, sur les originaux qui circulent maintenant autour de nous, — gaiement, s'il se peut ; sincèrement et honnêtement, toujours.

PREMIÈRE PARTIE

LES ENFANTS

Place aux jeunes!

Un beau jour, le sommeil étrange et mystérieux dans lequel s'ébauchait la vie se met tout à coup à cesser.

On s'éveille.

On regarde curieusement autour de soi.

Ces yeux tendres et ravis sur lesquels s'arrêtent tout d'abord vos yeux, sont ceux de votre mère.

C'est sa bouche, cette bouche souriante qui ne s'ouvre que pour de douces paroles, dont l'accent connu vous a déjà si souvent bercé sans que vous en ayez eu conscience.

Cette voix plus grave est celle de votre père.

* * *

Vous vivez.

La tendresse, la sollicitude de tous les deux s'empressent autour de ce petit être faible, chétif, inconscient, qui est vous.

Il s'agit de développer graduellement l'entendement, la force et le jugement, dont le germe seul existe jusqu'alors, afin que vous puissiez, vous aussi, jouer votre rôle dans la vie. Il faut vous mettre à même de commencer à apprendre quels sont vos devoirs, jusqu'au moment où ceux du dehors viendront vous dire quels sont vos droits.

* * *

Difficile et délicate mission que celle d'élever et de conduire à bien celui qui doit un jour devenir un homme, celle qui doit plus tard, elle aussi, devenir une mère, et élever des enfants à son tour.

Difficile et délicate mission, pour laquelle il n'est point de trop de faire appel à toutes les recherches de la tradition, à toutes les découvertes du présent, à toutes les ressources du passé.

* * *

Heureux ceux qui savent ou qui peuvent l'accomplir, cette mission providentielle, et auxquels les difficultés et les exigences sans cesse renaissantes de la vie n'imposent pas la nécessité fatale de ne fournir à leurs enfants qu'une éducation pour ainsi dire mécanique et industrielle, toute confectionnée, et comme puisée dans l'arsenal de la *Belle Jardinière !*

Éducation qui commence par le biberon pour finir aux hospices grands

ou petits, en passant par les usines successives où se débitent en gros les plats du jour, en science, en convictions et en principes.

Éducation banale et stérile qui passe son niveau sur les consciences, éteint les généreuses ardeurs et amoindrit les caractères.

Plus heureux encore ceux qui, ayant compris cette mission, ont la satisfaction d'y réussir, et d'avoir trouvé des oreilles dont ils ont su se faire entendre.

* * *

Vos devoirs, quels sont-ils?

Le premier devoir du bébé qui vient de faire son entrée dans le monde est de teter vigoureusement, afin de se procurer peu à peu ces joues roses et résistantes, ces mollets et ces reins assortis, que les mamans montrent avec fierté à tout venant.

* * *

Quelques parents se réjouissent lorsqu'ils entendent le nouveau venu crier avec énergie, et s'affirmer par des sons éclatants et soutenus. Ils voient dans ces premières vigueurs une promesse de santé et d'avenir, et comme la possibilité entrevue des splendeurs réservées de nos jours aux orateurs et aux ténors. Mais il est vrai de dire que le plus grand nombre n'hésite pas à préférer des qualités plus réservées et plus silencieuses.

Bien teter, bien dormir, est généralement un idéal que rêvent pour leurs bébés les mamans et les nourrices.

Et l'on nous assure que depuis quelques années, la méthode anglaise, qui

consiste à laisser l'enfant libre dans son berceau et sur les bras, au lieu de
le ficeler et le *saucissonner,* pour ainsi dire, dans une triple enveloppe de
langes, de couches et de bandelettes, a rétabli quelque peu de silence et de
calme dans les rangs de la nouvelle couche sociale récemment arrivée à la
vie, j'allais dire au pouvoir.

* * *

Pour une fois que la routine semble par hasard essuyer une légère défaite,
il est sage de ne pas trop se réjouir. Il est bien d'autres victoires qu'il serait
indispensable de remporter, dans l'intérêt même de tous ces petits bonshommes appelés un jour à se dicter mutuellement des lois, et à s'infliger
réciproquement leurs fantaisies, leurs manies, leurs caprices, — qu'ils nous
infligeront à nous-mêmes en plus ; heureux s'ils n'agrémentent pas ces fantaisies et ces caprices de bouleversements nouveaux, panachés de découvertes
nouvelles dans le monde des chassepots, des revolvers, du picrate, de
l'osmium et des canons-revolvers à longue portée.

* * *

En attendant, il est encore nombre d'endroits où l'on persiste à envelopper
et emmaillotter, de manière à paralyser tout mouvement, les petits citoyens
en bas âge, en dépit de leurs cris et de leurs protestations.

On les accroche à un clou vigoureusement fiché dans le mur, où on les
laisse à plat dans leur berceau.

Le but que l'on vise est atteint, le captif n'aura garde de se délivrer, de se jeter par la fenêtre, ou de jouer traîtreusement avec des allumettes : et les parents peuvent sans appréhensions se livrer à leur promenade, à leur travail et à leurs affaires.

Quand les bébés ont bien crié, ils finissent, de guerre lasse, par se taire ; et cela, disent les détracteurs des nouveaux systèmes, les habitue de bonne heure à la résignation et aux entraves que chacun doit s'habituer à rencontrer dans la société, telle qu'elle existe de nos jours.

Toutes les opinions, vous le voyez, ont leur raison d'être.

Mais nous pensons, avec la plupart des mères, que la formule nouvelle qui commence à être mise en vigueur, est une formule bonne à propager, d'autant plus qu'elle est plus conforme aux idées de nos jours :

L'enfant libre dans la couche libre.

Seulement il est bon d'ajouter que la liberté octroyée à l'enfant est, pour autant, enlevée aux nourrices et aux mères.

Qu'elles s'arrangent.

* *

Un beau jour, l'enfant, s'il n'a pas eu les jambes trop débilitées par l'étreinte du maillot, arrive à faire ses premiers pas. Le voilà parti, il ne s'arrêtera plus jusqu'au dernier, qui le mènera sur le champ de bataille, sur le navire, ou sur le lit où il doit finir.

Avec quelles angoisses, avec quel bonheur, la mère attendrie suit ses pas chancelants, cette première démarche si ravissante de grâce et de gaucherie ! Ce pas incertain s'affermira. Par quels chemins lui sera-t-il donné de les conduire ? seront-ils droits et sans détours ? seront-ils semés d'embûches, de ronces et de pierres, ou interrompus par des précipices ou des ravins ? Les feront-ils rouler dans les profondeurs sombres et désespérées, ou les conduiront-ils vers les hauteurs et les radieux sommets ?

Pauvre enfant, où vas-tu ?

C'est là ce que semblent se dire les mères, à la fois inquiètes et ravies, lorsqu'elles suivent attentives ce premier essai de leur fils, et les pères, quand ils s'arrêtent pensifs à regarder ce petit être qui commence à s'agiter, sans qu'il puisse savoir encore où il plaira à Dieu de le mener.

* * *

Mais c'est au père et à la mère à lui indiquer de leur mieux la route.

Ce qu'il faudrait faire.

LA MAIN DROITE ET LA MAIN GAUCHE.

ARCHER est utile. Il est bon de savoir se servir des jambes dont la nature vous a doués, mais il est plus indispensable encore de savoir mettre à profit les bras et les mains, premiers appareils qui nous distinguent du reste de la création, et dont les ancêtres revendiqués par le savant et modeste M. Littré partagent seuls quelques avantages avec nous.

* * *

L'usage raisonné et raisonnable des mains est certainement ce qui nous assure la prééminence indiscutable, parmi tous les êtres jetés sur cette terre. Sans pouce utilement et pratiquement opposable, il ne saurait être question ni de vêtements, ni d'armes offensives ou défensives, ni d'instruments de

2

travail, ni d'études, ni d'art, ni de progrès. Sans les mains, le cerveau de l'homme demeurait pour ainsi dire stérile, et nous étions peut-être condamnés tout simplement à l'instinct.

Or, par une étrange et bizarre conception de l'esprit, il semble que l'homme s'applique à diminuer, autant qu'il lui est possible, la puissance que ce mécanisme merveilleux lui confère.

Dieu a trop bien et trop généreusement fait les choses, semble-t-il se dire, n'en abusons pas. Sachons sagement en supprimer la moitié.

La somme du mal n'est-elle pas supérieure à celle du bien? Et, dans ce cas, n'y a-t-il pas un avantage mathématique à biffer une partie des œuvres que les mains peuvent mettre à jour et produire?

Il n'est venu jusqu'ici à personne, que nous sachions, l'idée de dresser ses enfants à ne voir que d'un œil.

Personne, jusqu'alors, ne les a exercés à ne marcher que sur une seule et

même jambe, en faisant *à cloche-pied* de petits bonds élégants et gracieux.

On n'a jamais pensé à les contraindre d'entendre seulement d'une oreille, et de ne sentir que d'une narine.

Mais en revanche, tous les parents s'accordent à priver leurs enfants de l'usage de l'un de leurs bras et de l'une de leurs mains.

Que la main droite travaille et qu'elle agisse seule : telle est l'habitude et la routine.

⁂

A peine l'enfant commence-t-il à manœuvrer les membres, qu'on lui apprend à laisser sa main gauche inactive, et à ne se servir que de la droite.

Il ne lui est permis de porter sa cuillère à sa bouche que s'il l'a prise du bon côté. Il n'écrit, ne dessine, ne peint, ne s'exerce, qu'en faisant agir sa main droite.

La gauche est annulée, supprimée, proscrite.

Et quand on lui fait apprendre le latin, qu'il n'écrit aussi que de la main droite, on lui fait remarquer comment les anciens, gens éclairés et pratiques, sur lesquels, en dépit du temps, les modernes prétendent se modeler, donnaient à la gauche le nom de *sinistra*, sinistre.

⁂

Bref, à cinq ans, sous l'influence de cette précaution, un enfant est estropié pour sa vie tout entière. L'une de ses mains est habile, l'autre est nulle et comme atrophiée. Le bras gauche lui-même, impuissant à conduire une main paresseuse et inutile, est presque sans vigueur, et n'a pas la force d'action et de résistance réservée de préférence à son compagnon.

Et il y a préméditation et routine implacables depuis longues années.

Car la main se disait jadis *dextra*.

Oculos dextramque precantem protendens.

Par suite, on dit d'une personne habile, soit au moral, soit au physique : elle est adroite, *dextera,* elle a de la dextérité.

De même que l'on dit d'un être disgracieux et malhabile, — qu'il est gauche, qu'il est maladroit.

⁂

Depuis un temps immémorial, il n'est jamais question que d'une seule main : la main droite.

On dit : J'aime à serrer dans ma main la main calleuse de l'ouvrier.

Ceci est fait de main de maître.

Peuples, formez une sainte alliance, et donnez-vous la main.

Quand on veut épouser une jeune personne, on demande sa main.

Judiciairement, on demande une main levée.

Les biens du clergé sont des biens de mainmorte.

Etc., etc., etc.

La main droite attire seule l'attention; la main gauche est comme si elle n'existait pas, honteuse, pour ainsi dire, et dissimulée. — On dit : Un mariage de la main gauche, pour ces unions auxquelles manque la bénédiction donnée par la main droite du prêtre et de l'officier public.

*
* *

Il est donc bien à craindre que les enfants et les hommes continuent à s'estropier ainsi à plaisir jusqu'à la fin des temps, si des parents prudents et soucieux des idées utiles et vraies ne s'avisent pas un jour de donner équitablement la même éducation à la main droite et à la main gauche, afin qu'en un moment donné, l'une remplace l'autre ou lui supplée.

A cette époque, où règne la soif de l'égalité, ne serait-il point temps de proclamer l'égalité de la main droite et celle de la main gauche?

Il est vrai que cette égalité étant peut-être la plus utile et la seule possible, il est bien à croire qu'on ne s'en occupera guère, et que la main droite ne cessera pas de jouir de ses préférences et de ses priviléges.

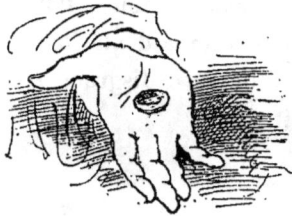

LES PREMIERS MOTS.

L e bébé commence donc à se servir de sa main.

Il s'agit maintenant de lui apprendre à se servir de la parole.

Si, comme l'a dit M. de Talleyrand, la parole a été donnée à l'homme pour déguiser sa pensée, dans les premiers temps de la vie du moins, elle sert à la manifester, jusqu'au moment sans doute où l'expérience apprend qu'il est plus prudent de ne point le faire.

L'éducation est déjà commencée, c'est le tour de l'instruction.

Le jeune Français ou la jeune Française devrait, à ce qu'il nous semble, commencer par apprendre tout bonnement le français.

La tradition le veut autrement.

On lui montre à manger, on lui dit : Voici du *nanan*.

On lui désigne un cheval, c'est un *dada*.

Un chat, c'est un *minet*; un chien, c'est un *toutou*; son oncle est un *tonton*; sa tante se nomme *Tata*, etc., etc., etc.

Et lorsque le bébé sait parler couramment cette langue à part, on lui donne souvent le fouet pour le contraindre à l'oublier. Peut-être serait-il plus simple de lui enseigner de suite à appeler un chat un chat, suivant le précepte du vieux Boileau.

PREMIÈRES CIVILITÉS.

'EST ici que se placent les recommandations de la civilité puérile et honnête.

L'enfant doit savoir bientôt :

Qu'il est défendu de mettre ses doigts dans son nez.

Et encore plus dans celui du voisin.

* * *

Qu'il faut s'efforcer à table de ne jamais éternuer dans le potage.

Sous aucun prétexte, ne jamais placer ses pieds sur la table.

Le plus rarement possible y mettre ses coudes.

Ne pas négliger de se laver avec soin le visage, les dents, les oreilles et les mains aussitôt qu'il est levé.

Ne pas ronger ses ongles.

Ne pas se moucher avec fracas en imitant le bruit de la trompette, puis contempler avec curiosité ce que contient son mouchoir.

Ne pas se gratter la tête à deux mains, ou même à une seule, faute de la main droite.

Ne pas jeter des boulettes de pain ou de papier mâché au visage des gens

qui sont placés en face ou à côté de vous.

* *

Ne pas mettre la main au plat, et se servir soi-même avec sa cuillère ou sa fourchette.

* *

Ne pas cracher par terre, soit sur le parquet, soit sur les tapis.

Ne pas faire pourtant comme ce seigneur français qui, visitant en Italie le palais d'un homme d'une probité douteuse, en admirait le luxe merveilleux déployé partout; comme il ressentait un besoin impérieux de cracher, il lui cracha tout simplement à la figure, s'excusant de ne pas trouver une autre place, tant le reste, palais et accessoires, était digne d'admiration et de respect.

* *

Ne pas croiser ses jambes en agitant sans cesse, comme un balancier, le pied qu'il tient suspendu.

Ne pas se balancer sur son siége.

* *

Ne pas parler ou chanter à table si on ne lui demande pas de le faire.

Il est défendu de tirer la langue à quelqu'un — à moins que l'on ne vous en prie.

Ne pas hausser les épaules avec mécontentement ou mépris.

✻ ✻

Ne pas ramasser ostensiblement un cheveu de la cuisinière, ou un brin de moustache du cuisinier dans son assiette.

✻ ✻

À table, ne jamais se déranger de sa place sans qu'on y soit invité.

✻ ✻

S'efforcer de ne pas renverser sur la table ni la bouteille, ni son verre, ni le verre du voisin.

✻ ✻

Ne pas mordre dans son pain, comme un petit chien, mais le rompre avec soin.

✻ ✻

En pensant à l'avenir, ne pas mettre du dessert dans sa poche, et encore moins des pilons de volaille.

Ne rien demander à table, et attendre qu'on vous serve.

Ne pas manger outre mesure, et encore moins ne pas boire plus qu'il ne faut..

* * *

Ne pas tirer à l'improviste le mouchoir d'une personne qui se mouche.

* * *

Si quelqu'un est près de s'asseoir, ne pas retirer la chaise pour le faire tomber.

Être toujours propre, correctement vêtu, et relever avec soin vos bas,

lorsqu'ils tombent sur vos talons.

✻ ✻ ✻

Ne pas courir dans la rue, pour échapper à la personne qui vous conduit, et risquer de vous faire écraser.

✻ ✻ ✻

Ne pas essayer de mettre ses doigts, un cornet de papier ou un bout de son mouchoir, dans la bouche de quelqu'un qui bâille.

✻ ✻ ✻

Si quelqu'un dort, ne pas le chatouiller avec une plume, une paille ou un morceau de papier.

Ne pas égratigner ou griffer sa bonne, ou sa nourrice, ou sa sœur, ou son

frère, ou ses petits camarades et amis.

Ne pas oublier, chaque matin et chaque soir, de dire le bonjour et le bonsoir à vos parents,

* * *

Pendant la soirée, chez monsieur votre père, si une personne lit des poésies fugitives ou bien une tragédie en cinq actes et en vers, ne pas

témoigner par une pantomime trop accentuée que cette lecture ne vous procure aucun plaisir.

Quand il vient des visiteurs ou des amis, les saluer poliment, venir les

embrasser s'ils le demandent, puis se retirer discrètement à l'écart, et ne rien dire, si l'on ne vous interroge point.

❊ ❊
❊

Quand on a fait une faute,
Quand on vous gronde, ne pas pleurer et crier sans cesse

Subir sa punition avec calme.

--Mais aussi ne pas avoir l'air d'en rire et d'en plaisanter.

Ne pas courir comme un écervelé en se jetant dans les jambes des pro-
meneurs.

*
* *

Ne pas oublier de saluer et d'ôter son chapeau ou sa casquette, quand on

rencontre une personne des amis de la famille, surtout une personne âgée,
ou appartenant à un ordre religieux quelconque.

*
* *

Ne pas répondre brièvement par oui et par non, sans ajouter Monsieur,
Madame, ou Mademoiselle.

*
* *

Quand toutes ces premières règles sont à peu près connues, que le bébé

Pauvre maman !

sait à peu près lire et écrire, qu'il devient, malgré tout, bruyant, querelleur, volontaire, quelquefois paresseux, le papa, un certain jour, prend sa résolution.

— Ma chère amie, dit-il, c'est très-bien d'habiller son fils en Écossais, en marin ou en Louis XIII, mais ça ne suffit pas.

Il faut me couper ces cheveux-là, mettre à ce gaillard-là un pantalon, une tunique avec de gros boutons, et me le fourrer au collége.

* ** *

La pauvre maman pleure de tout son cœur. Les beaux cheveux blonds et bouclés, son orgueil, tombent sous le ciseau du coiffeur.

Le bébé, lui, est ravi du changement; il ne pleure pas, lui.

Il est fier : il a un képi.

Le voilà collégien.

LE COLLÉGE.

Bonjour, gamin !

Ainsi donc, la coutume invétérée fait que l'on s'empresse d'enseigner au bébé qui sort de ses langes, l'idiome des *dada,* des *minet,* des *toutou,* etc., pour le forcer ensuite à le désapprendre.

Par une suite non interrompue de cette même logique, lorsque l'on s'aperçoit qu'il a bien oublié cette première langue qu'on lui avait apprise, et qu'il commence à balbutier et reconnaître un peu la seconde, on semble s'être donné la tâche de rechercher, parmi toutes les langues connues, les deux seules langues qui ne se parlent pas : le grec et le latin ; afin, sans doute, qu'il puisse les oublier plus facilement à leur tour.

Et l'on dit à l'enfant : Mon ami, tu vas passer dix années de ta vie à ne pas apprendre le latin et le grec. Il est vrai qu'après ces dix années de gymnastique, tu en sauras à peine quelques mots, ce qui ne peut vraiment pas nuire, et tu arriveras ainsi à passer tant bien que mal des examens, à partir desquels tu auras tout ton temps à toi pour oublier à ton aise ce que tu auras appris, et apprendre enfin ce qui te sera vraiment utile et favorable pour ta carrière.

— Mais il me semble cependant, dit le collégien, qui vient d'endosser sa tunique et de coiffer son képi, que j'aurais peut-être un avantage plus grand à m'exercer, gymnastiquement parlant, sur l'anglais, l'allemand, l'italien, l'espagnol, le russe, ou le danois, ou le suédois, ou l'arabe, ou l'hindou, ou même le chinois ; car, enfin, ces langues-là on les parle, et l'on peut avoir l'occasion de les parler, tandis que le latin ne se parle plus, même dans les cuisines, et se lit à peine sur les fioles de messieurs les pharmaciens, ou sur les étiquettes des arbustes et fleurs au Jardin des plantes.

Tandis que le grec ne se parle plus du tout, et sert tout au plus aux chimistes inventeurs de pommade, et aux fabricants de néologismes, ainsi que me le disait mon grand cousin qui vient de passer son *bachot* avant-hier.

— Mon enfant, tout cela est bel et bien, mais ton cousin ne sait ce qu'il dit ; car le latin est la clef de tout. Nos pères avaient appris le latin et avaient cette conviction, sachons la conserver à notre tour.

Ce n'est qu'un temps à passer, un temps indispensable, pendant lequel on est soumis à une règle, où l'on apprend à raisonner, à comparer, à écrire.

Je sais bien que l'on pourrait s'exercer de même sur des langues vivantes. Mais nos pères savaient ce qu'ils faisaient, et lorsqu'ils avaient bien appris pendant quelques années le latin, ils savaient aussi parfaitement l'oublier ; nous ferons comme eux.

— Au bout du compte, ça m'est bien égal, dit le collégien.

Et il entre avec satisfaction au collége ; car il n'est pas fâché de trouver quelques bons petits camarades pour courir, jouer à saute-mouton et faire quelques bonnes parties de balle ou de barres.

CE QUE L'ON APPREND.

Tous ceux qui ont usé des culottes bleues l'hiver, et des culottes grises l'été, sur les bancs universitaires, savent à n'en pas douter que, sur cinquante élèves dans une classe, il n'en est pas dix, en fin de compte, qui puissent élever la prétention de savoir s'exprimer convenablement ou écrire à peu près en grec ou en latin.

Sur ces dix, il en est sans doute deux ou trois qui n'oublient pas ce qu'ils ont appris et le perfectionnent ensuite, parce que l'état auquel ils visent consiste à devenir professeur de latin et de grec, et à l'enseigner à leur tour tant bien que mal à ceux qui, dans la génération suivante, passeront quelques années à gratter comme eux le papier du collége.

Les sept ou huit autres, au bout de peu de temps, n'en sauront guère plus long que les quarante dont il a été question tout à l'heure.

* * *

Il fallait trouver, pendant les dix années où l'enfant devient le plus remuant, le plus maussade, le plus désagréable, un moyen de le contenir et de l'occuper.

Ne serait-il point possible de trouver mieux, et de remplacer le fatras dont on se débarrasse toujours avec jouissance et sans appréciable dommage, par un bagage que l'on conserverait avec avantage et avec fruit ?

* * *

On a plaisanté quelque peu les forts en thème. N'est pas fort en thème qui veut. Celui qui est fort en thème est le plus souvent un enfant bien doué, appelé à être plus tard un fort en n'importe quoi, si la chose lui plaît.

La force en thème ne s'acquiert que par l'usage de la persévérance, de la volonté et de la réflexion. Le discours latin, auquel l'Académie décerne chaque année le prix d'honneur, n'est autre chose que le thème porté à sa suprême puissance.

Les forts en version sont les fantaisistes, doués de facilité, de brio, d'imagination ; les forts en thème sont les judicieux, les réfléchis, et les savants.

Les annales des concours généraux nous renseignent sur ce point. Parmi les lauréats célèbres qui figurent sur ces livres d'or,

M. Leclercq de l'Académie française, était un fort en thème, ainsi que son collègue M. Patin.

M. Villemain aussi était un fort en thème. De nos jours, MM. Camille Rousset, Caro, Mézières, sont des forts en thème.

Émile Augier, Octave Feuillet, étaient à la fois forts en thème et forts en version.

Parmi ceux qui ne s'assoient pas encore sur ces fauteuils rembourrés de noyaux de thème et de version qui font cercle à l'Académie française, Edmond About fut une remarquable figure pour les versions, et Sarcey pour les thèmes. John Lemoinne, Hervé et Weiss furent aussi des thèmes célèbres et profondément convaincus.

Alphonse Karr, le plus judicieux, peut-être un des plus brillants, et sans doute le plus sensé parmi tous ceux que nous venons de nommer, et qui se contente d'un tabouret, tandis que tant d'autres moins dignes ont un fauteuil, était illustre jadis autant par ses thèmes que par ses versions.

* * *

Ne pourrait-on dire du thème et de la version, et par conséquent du latin, ce que l'on a dit jadis du journal? On arrive à tout par le latin, à condition de le quitter.

Assez de jeunes Français ont pris la chose au sérieux, et, ne consentant pas à se donner l'inutile ridicule d'être forts en thème et en version, ont compris à temps les embûches du latin et du grec. Ceux-là se contentent de collectionner çà et là quelques notions suffisantes pour n'être pas *retoqués,* comme ils le disent, à l'examen final du baccalauréat ou *bachot,* qui est maintenant la porte ouverte à toutes les carrières. Puis, cette timbale une fois décrochée, ils n'ont que bien peu de peine à oublier ce qu'ils ont appris.

***

Il n'est absolument pas sans intérêt de paraître avoir fait de bonnes études.

Quelques mots latins jetés çà et là dans le dialogue agrémentent la conversation, et, discrètement placés, en imposent au vulgaire. Ceux qui écrivent ont soin de disposer de temps en temps quelques citations, destinées à éblouir les femmes et les consommateurs de journaux.

EXEMPLES :

Un caissier part pour Bruxelles. .	*Auri sacra fames.*
L'année se termine	*Irreparabile tempus.*
Voyage à la mer.	Πολύφλοισβοιω θάλασσης.
Les plaisirs de la campagne	*Sub tegmine fagi,*
	ou *Fortunatos nimium.*
Une menace	*Quos ego !*
Les vacances sont finies	*Sat prata biberunt.*
Une naissance.	*Tu Marcellus eris.*
Un conflit.	*Inde iræ.*
Une légèreté	*Proh pudor !*
Un mécompte.	*Sic vos non vobis.*
Une discussion	*Tot homines, tot sensus.*
Un succès.	*Hoc erat in votis.*
Une variation.	*Quantum mutatus ab illo.*
Etc., etc., etc.	

Quelques curiosités latines et grecques, restées par-ci par-là dans la mémoire, et que l'on peut rappeler de temps à autre, et à des gens qu'on ne voit pas tous les jours, sont parfois d'un excellent effet. Il s'agit simplement de savoir choisir comme interlocuteurs ceux que la science a le don d'éblouir.

La pièce de vers latins, dont tous les mots commencent par un P, est généralement d'un effet sûr. On en cite négligemment et en riant quelques vers.

> *Plaudite porcelli, porcorum pigra propago*
> *Progreditur. Plures pleni pinguedine porci,*
> *Pugnantes pergunt..... etc., etc.*

Pour établir que les Latins étaient ingénieux, on cite encore ce vers qui se retourne d'un bout à l'autre, et reproduit les mêmes mots, en recommençant de la dernière à la première lettre.

> *Roma tibi subito motibus ibit amor.*

On comprend qu'après avoir frappé de tels coups, on passe sans conteste, dans l'opinion, pour un homme qui a fait d'excellentes études. Dans un moment donné, cela peut être d'une réelle utilité.

Pour donner le dernier coup à l'assistance, on peut ajouter que les Grecs eux-mêmes cédaient à ces fantaisies curieuses.

Témoin cette inscription, placée jadis sur le bénitier d'une église byzantine, et qui se retourne comme le vers latin :

> Νιψόν ἀνομήματα μὴ μόναν ὄψιν,

Ce qui signifie :

> Lave les péchés, et non pas seulement ton visage.

Tels sont les trésors d'érudition, clichés pour les besoins journaliers et l'éblouissement de la galerie, et qui circulent avec persévérance dans certaines conversations et dans bon nombre d'articles.

Ce léger bagage subsiste presque seul comme un souvenir des dix années passées sur le vaisseau universitaire ; tout le reste — à peu près — a été jeté par-dessus le pont.

*　*　*

On le voit, celui qui dit : Je réussirai dans cette affaire, ou j'y perdrai mon latin, ne s'engage pas généralement à un bien grand sacrifice.

Dans tous les cas, les trésors d'érudition cités plus haut sont à la disposition de messieurs les décavés.

* * *

Il est vrai de dire, ajoutait un grincheux de nos amis, que si l'on ignore presque complétement le latin et le grec en sortant du collége, il en est beaucoup parmi les nourrissons des Muses universitaires qui ne sont guère plus avancés alors, au point de vue du français proprement dit. Du moins de ce côté, il faut le dire, les conquêtes, au point de vue de l'orthographe et du langage courant, sont à peu près indiscutables.

Et l'on sait à fond toutes les délicatesses de la langue verte, l'argot de théâtre et même de caboulot.

Quant à l'anglais et à l'allemand, langues auxquelles on consacre une classe ou deux par semaine, chacun sait que ces classes sont régulièrement consacrées à faire du *chabanais,* à lancer des boulettes de pain au nez des camarades et même du professeur, ou des boulettes de papier mâché au plafond de la classe. Aussi l'éducation une fois terminée, l'élève n'est pas plus habile pour demander son chemin à Oxford street ou Piccadilly, qu'à Berlin sous les tilleuls.

* * *

Un jour, peut-être, sous la pression des chemins de fer, des steamers et de tous les engins modernes qui de plus en plus suppriment les distances, on comprendra que, pour les vivants appelés de plus en plus à se voir et à échanger fréquemment soit des marchandises, soit des paroles, les langues vivantes sont préférables aux langues mortes.

Les classes de latin et de grec ne deviendront plus que des classes d'agrément. L'anglais, l'allemand, l'espagnol, l'italien et le russe fourniront la matière des études classiques, et leur littérature ne sera plus pour nous lettre morte.

Et quand la fin des études aura sonné, il y aura quelque chance au moins pour que l'élève retrouve assez souvent l'occasion de parler une des langues avec laquelle il aura ébauché connaissance, et certainement il courra beaucoup moins de risque de perdre son anglais que de perdre son latin.

Un vieux proverbe dit :

« Un homme qui parle deux langues vaut deux hommes. »

Ce proverbe est à méditer.

Et le meilleur cadeau qu'un père puisse faire à ses enfants, est de leur faire apprendre jeunes à se doubler et à se tripler pour l'avenir.

* * *

Quelques professeurs zélés ont compris qu'on apprend bien difficilement une langue dont on n'éprouve pas à chaque instant le besoin de se servir. C'est ce qui faisait dire à M. Choufleury :

— C'est drôle comme tout est cher en France ! voilà quatre ans que je dépense quinze cents francs par an à faire apprendre l'anglais à ma fille, et elle ne le sait pas, tandis qu'à Londres les plus pauvres apprennent à parler très-bien l'anglais, et ça ne leur coûte rien.

* * *

Le jour où l'on parlerait réellement latin, non-seulement dans les cuisines, mais au restaurant, à la brasserie, au bal Mabille ou à Valentino, on ne serait pas six mois à apprendre ce que l'on sait à peine en six ans.

Philoxène Boyer avait pour père un professeur qui ne lui donnait à manger que lorsqu'il l'avait demandé en grec ou en latin.

* * *

Je me rappelle l'accent navré du pauvre Philoxène en disant à son père, à un dîner où il y avait des dames :

Pater, da mihi crustulas.

Crustulas, c'étaient des macarons.

Il aimait mieux parfois ne rien demander du tout, que de se faire entendre dans cet idiome ignoré des jeunes filles.

Sa constitution n'y a pas résisté. On sait qu'il est mort jeune. De désespoir, il avait quitté brusquement la maison de son père.

Et avant de mourir, il s'est vengé en tourmentant le français d'avoir été torturé par le latin.

* * *

L'ignorance des langues étrangères chez les Français, et leur insouciance pour les apprendre, sont la source de bien des maux pour la France!

Le pays est beau, la langue est commode, s'apprend facilement, presque sans travail, et sans qu'on s'en doute. Pourquoi chercher ailleurs pour rencontrer un pays moins beau, un ciel moins clément, des langues baroques dont nous ne comprenons rien? Restons chez nous.

Soyons préfets, députés, dictateurs.

Si nous ne le pouvons pas, faisons des barricades.

Faire des barricades chez soi, c'est encore du bonheur!

LA COMÉDIE DU COLLÉGE

LE LIVRE DU COLLÉGIEN

Forsan et hæc olim meminisse juvabit.
VIRG.

aspice Pierrot pendu
Quod librum n'a pas rendu.
Si librum reddidisset.
Pierrot pendu non fuisset.

Polissez-le sans cesse et le repolissez.
BOILEAU.
Polissons-le sans cesse, et l'heureux polisson.
UN SIXIÈME.

LA COMÉDIE DU COLLÉGE

PRONOSTICS

UN GARÇON QUI A DE L'AVENIR

Jam nova progenies cœlo demittitur alto. Virg.

LE PÈRE. — Ce sera un garçon ! Pauvre petit chou ! je veux qu'il possède ce qu'il y a de plus conséquent en fait d'éducation.

Uno avulso non deficit alter. Virg.

LA NOURRICE. — Ce sera un gros bel homme ! Amour, va !

Βαίνω, *va, marche, a ferme assiette.* Rac. gr.

— Marche-t-il bien, le petit chéri à son papa ! Si jamais il y a une garde nationale, je lui ferai monter ma garde.

Κρίμβαλον, *hochet ou sonnette.* Rac. gr.

— Il sera musicien, c'est clair ; et justement moi qui adore la musique.

Tu Marcellus eris! Virg.

Cet enfant-là est vraiment extraordinaire. Vous verrez qu'il fera du bruit dans le monde.

Quadrupedante putrem. Virg.

Mlle LILI. — Ça ne m'amuse pas du tout d'être cheval.
M. TOTO. — Quand je te dis que ça t'amuse.
M. ET MADAME. — Il a de la fermeté, de la tournure, il sera dans la cavalerie.

Si quid
Turpe paras ne tu pueri contempseris annos. Juv.

En attendant, sa jeunesse est confiée à des soins attentifs et vigilants.

Maxima debetur puero reverentia. Juv.

Cré moutard, va ! toujours à nous interrompre quand on a quelque chose à dire. Qu'est-ce que ça sera quand il sera à la Chambre ?

Scripta manent. Virg.

Mais cependant il travaille, il lit et écrit. L'enfant n'ayant plus rien à apprendre au sein de sa famille, on comprend qu'il est nécessaire de le fourrer au collége.

ENTRÉE AU COLLÉGE

LES ÉTUDES. CE QU'ON APPREND ET CE QU'ON SAIT.

Pius Æneas. Virg.
PREMIER HABIT.
Première communion.

Largoque humectant flumine vultum. Virg.
Les adieux.

⁂

Le voilà appelé à collectionner peu à peu les connaissances précieuses et variées qui doivent lui ouvrir les portes dorées de l'avenir.

Pie mendax. Ov.
— Ce jeune homme me paraît avoir les plus brillantes dispositions... (*Bas*) à devenir un crétin comme son père.

Hæc in nostris fabricata est machina muris. Prop.
Aussitôt arrivé au collége et vêtu comme les autres, le nouveau se met au travail avec ardeur. Bientôt, sous ses doigts habiles, le papier se façonne en cocottes élégantes.

Puer, abige muscas. Lh.
Rien ne lui échappe.

Atque hæc insuper addit. Virg.
Par ses soins, les mouches ravies acquièrent un ornement oublié par la nature.

⁂

Nec mora nec requies, vasto certamine tendunt. Virg.

Les hannetons, race timide, apprennent à manier le glaive
des combats.

O machinator fraudis! o scelerum artifex! Sen.

LE CORNET. — Il y a de l'encre là dedans. on de ce liquide
dont la nature a pourvu la bouche de tout collégien.
C'est pour le pantalon du nouveau en face.

Tu calamos inflare leves. Virg.

— C'est la baguette aux habits du pion de cinquième.
Goûte-moi un peu ça, si ça n'est pas chicobard !

Erectos attollit ad æthera muros. Virg.

Il apprend l'art de fortifier les places, et se fortifie
lui-même dans les lettres par la lecture de Paul
de Kock.

... Quid ferre recusent
Quid valeant humeri. Hor.

LA BALLE CAVALIÈRE.

Il fait de l'équitation comme feu Franconi.

Et pourtant elle tourne. Gal.

La toupie n'a plus de secrets pour lui.

Sic vos non vobis vellera fertis oves. Virg.
A saute-mouton il force le 7 et ne marche pas sur la raie.

Externique. Virg.
UN EXTERNE LIBRE ....
d'apporter des cervelas et des livraisons
aux internes.

'Ακόλουθος, *suivant. valet.*
Une éducation brillante.
Si celui-là ne devient pas un petit crevé,
il n'aura pas de chance.

Πόδας ὠκὺς Ἀχιλλεύς. Hom.
Il connaît peu de rivaux aux barres à vistre
et au *chat coupé.*

Horrida bella. Virg.
Il est brave, il a des affaires d'honneur dans la petite cour derrière les lieux.

Ἀγαθός, *bon, brave à la guerre.*
S'il reçoit des blessures, il les reçoit
par devant.

Validior manuum. Lh.

LA MAIN CHAUDE.
— Méfie-toi, tu vas le casser !

Incerti quo fata ferent. Virg.

Il faut joliment étudier son mouvement pour mettre tout dans la bloquette.

Quoniam sors omnia versat. Virg.

LES BARRES.
— A qui choisira le petit Ducos, le meilleur coureur, le *gladiateur* de la chore.

Dives opum. Virg.

LES AFFAIRES.
— Je te prête cinq billes, mais tu m'en rendras dix à la fin de la récréation.
— C'est roide... mais enfin.

Λάζω, *j'exhale et j'aspire.* Rac. gr.

En quatrième, il y a progrès : il fume de l'anis dans une pipe, et cherche pour cela les endroits retirés.

Βάλλω, *je frappe en dardant.* Rac. gr.

LA BALLE AU POT.

Quand il joue à la balle, il acquiert une filande et une filade incomparables. Pour caler il a de la décision et du coup d'œil.

Dapibus solatur opimis. Virg.

— Il y en a un dans notre quartier qui est injuste comme tout; je l'ai appelé animal, il m'a flanqué en retenue.

— Pauvre chéri!

LE CENSEUR.

Monstrum horrendum, informe, ingens, cui lumen ademptum. VIRG.
Non. Heu!
UN SIXIÈME.
Quos ego.... VIRG.

— Cinq cents vers à monsieur....

LE PION OU MAITRE D'ÉTUDES.

Nec visu facilis nec dictu affabilis ulli.
VIRG.

— Le premier qui bouge!!!

AU PARLOIR.

— Quand tu viendras jeudi prochain, tu mettras ta robe neuve, et tu m'apporteras
des marrons glacés; ça embêtera Gustave!

Tulerat. Virg.

ÉTUDES MATHÉMATIQUES. LE TRIANGLE.
— Tu la rates.
— Tu ne la rates pas.
— Tu la rates.

Stans pede in uno comitum comitante caterva. Virg.

LE DIABLE BOITEUX ET LA MÈRE ANGOT.
A la lingerie, on n'aime pas cela; c'est la mort aux mouchoirs.

Ἀμφω, deux, comme Ambo l'atteste.

L'AMI DU PIOCHEUR.
— Je viens du parloir, on m'a apporté de *la trogne.* Tu vas m'expliquer ma version grecque.

Il faut

aussi

étudier

son

personnel.

Aures habent et non audient. Ps.

Voici un petit pion qui n'est pas embêtant du tout : il n'entend rien, il travaille tout le temps, à quoi ? Je me le demande.

Couci couça. Rab.

Celui-là, qui a été étudiant en médecine, il ne faut pas s'y fier.

Cave canem. Hor.

Pour celui-ci, par exemple, on ne sait pas où il regarde, et il n'est pas agréable à regarder. Rien à faire avec lui.
— Oh! la la!

Ver æthera mulcet. Virg.

A été sous-officier. Raide si l'on veut, mais bon enfant. Quand on le rencontre les jours de sortie, accepte volontiers un petit verre.

LA CONNAISSANCE DES HOMMES.

Portitor orci. Virg.

Le portier du collége est poli comme un ours.

Facies non omnibus una, nec diversa tamen. Virg.

ENSEIGNEMENT MUTUEL.

Ce petit-là est un être indécrottable... Faites-lui suivre ce régime : racines grecques à haute dose, pensum à jet continu, retenue à double détente, privation de bains, et vous m'en direz de belles nouvelles.

Proh pudor ! Virg.

Pas commode.

Bonus bona bonum. Lhom.

Bon enfant.

Contentus sua sorte. Lhom.

ASTIQUÉ POUR SORTIE.

Tu me rapporteras de la *trogne* et des cigarettes.

Silent arrectisque auribus adstant. Virg.

UN NOUVEAU PROFESSEUR.

Vient tout frais de l'École normale. On ne peut pas lui en remonter. Connaît tous les trucs.

Papaver. Virg.

LE VIEUX PROFESSEUR DE RHÉTORIQUE.

Trente ans de thème et de discours latin. Et il croit que c'est arrivé ! Pauvre bonhomme ! (*Note d'un cinquième.*)

Baμĉαῐωι, bégaye en parlant. Rac. Gr.
Vox faucibus hæsit. Virg.

LA LEÇON.

Inde toro pater Æneas sic orsus ab alto, alto e pater, e
e alto orsus e ab alto e e e...
— Souffle donc, je n'entends pas.
— Souffle donc, nom d'un chien!!

Pedes vestis defluxit ad imos. Virg.

Étude faite d'après les extrémités inférieures d'un
collégien. Cela ne peut pas du reste l'empêcher de
faire des études supérieures.

Quos ego! Virg.

Le chien de cour.

Oculos dextramque precantem
Protendens. Virg.

M'sieu, m'sieu..... me permettre.

Mirabile visu. l.b.

Un professeur qui a la vue basse. Quelle veine!

Labor omnia vincit
Improbus. Virg.

VISITE DE L'INSPECTEUR.

PREMIER ÉLÈVE (sotto voce). — O c'te balle!
DEUXIÈME ÉLÈVE. — Quelle trombine!
TROISIÈME ÉLÈVE. — En v'là une binette!
L'INSPECTEUR. — Monsieur, recevez mes compliments. Cette classe est une des
mieux tenues de cet excellent collége.

Externique.　　Hor.

— Ces externes ont-ils de la veine! En s'y
prenant bien, on peut tiler une classe sur trois.
Le Jardin des Plantes n'a pas été fait pour les
chiens, et puis les parents n'y vont pas.

'Ιώ! ίώ! θεοί θεάς τι! · Hom.

— Tu as été le cinquante-septième la dernière fois, très-bien! mais
si tu n'es pas le premier jeudi prochain... tu vois ma canne.

Ille regit dictis animos. Virg.

— Silence, messieurs, ma plume
est grosse de cinq cents vers.

Genibus minor. Virg.

Un collégien qui a l'aversion
du thème.

*Quandoque bonus
Dormitat Homerus.* Hor.

Un maître qui a de bons
moments.

Conticuere omnes intentique ora tenebant. Virg.

Ce pion a l'air assez chien, il faut le dire. Nous n'avons pas l'air
d'être là pour nous amuser.

*Nidore culinæ
Gaudet.*　　Juv.

Il faut savoir faire du chocolat dans
son pupitre. Le chocolat Menier est
délicieux pour ça.

Vibrata jaculatur fulmina lingua.

S'il allait se retourner!

Impressis animare figuris.

Luc.

PROFESSEUR.

Une figure de rhétorique.

Ave! restauraturi te salutant.
PROP.

EN PROMENADE.

Un homme dont on loue les sucres d'orge.

... *Epulæque ante ora paratœ*
Regifico luxu. Virg.
Au banquet de la vie, infortunés convives! *Gilbert.*

VUE PRISE AU RÉFECTOIRE.

Ah, dame! ce n'est pas comme chez Brébant! Mais ça va tout de même. On n'est pas trop refait.

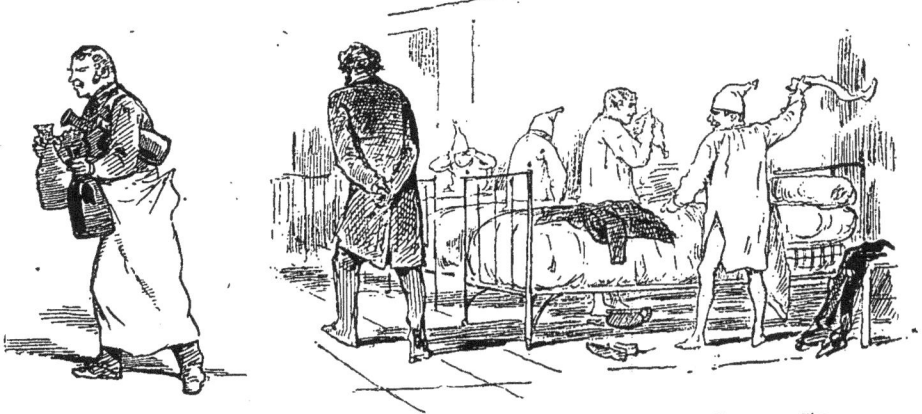

O nata mecum consule Manlio abundantia. Hor.

Pierre Ganymède, préposé à la section
de l'abondance.

Suadentque cadentia sidera somnos. Virg.

AU DORTOIR.

— Je te parie que non.
— Je te parie que si.
— Tu es trop capon.

Fuge littus avarum. Virg.

MONSIEUR L'ÉCONOME.

Trop de haricots à la clef.

Iude toro pater sic orsus ab alto. Virg.
Somnos quod invitet leves. Hor.

AU DORTOIR.

— Qui a fait ce bruit là-bas?... Personne ne répond, c'est bien!...
Demain vous aurez de mes nouvelles.

FAITS D'HIVER.

Hyememque pedum certamine vincit. Ov.

LA SEMELLE,
Privilége de ceux qui n'out pas d'engelures.

Quis globus , o eives... volvitur? Aulu-Gelle.
Vires acquirit eundo. Virg.
Études économiques. Apprendre à savoir faire boule de neige.

Infelices tendens ad sidera palmas. Virg.
Une main de collégien au mois de janvier.
NOTA. — Avec des engelures de cette touche-là, si l'on a un peu de truc, on se fait dispenser des devoirs pour six semaines.

Tristis hyems. Juv.
Désagréments d'en avoir. Ce pauvre Machin ne peut pas mettre ses souliers. Pendant trois mois d'hiver il est embêté par les petits. Il se rattrapera l'été.

Fractus morboque famique. Virg.
LA VISITE DU MÉDECIN.
— M'sieu, j'ai mal au doigt, il m'est impossible de travailler.
— Voyons votre langue. Très-bien. Prenez un bain de pieds, et apprenez une décoction du premier livre de l'Énéide.

Morborum causas et signa docebo. Virg.
Il n'y a rien de commode comme l'infirmerie pour lire tranquillement un Alexandre Dumas ou un Paul Féval.

Ille impiger hausit
Spumantem pateram. Virg.

LA MAISON D'OR DU COLLÉGIEN.

— Dire que ce veinard d'Ernest a l'œil chez le marchand de coco!

Per mille ruet discrimina vitæ
Vecturus merces opulentas. LU.
Vires acquirit eundo. VIRG.

PATÉ DE CHAT.

Ainsi nommé des pâtés qu'il fournissait à des prix honnêtes et immodérés. Célèbre pour ses pieds infatigables, et ses chaussons.. : aux pommes.

Hic inter flumina nota frigus captabis opacum. Virg.

— L'eau est-elle bonne ?
— Excellente, mais très-froide !

Quid sit amor ! Virg.

AU PARLOIR.

— Quand je te dis qu'elle m'a remarqué ! C'est la sœur de ce gros imbécile de Dufour.
Je vais me mettre bien avec lui, je lui prêterai des billes.

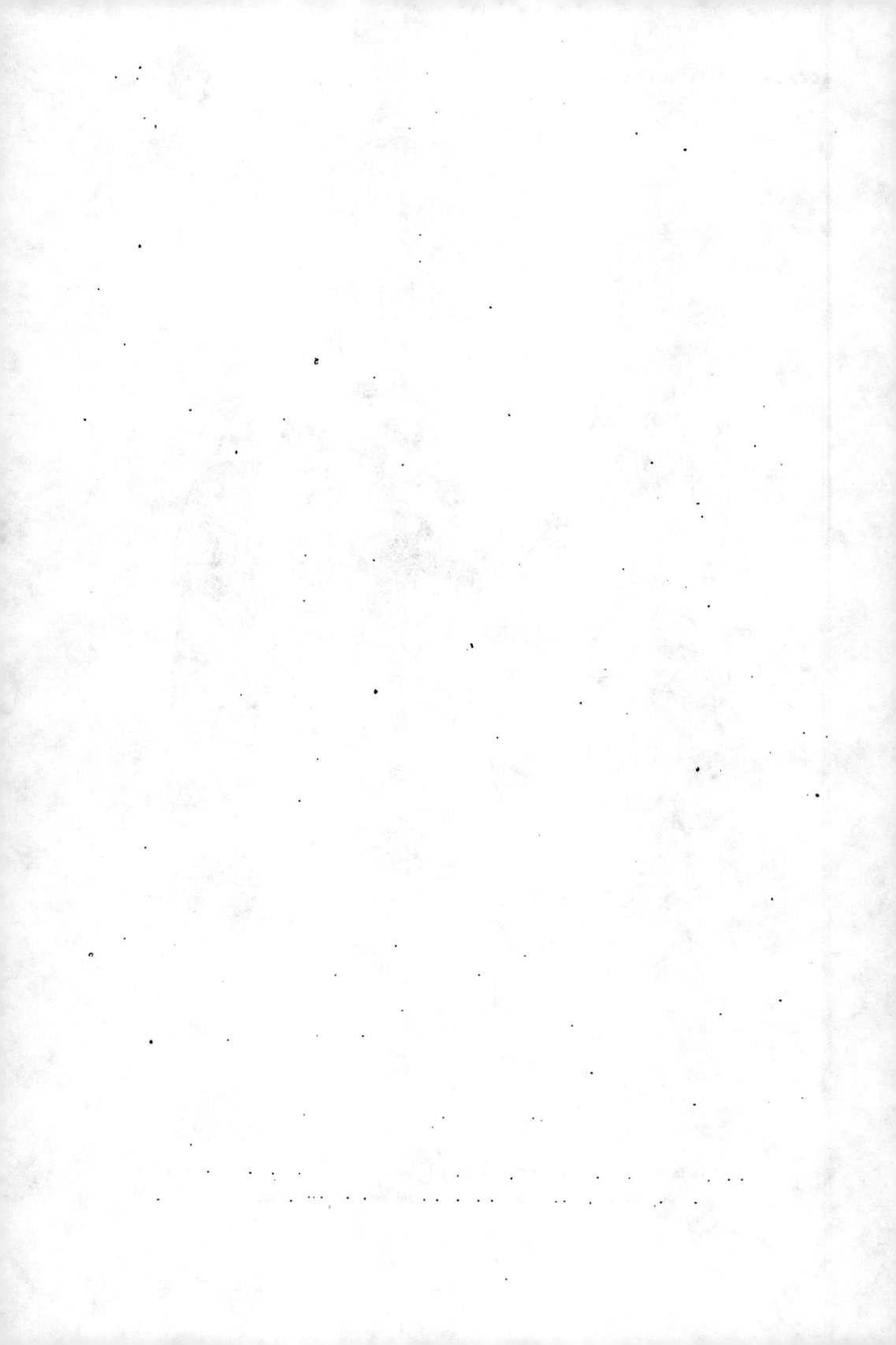

LA COMÉDIE DU COLLÉGE.

Exeat. Virg.

JOUR DE SORTIE.
— Monsieur veut-il de la crème?
— Garçon, vous plaisantez, mon cher. Versez du rhum,
et donnez-moi du feu.

O qui te genuere beati
Et mater felix. Hor.

Les jours de sortie, il a des bottes, un faux-col
et une canne.

Pulcherrimus unus
Qui fuit Æneadum. Virg.

LE GOMMEUX. CELUI QUI FIONNE.
Dans sa baraque, une glace, de l'huile d'Andoque,
eau de Cologne et cire à moustaches.
C'est de lui le dicton :
— Il n'y a pas de plaisir sans peigne.

Non comptæ mansere comæ. Virg.

Celui qui se fiche de ça et se moque pas mal du reste.

Faucibus ingentem fumum, mirabile dictu
Evomit. Virg.
Homo sum et nil humani a me alienum puto.

En rhétorique : on aborde le cigare de cinq sous ! C'est un peu roide !
mais au bout de quelque temps on s'y fait.
On est un homme, après tout.

Arte laboratæ vestes. Virg.

— C'est pour les sorties, faites-moi au moins quelque chose
qui ait du chic.

Jam libet hirsutam tibi falce recidere barbam Ov.

PHILOSOPHIE. Il achète des rasoirs.
— Je t'assure, en été, ça rafraichit beaucoup
de se couper un peu la barbe.

Sat prata biberunt. Virg.

Quand il a conquis peu à peu cette expérience et toutes
ces connaissances précieuses, il n'a plus qu'à se faire
bachelier. Il est mûr pour la société. Le monde l'attend !

Trahit sua quemque voluptas.

DÉBUTS DANS LE MONDE.

CONFESSION D'UN BACHELIER ÈS LETTRES.

CE QU'ON APPREND AU COLLÉGE.

RÉSUMÉ.

N commence par la neuvième, pour remonter ainsi jusqu'à la seconde, puis à la rhétorique, qui est la première classe, et à la philosophie, le couronnement de l'édifice.

Dix années !

En neuvième, huitième et septième. — Étude des billes, de la toupie ; première notion des barres ; confection des cocottes et des galiotes en papier ; observations sur les mœurs des hannetons. On commence à faire de l'opposition au professeur.

Sixième. — La balle élastique, la balle au mur, la balle empoisonnée, le ballon, le diable boiteux, l'ours.

On fume des baguettes aux habits, dérobées au vestiaire.

L'opposition grandit.

Cinquième. — Les barres, saute-mouton. Élevage des vers à soie dans son pupitre. Pendant l'hiver, étude de l'équilibre sur les glissades. Éducation des souris.

Quatrième. — Perfectionnement du saute-mouton. Chimie appliquée à la

**

10

vie usuelle. On fait du chocolat dans son pupitre. On fume des baguettes aux habits, et des feuilles de marronnier. On étudie le triangle et la bloquette.

Troisième. — Débuts de la pipe avec de l'anis. Le cheval fondu. La balle cavalière. On fait le journal de la classe, la charge du pion, la silhouette du professeur. Débuts de la cigarette. Essai de vaudeville et de tragédie. Le roman sur les genoux.

Seconde. — Perfectionnement de la cigarette. Lecture approfondie du roman-feuilleton. Étude des chances mathématiques appliquées au jeu de billes, *pair ou non*. Opérations de prêt et de change. Suite du roman dans le pupitre. L'opposition se corse.

Rhétorique. — Arrivée clandestine du cigare et du cognac. Débuts du bouquet à Chloris. Développement du journal. L'opposition s'épanouit. Apparition du rasoir dans le pupitre.

Philosophie. — Le *bachot*. Trêve des partis.

* * *

Pendant ce temps-là, il est vrai, une dizaine sur les cinquante suit à peu près les programmes des études, et se frotte vigoureusement de grec et de latin. Ce seront les académiciens, les professeurs et les pions de l'avenir.

DE L'OPPOSITION.

E bon la Fontaine, qui avait beaucoup observé les chiens, les chats, les renards, et aussi les hommes, — en particulier ceux de notre pays, — écrivit un jour :

Notre ennemi, c'est notre maître,
Je vous le dis en bon français.

Et en effet, le jeune Français qui se résigne sans trop de difficultés à obéir, tant qu'il porte bourrelet, tablier blanc, lisières de toute sorte, et qui traite à peu près jusqu'alors papa et maman comme amis, bien qu'il sente ces lisières placées dans leur main, cesse aussitôt d'être le même à partir du moment où il franchit les murs du pensionnat ou du collége.

Il n'a pas plutôt endossé sa tunique de collégien, et n'a pas été plutôt réuni à d'autres collégiens comme lui, qu'il passe immédiatement dans l'opposition.

A partir du moment où il est privé de dessert pour avoir causé en étude, mis à genoux dans la classe pour n'avoir pas fait sa page d'écriture, placé au piquet, ou contraint d'écrire un pensum pendant que les autres jouent à la bloquette, il devient irréconciliable.

* *

Le maître, le pion, comme il l'appelle, devient son ennemi, et cela jusqu'à la fin de ses jours, et sous toutes les transformations qu'il lui plaira de prendre.

Le soir, on lui coupe des brosses dans son lit.

En hiver, on glisse adroitement des morceaux de glace, ou des boules de neige entre ses draps.

On lui tend des ficelles insidieuses en travers de sa marche, pour le faire tomber lors de ses poursuites nocturnes.

S'il tombe, on applaudit, etc., etc.

L'opposition se produit de toutes les manières, et sous toutes les formes.

*   *
*

Prenez çà et là et au hasard cent jeunes Français, à peu près aimables, dociles et bien élevés chez eux, réunissez-les quelque part : ils commenceront une heure après à casser les carreaux, et si l'on n'y prend garde, ils mettront le feu à la maison.

Prenez çà et là et au hasard cent jeunes Français d'un âge soi-disant raisonnable, et vivant à peu près raisonnablement chez eux, groupez-les ensemble quelque part — sans gendarmes : dès le jour même, ils sembleront perdre quelque peu de leur raison ; le lendemain, ils commenceront à s'arracher les yeux ; le surlendemain ils ébaucheront une révolution et démoliront la maison pour construire des barricades.

Il est vrai que certains élèves pensent tout différemment, aiment et apprécient la peine et le dévouement de leurs maîtres, écoutent avec réflexion ce qu'ils leur disent, et suivent avec intérêt ce qu'ils leur prescrivent ; mais ceux-là, il faut le dire, sont en petit nombre, et parfois courent grand risque d'être appelés *mouchards*.

Plus tard, ce maître, ce pion se nomme gendarme, préfet, ministre, président de la république, empereur, ou roi : qu'importe ?

Au lieu de couper des brosses dans son lit, ou de lui vider adroitement un pot à l'eau sur la tête, on l'entrave de toute façon, on lui place les plus gros et les plus épineux bâtons dans les jambes, on lui vide à la face, autant que possible, toutes les injures et les calomnies que l'on peut renfermer dans les carrés de papier.

Quelques-uns, parmi les anciens cancres du collége ou de la pension, vont jusqu'à le jeter à l'eau suivant l'occasion, élever contre lui des barricades, ou lui tirer des coups de fusil.

Notre ennemi, c'est notre maître,
Je vous le dis en bon français.

DE L'ORTHOGRAPHE EN FRANCE.

Un critique de beaucoup d'esprit, qui est musicien et philosophe à ses heures, pourquoi ne le nommerais-je pas? Alexis Azevedo, nous parlait éducation, tout en nous parlant musique.

— Il y a beaucoup de choses à réformer en France, nous disait-il, mais la première de toutes ces réformes, est celle de notre orthographe; le reste suivra de lui-même!

La simplicité dans les formules est le secret le plus certain pour les graver dans le souvenir.

Sur les trente-six millions d'individus qui composent la France, il en est dix millions qui vivent dans l'ignorance plénière, et vivent d'une vie purement végétative. A qui s'en prendre de ce défaut d'instruction, si ce n'est à la difficulté que l'on éprouve à en asseoir les premières bases?

La civilisation chinoise, qui a précédé la nôtre de plusieurs milliers d'années, ne s'est arrêtée court, depuis mille ans, que par la difficulté d'écrire la langue et de formuler la pensée.

On a dit un jour : Heureux les peuples qui n'ont pas d'histoire !

Nous pourrions dire : Heureux les peuples qui n'ont point de grammaire, et point d'orthographe! Les Chinois qui consacrent toute leur vie à connaître les dix mille signes représentatifs de la pensée de leurs ancêtres, n'ont plus de temps à consacrer à leur propre pensée.

Notre orthographe n'est ni musicale, ni rationnelle, ni logique.

Les paysans français, auxquels on veut faire comprendre la lecture et l'orthographe barbare dont nous n'avons pas le courage de nous débarrasser, ne peuvent arriver à la saisir, et jettent immédiatement le manche après la cognée, repoussés par des difficultés qu'ils trouvent inextricables.

Vous dites au simple habitant des champs :

Voici une lettre qui se prononce ainsi : O ; et vous lui décrivez le son, comme le maître de langues du *Bourgeois gentilhomme.*

Eh bien, ce n'est pas tout.

Voici deux lettres, dont l'une se prononce A, et l'autre se prononce U ; réunissez-les toutes les deux, et leur ensemble se prononce O.

— Mais, comment cela se fait-il? dira le bonhomme.

— Cela ne vous regarde pas. Voyez maintenant ces trois lettres : Un E, qui se prononce E, un A, qui se prononce A, et un U, qui se prononce U. Mettez tout cela ensemble, et cet ensemble encore se prononcera O, comme le précédent.

— Comment ça? fera-t-il en se grattant la tête.

— Mystère ! répondez-vous. Voici encore plus extraordinaire : Vous ajoutez une lettre au bout de ces trois autres lettres, cette lettre se prononce X ; eh bien, E-A-U-X se prononce encore O.

— Diable ! diable !

— De plus, si vous mettez ces cinq lettres l'une à côté de l'autre : H-A-U-T-S, cela se prononce encore O.

Ces deux lettres O-S se prononcent encore O, de la même façon.

Voilà pot, qui se prononce comme peau et comme Pau. Fant, qui se prononce comme faon, comme fend. Pain, se prononce comme pin, comme peint...

Ça n'en finirait plus.

Croyez-vous qu'après une démonstration pareille, le bon paysan y comprendra quelque chose, ne vous jettera pas son livre à la tête, et n'ira pas tout bonnement sarcler ses légumes, sans se soucier davantage de ce que vous écrivez dans vos livres, qui pourraient élever sa pensée et débrouiller son ignorance?

Étonnez-vous donc maintenant de la façon dont écrivent les cuisinières, qui sont cependant des lettrées dans la grande famille des travailleurs français.

Étonnez-vous de l'ignorance profonde dans laquelle vivent en France ceux parmi lesquels les habiles seuls parviennent péniblement à *ânonner* un mauvais journal, tandis que si on leur en facilitait les moyens, ils pourraient lire et choisir et connaître ce qu'il y aurait de plus sage, de plus instructif et de mieux.

Le jour où un grand homme viendrait, qui substituerait vingt-quatre lettres de l'alphabet aux dix mille signes dont s'embarrasse le cerveau des quatre cent millions de Chinois industrieux qui vivent à l'Orient, les Chinois seraient les maîtres du monde.

Simplifions et réformons notre orthographe, et nous reprendrons de haut la place qui est à nous.

Je suis le prédicateur de l'orthographe naturelle, et vous verrez, si la routine de ces malfaiteurs qui dirigent l'instruction publique ne vient pas se mettre en travers.

※ ※ ※

Ainsi parla notre ami. Pour bien des choses, à notre avis, il est dans le vrai.

Nous attendons avec confiance, mais nous croyons cependant que la France aura repris sa position avant sa réforme.

LA LIBERTÉ AU COLLÉGE ET AILLEURS.

La liberté! Que n'a-t-on pas dit, que n'a-t-on pas écrit sur ce sujet? Tout le monde réclame à grands cris la liberté, et tout le monde a grand'raison.

Seulement, il s'agit de s'entendre.

Ne pourrait-on établir la géographie de la liberté *ad usum scholarum* ou autres?

Demande. — Qu'est-ce que la liberté?

Réponse. — La liberté est votre propriété individuelle. Elle est bornée au nord par la liberté de celui qui habite au-dessus. Au sud, par celui qui est au-dessous. A l'est, par celui qui est à droite. A l'ouest, par celui qui est à gauche.

Demande. — En respectant vos quatre voisins, êtes-vous libre de faire exactement ce que vous voulez?

Réponse. — Oui, à condition que vous ne ferez rien qui puisse envahir ou troubler la liberté de vos voisins et des voisins de ces derniers ou de qui que ce soit dans les environs, ou ailleurs.

Demande. — En somme, la liberté ne serait donc qu'une espèce d'esclavage?

Réponse. — Parfaitement; mais un esclavage volontaire et réciproque, et la réunion de tous ces esclavages constitue la liberté générale de tous; c'est à prendre ou à laisser.

* * *

Tout ça est très-bien. Mais jusqu'ici ce n'est guère de cette façon que beaucoup de gens comprennent la liberté.

Il y en a qui réclament la liberté de casser des omnibus, des kiosques, des fiacres, de briser les conduites de gaz et les boutiques de marchands de vin.

Mais il en est aussi qui réclament la liberté de garder leurs omnibus intacts ainsi que leurs fiacres, ou leurs boutiques.

Et la liberté des seconds n'est pas moins respectable que celle des premiers.

Il en est qui prennent la liberté de vider les poches du voisin ou de l'assommer.

Il en est qui revendiquent la liberté de conserver ce qu'elles contiennent, et désirent ne pas être assommés du tout. De là des discussions.

*
**

De là cette nécessité de priver d'une partie de leur liberté quelques vieillards ennemis de M. Rochefort, qui aimeraient certainement bien davantage rester au coin du feu dans leur robe de chambre, que de *s'affubler de jupons noirs* pour venir juger jusqu'à quel point la liberté des uns n'est pas gênée par celle des autres.

*
**

Il me semble qu'il faut se dépêcher de s'entendre.

Car il y a péril en la demeure, et la soif de la liberté fantaisiste gagne de proche en proche.

*
**

Les colléges et les lycées sont en ébullition.

On nous assure que les citoyens élèves de cinquième vont faire leur *pronunciamento*.

« La liberté! disent-ils, il nous faut la liberté, vive la liberté! Place aux jeunes!

« Comment! la liberté ne serait réservée qu'aux *taupins cubes*, à ces vieux qui ont dépassé vingt et un ans! Ceux-là seraient citoyens, pourraient fumer des pipes, ne rien faire, aller au café, au jardin Bullier, tandis que nous, nous continuerions sans trêve ni relâche cette vie de paria qui consiste à user ses culottes sur de durs bancs de chêne, à gratter incessamment et inutilement du papier, à se noircir les doigts d'une encre nauséabonde, à lire des livres démodés, poncifs et écœurants, écrits dans un idiome inutile et vermoulu!

**

11

« Bonsoir. Ce qu'il nous faut à nous, c'est le plein air, la lumière et le soleil, le jeu sous l'ombrage vert des chênes, ou la joyeuse glissade sur la glace. Désormais, les citoyens élèves seront majeurs et libres d'eux-mêmes à onze ans.

« A bas l'orthographe, cette tyrannie! A bas les mathématiques, cet esclavage! A bas le grec, le latin! A bas les censeurs, les proviseurs, les pions A bas tout! »

Voilà ce que disent les citoyens collégiens révolutionnaires radicaux.

***

Il y en a de moins avancés. Ceux-là disent simplement :

« Marchons sagement dans une voie libérale. Nous avons supprimé le thème grec, c'est bien, sans doute. Mais les vers latins? Voyez-vous la nécessité de renfermer la pensée d'un libre collégien dans ce lit de Procuste que l'on appelle un hexamètre? Quelle tyrannie de lui donner l'entrave du dactyle et du spondée, le supplice de la césure et du rejet!

« Plus de vers latins! On y arrivera, c'est écrit.

« Un de ces quatre matins, il faudra bien supprimer aussi le thème, ce martyre des intelligences supérieures.

« Que dirons-nous de l'histoire, ce ramassis de contes, de fantaisies ou de faussetés? Arrière le fatras insipide et ridicule de la vieille Université : à nous l'imagination, à nous l'avenir! »

En attendant, comme transition, on nous communique ce projet de règlement, dû à un cinquième du plus haut mérite :

***

1° Il y aura vacances tous les quinze jours ;

2° On se lèvera à neuf heures ;

3° Les devoirs seront facultatifs ;

4° Les élèves auront tous les jours du poulet aux truffes, du homard et de la crème au chocolat. Le vin sera cacheté. Cliquot ou Moët au dessert.

Nota. Les pions seront nourris uniquement de haricots et d'épinards ; ils boiront de l'abondance ;

5° Les élèves liront tout ce qui paraîtra de Ponson du Terrail, Féval,

Feydeau et surtout Dumas fils. Ils seront abonnés au *Figaro*, au *Rappel* et à la *Vie parisienne*.

6° Les pions feront les pensums de MM. les élèves ; ils auront soin de les écrire bien lisiblement ; les plumes à quatre becs seront prohibées. Le dimanche, il leur sera permis de lire Vertot, Bouilly, et les œuvres de Lebatteux ;

7° En été, on ira au bain tous les jours ;

8° En hiver, on ne sera pas forcé de se laver les mains ;

9° On pourra fumer en étude ;

10° On pourra faire la cuisine dans son pupitre ; il sera loisible à chaque élève d'y entretenir des rats ou des lézards, si tel est son goût.

11° Tous les soirs les élèves seront conduits à tel spectacle que voudra M. le proviseur — pourvu qu'il écarte l'Odéon, et qu'il n'abuse pas du Théâtre-Français ;

12° Les pions qui diraient des choses désagréables à MM. les élèves seront tenus de leur en faire des excuses.

* *
*

Nous ne croyons pourtant pas que ce projet ait encore grande chance d'être mis en vigueur ; mais il n'en est pas moins rempli d'intérêt.

Il y a bien dans chaque classe un petit nombre de réactionnaires, des bûcheurs, des piocheurs, des *bêtes à concours*, comme on les désigne généralement — protestation injurieuse et vaine contre la masse imposante qui s'honore du nom de *cancres*.

Ceux-là sont bien avec les pions, les maîtres, les professeurs. Il est bien à croire qu'ils sont quelque peu mouchards.

La *Société des Cancres réunis* compte maintenant de nombreux adhérents. Là est l'avenir, c'est la masse qui doit un jour dicter des lois. Les forts en thème, les piocheurs, constituent une aristocratie de mauvais aloi, minorité blessante qui sera certainement un jour mise à la raison.

* *
*

Il est vrai que les parents protestent énergiquement, les correspondants aussi ; pour les correspondants, leur procès est tout fait ; car ils ne méritent pas plus d'égards que les gens de simple police. Les parents sont encore à ménager, malheureusement. Pauvres parents ! tous des réactionnaires encroûtés et des autoritaires endurcis, dont le temps seul amortira l'action

N'arrivera-t-on pas un jour à secouer le joug pénible de l'obscurantisme et des vieux préjugés qui règnent encore sur cette caste?

Tels sont les propos qui ont cours, à ce qu'on nous assure.

Mais les collégiens révolutionnaires, s'ils constituent une armée véritable et nombreuse, sont encore une armée sans chef.

Les citoyens collégiens attendent leur Flourens!

Si la *Société des Cancres réunis* arrivait un jour au pouvoir, n'y aurait-il pas quelque chose d'étrange à redouter?

LA FIN DE L'ANNÉE SCOLAIRE

ET

LA DISTRIBUTION DES PRIX

LETTRE DE M. TANCRÈDE BENOITON, ÉLÈVE DU COLLÉGE X...

A M. Jules X..., vice-président de la Société des Cancres réunis.

CHER VICE-PRÉSIDENT,

HARGÉ de te faire un rapport sur les événements qui se sont passés au bahut dans cette dernière quinzaine, et sur la solennité de la distribution des prix, je vais m'efforcer d'être un chroniqueur impartial comme l'histoire.

Je dois commencer par te dire que nous t'avons beaucoup regretté tous ces derniers temps ; cependant, l'invention de ton rhumatisme au bras droit, rhumatisme invisible, mais si douloureux qu'il interdisait la moindre flexion à tes doigts laborieux, nous a paru le sublime du genre et une invention tout à fait merveilleuse. C'est égal, tu as un père précieux, car il a coupé dans le pont avec une facilité qui fait notre admiration à tous.

Le mien, je t'assure, est plus dur à la détente, comme dit notre ami Philippe de Laselle. Il est plus rebelle à l'entraînement, et me ferait parfaitement l'affront de se dérober au premier tour.

Enfin, te voilà maintenant aux bains de mer, c'est essentiel. — Heureux coquin que tu es !

Je dois te l'avouer, j'ai profité de ton absence pour faire une légère infraction à la règle de notre Société. J'étais possédé du désir de voir une fois avant de mourir la vénérable salle de concours. — A force d'intrigues, j'ai pu obtenir une place de bouche-trou pour la version latine.

J'étais astiqué comme les autres : pot de confiture dans le filet, le carafon, le petit pain, livres sous le bras, le fourniment d'un piocheur pur sang. Mais on ne refait pas sa nature. Ma parole d'honneur, j'avais l'air d'un papillon au milieu de chenilles. Quelles têtes ! mon bon ami, quelles boules ! Tous ces imbéciles, ces bêtes à concours, ça vous a de ces trombines prédestinées sur lesquelles on voit briller l'aurore du plus implacable crétinisme. Voilà donc les professeurs, les pions et les notaires de l'avenir ! Salut, mes maîtres.

Heureusement je me trouvais non loin d'un Rollin fantaisiste, tu sais, un petit blond que nous avons rencontré aux dernières courses de La Marche et qui portait de si longues bottes à l'écuyère. Nous nous sommes immédiatement compris. — Cinq minutes après nous ne faisions que rire aux larmes ; je crois que nous avons scandalisé l'assistance. Mon petit Rollin possède une adresse merveilleuse pour lancer les boulettes. — Il y avait non loin de nous un Charlemagne, très-fort, de la pension Versechoux ; chaque fois qu'il avait le malheur de lever le nez, qu'il tenait religieusement dans les bas-fonds de son dictionnaire, une avalanche de boulettes de pain lui arrivaient drues, sèches et pressées comme si elles étaient lancées par un fusil à aiguille. En vain il a essayé de se défendre ; inutilement il s'est fait un rempart de son chapeau combiné avec trois feuilles de papier et quatre dictionnaires empruntés aux environs, comme chevaux de frise ; il a été obligé de capituler et de payer les frais du combat en nous livrant son pot de confitures à titre d'indemnité de guerre. Pour des confitures de Charlemagne, elles n'étaient véritablement pas mauvaises ; — je ne te dirai pas le nombre de nos promenades pour aller boire, pour aller consulter le texte de la version qui s'étale sur une petite table en avant du comptoir qu'occupent magistralement messieurs les professeurs. Elles ont été innombrables. Je te dirai seulement que pendant une des sorties de la salle, que je m'efforçais de rendre aussi fréquentes qu'il me l'était possible, j'ai lu avec admiration le nom de *Dubourg,* — le grand Dubourg du collège, — écrit en lettres

LE GRAND CONCOURS

ET

LES DISTRIBUTIONS DE PRIX

Inspecturus. Sen.
INSPECTEUR DE L'UNIVERSITÉ.
Inspecte surtout le nœud
de sa cravate.

Quid vult concursus ad amnem ? Virg.

Frétés pour le grand concours.

Utilium tardus provisor. Lhom.
LE PROVISEUR.

LES TABLES, A LA SORBONNE, POUR LE GRAND CONCOURS

LES ÉLÈVES.

Hoc opus, hic labor est. Virg.

Élève de Bourbon,
Bonaparte,
Condorcet,

Charlemagne,

Henri IV,

Louis-le-Grand,

Rollin,

Stanislas,

Versailles,

Saint-Louis.

Non bis in idem. Code.

SIGNE TÉLÉGRAPHIQUE.

Traduction. Il y'a quelqu'un de sorti.

Pretiosa qui texta dabuntur.

Quand on s'ennuie de rester trop longtemps
à la même place, on va consulter le texte,
dont on se fiche un peu, et prendre de
l'eau, dont on se fiche pas mal.

Ne turbata volent rapidis ludibria ventis. Virg.

INSCRIPTIONS ET BELLES-LETTRES.

Un concurrent qui a fini sa copie.

Bah! Paul de Kock.

PÈRES DE FAMILLE PENDANT LE DISCOURS LATIN.

Rien que pour le bon exemple, il est bon de temps en temps d'avoir l'air de comprendre.

Ut ita dixeris.

LE DISCOURS LATIN.

Ornatissimi auditores, vos quoque studiosissimi
discipuli.

COURONNEMENT DE L'ÉDIFICE.

Macte animo, generose puer ! Virg.

Continuez, jeune homme, continuez.

profondes d'un pouce dans un endroit que l'on pourrait croire vraiment inaccessible. Quelle puissance sur soi-même! quelle volonté! Ce Dubourg doit nécessairement arriver. Mais je ne peux plus penser à son nom sans que mes yeux me piquent aussitôt et s'emplissent de larmes. Poussé par l'ému-lation, en revenant, j'ai gravé mon nom sur la table : je n'ai cassé que mon couteau et deux canifs, — appartenant à mes voisins, — mais j'ai élevé un monument pour les âges futurs.

Exegi monumentum.

C'est égal, c'est bien long de rester quatre heures enfermé pour faire une misérable version latine. En cinq minutes la mienne était bâclée ; celle de mon petit Rollin a duré six minutes! Quel drôle de bonhomme! Ah! si je ne l'avais pas rencontré, je serais mort d'ennui. Dans huit jours nous devons nous retrouver à Mabille.

* * *

A onze heures sonnant, suivant la tradition, on a accompagné chaque coup de marteau d'un grognement sonore ; le onzième coup a été terminé par le refrain de *la Femme à barbe,* que nous avons chanté à bouche fermée, comme le papa Piter chante l'air de la Mouche, au troisième acte d'*Orphée aux Enfers...* Je t'assure que c'était d'un effet superbe! ça nous a encore aidés à passer un petit quart d'heure.

Vers les onze heures et demie, mon petit Rollin, voulant utiliser le reste de son encre, l'a proprement renfermée dans un cornet de papier. Le cornet ayant été placé par terre, il a appuyé avec force le pied sur ledit cornet, et l'encre, lancée vigoureusement, a été dessiner les plus capricieuses ara-besques sur le pantalon blanc d'un Stanislas. Nous riions tous à en pleurer, quand un surveillant s'est approché avec indignation, a déclaré au coupable qu'il était hors de composition, et l'a mis immédiatement à la porte. Heureusement le professeur de Rollin dormait, il n'a rien vu ; on n'en saura rien à son collège.

Midi sonné, nous retournons au bahut. Ce pauvre diable de Bernard, notre plus fort, n'a-t-il pas été faire un contre-sens juste au dernier membre de phrase! j'ai cru que le professeur allait l'étrangler. On dit qu'il espère avoir la croix s'il obtient encore deux prix au concours dans sa division,

comme l'année dernière, et le contre-sens de Bernard est cause qu'il sera
encore forcé, cette année, de se brosser la boutonnière.

Depuis ce jour mémorable de ma séance au concours, les instants se sont
passés réellement assez agréables. Le visage des professeurs est plus souriant;
ils donnent des petits devoirs plus courts, et ils n'examinent que les copies
des plus forts. Nous autres de la *Société des Cancres réunis,* on nous laisse
parfaitement tranquilles. J'ai pu faire dans mon pupitre une tasse de chocolat
excellent, et notre pion, dont la figure se détire de jour en jour, n'a pas fait
mine de s'en apercevoir. On ne récite pas les leçons, ou si on les demande
par hasard, chaque élève peut parfaitement mettre son livre dans son képi,
et on ne fait pas attention à ceux qui lisent. On ne donne plus guère de
pensums. Tout se détend; on dirait une espèce de dégel. Je crois que les

Un contre-sens au dernier mot. Quelle buse!   Le professeur n'a pas l'air content. Il y a sans   Si ce n'est pas rageant!
                                                 doute quelque barbarisme sur la planche.   Notre plus fort.

professeurs et les pions sont au moins aussi flattés que nous de voir arriver
la débâcle, c'est-à-dire les vacances.

Moi, je passe ma vie à faire l'emballage de mes livres et de mes effets.
Saint-Merlin, l'externe, a vendu l'autre jour les dictionnaires de notre ami
Foucart. Ils étaient presque tout neufs; il nous a rapporté en échange
l'Affaire Clémenceau de Dumas fils. C'est rudement bien; il y a surtout
une petite scène sur le bord de l'eau, je ne te dis que ça. Saint-Merlin nous
a apporté encore : *C'est dans le nez que ça me chatouille,* la nouvelle œuvre
du divin Blaquières. Ça vous a un rude chien! Le professeur de piano nous
l'a fait déchiffrer en cachette; nous chanterons cela en chœur un de ces soirs
au dortoir. Tous les cancres réunis en seront. Nous continuons à étudier
avec soin le Dictionnaire de la langue verte. Il y a des choses qui ne sont pas

mal, mais des lacunes nombreuses. Si d'ici à deux ou trois ans je n'ai pas dévissé mon billard, je compte y ajouter un petit appendice qui se portera bien.

Tu vois que notre vie n'est pas fort triste; mais comme elle marche lentement, mon Dieu! J'ai un almanach sur lequel je pique depuis trois mois, non la marche des Autrichiens et des Prussiens, dont je me bats l'œil avec conviction, mais la marche des jours, qui n'expirent pas assez vite à mon gré. Le dernier trou vient d'être percé ce matin. *Hosannah! c'est la liberté!*

Depuis avant-hier on entend résonner le marteau des menuisiers et des tapissiers; bruit charmant et plein d'harmonie. Il y a dans la grande cour des tentures or et vert, des gradins, des tribunes, des chaises au milieu pour les parents, avec ces éternelles banquettes grenat, fournies par la maison Godillot.

Nous avons déjeuné en trois coups de dent. Nous sommes tous prêts. La *Société des Cancres réunis* est sous les armes. Tous nous avons des faux-cols très-chics, la raie délicatement tracée au milieu de la tête. Il y en a quatre qui ont des lorgnons, ça aura de l'œil. Nous sommes tous groupés sur la seconde banquette.

* * *

Voici les parents qui commencent à arriver. Il y en a qui ont de bien excellentes têtes; mais c'est égal, nous sommes convenus d'une règle à laquelle nous ne manquons jamais.

On ne blague pas les parents ni les habits.

Voilà la sœur du gros Tournier. — Sapristi! comme elle est donc devenue jolie! Qu'est-ce qui dirait que ce gros crétin puisse posséder une aussi charmante sœur! — De la tenue, messieurs! développons un peu de faux-col! — De plus, beaucoup de chic : trois kilos de cheveux par derrière, une élégante petite soucoupe garnie de fleurs sur la tête en guise de chapeau, une robe grise relevée sur un jupon bleu à dessins noirs, des bottines à glands! du vrai chic! J'irai décidément faire une visite à ce bon Tournier.

Cette jupe grise, et ce jupon bleu, et ces bottines à glands, tout cela nous trotte allègrement par la tête. La foule arrive, la musique est à sa place. Ce sont des chasseurs; ils ont de bonnes figures, et déjà le nez convenablement rouge.

Attention! Voilà l'inspecteur de l'Université, l'hermine immaculée.

La musique joue la marche de *Faust*.

Du respect! Voici le proviseur, le censeur... les peaux de chat.

Ecce cuniculi.

LES PEAUX DE CHAT.

Professeur
de philosophie,   d'histoire,   de seconde,   de sixième,   de rhétorique,   de sciences, etc.

Saluez! Voici les peaux de lapin. MM. les professeurs! Quel magnifique spectacle!

La musique joue :

> Le Roi barbu qui s'avance bu,
> Qui s'avance bu...

Longs applaudissements pendant que la *Société des Cancres réunis* accompagne l'orchestre sur un mode mineur. — Ces messieurs s'asseoient magistralement sur des chaises quelque peu curules.

Mais, silence! l'inspecteur général se lève. (Applaudissements.)

« Jeunes élèves... (On bat frénétiquement des mains, le bruit du discours arrive difficilement jusqu'à nous...)

Ici la voix s'entend quelque peu : «... et vous allez recueillir la précieuse récompense de vos travaux! (Salve d'applaudissements.)

« Un mot encore, et je finis. (Tonnerre d'applaudissements. Le reste se perd dans les démonstrations les plus enthousiastes. L'inspecteur, ému, s'assoit avec majesté.)

Hélas ! il y a encore un Laïus à consommer, celui du professeur de troisième. Voilà le plus dur. J'ai cru comprendre que son discours traitait *de la bifurcation considérée comme maladie. sociale, et de ses rapports avec la morale et la théodicée...* Je dois dire, à ma justification, que je n'ai pas eu la lâcheté d'écouter un seul instant. Le gros Dufour, un externe très-cocasse, nous racontait *la Cagnotte* du Palais-Royal, et *Si jamais je te pince.* Nous riions tous à nous tordre. C'est, dit-on, un ancien lauréat du collége qui a fait la chose. Voilà des hommes ! il ne s'en édite plus comme cela maintenant.

Nous saisissons au vol une bonne parole...: « Un mot encore, et je finis. Nous applaudissons fortement, comme pour manifester un désir impérieux. Vain espoir ! Nous savons par expérience qu'il y en a encore pour vingt minutes. Heureusement Dufour en profite pour nous raconter *Jean la Poste.* J'irai voir ça la semaine prochaine.

Enfin la dernière page du cahier a fait la suprême évolution dans les mains du professeur de troisième... Nous battons des mains avec ivresse, pour le remercier d'avoir enfin terminé, et lui nous lance des regards où la reconnaissance se marie à une teinte d'orgueil et à une pointe de modestie, un sourire de danseuse qui vient d'esquisser sa dernière pirouette. Excellent homme ! C'est réellement la fin de son discours qui nous a fait un véritable plaisir.

*   *
*

En avant la musique ! quelque chose de gai ! Bravo ! la *Marche des Dieux* d'Offenbach !... Les chasseurs soufflent avec ardeur, les nez rougissent progressivement ; l'économe a bien fait les choses ; ils ont profité des discours pour puiser dans les bouteilles une nouvelle vigueur.

*   *
*

Ah ! enfin, voilà notre brave censeur !

Classe de philosophie, dissertation française. — Premier prix, Aristide Diogène (Jean-François), etc., etc., et les couronnes et les gros livres dorés sur tranches pleuvent comme la grêle.

Il y en a eu comme cela pendant une demi-heure. A chaque nom nous

5555

555555555

avions des rires fous, nous frappions des mains à avoir des ampoules, nous faisions un bouzain splendide ; les braves chasseurs reprenaient, en exécutant les plus jolis airs du maestro des Bouffes et des Variétés, quelques refrains de Thérésa. C'était plein de gaieté. Nous tous, braves affiliés de la *Société des Cancres réunis,* nous nous sommes tenus comme un seul homme. Fidèles à la consigne, aucun de nous n'a éprouvé l'humiliation d'entendre proclamer son nom pour le moindre accessit. En revanche, nous regardions défiler avec pitié ces pauvres diables, malheureuses victimes du préjugé grec et latin, qui ont pâli toute l'année sur les crasseux dictionnaires, — têtes de crétins et d'abrutis, peignés avec un clou ; pas de désinvolture, pas le moindre chic.

Je ne dois confesser qu'un seul, un petit moment de faiblesse et de niaiserie. Qui n'a pas les siennes ?

Le gros Tournier a cueilli quatre prix et trois accessit. Quand il a eu reçu, des mains du professeur, son quatrième prix, et qu'il est venu l'apporter à sa mère, le visage de cette pauvre femme rayonnait à travers

les larmes ; elle a serré son fils dans ses bras, elle sanglotait de bonheur. Jusqu'à la jolie sœur blonde, à la jupe grise et au jupon bleu, dont le visage éclatait d'orgueil et de joie en embrassant son frère. J'avais beau me dire : Peut-on être assez sot pour être heureux de pareilles bêtises ? j'aurais voulu, parole d'honneur, être à la place de ce gros imbécile de Tournier. Est-ce

pour la mère? est-ce pour la sœur? je n'en sais trop rien, à vrai dire. Mais, baste! ma mère à moi se soucie de tout cela comme des vieilles lunes; elle est on ne sait où, et mes sœurs sont à Trouville.

Bonsoir; viens dans quinze jours, je t'y donne rendez-vous à la Toupie hollandaise.

Ton dévoué,

TANCRÈDE BENOITON.

LES PENSIONS.

L'ART d'élever des lapins et de s'en faire trois mille livres de rente est un art qui ne nous semble pas avoir sensiblement marché en avant, depuis qu'un habile spéculateur a su l'inaugurer en France. Mais l'art d'élever de jeunes Français et de s'en faire beaucoup plus de trois mille livres de revenu paraît avoir réalisé de notables progrès.

Les chefs de pension et directeurs d'institution sont plus connus sous le nom de *marchands de soupe*. C'est non-seulement la nourriture intellectuelle qu'ils débitent à leur clientèle, mais aussi la nourriture matérielle. Plus il se consomme de portions de soupe, plus le bénéfice est considérable.

Aussi, le véritable problème à réaliser c'est la multiplication des soupes et du pain, par la multiplication des élèves et des clients.

Les grandes institutions sont donc en vue des bénéfices à réaliser, machinées comme les grandes maisons de nouveautés.

Pour servir d'enseigne et de réclame, il y a les articles exceptionnels, les élèves de choix que l'on va recruter jusqu'en province, et auxquels parfois on verse une subvention au lieu de leur faire payer la pension réglementaire. Lorsqu'on a découvert quelqu'un de ces êtres privilégiés pour lesquels le thème n'a point d'aspérités, la version pas d'écueils, de ces gymnastes qui jonglent avec la géométrie et l'algèbre, escamotent les plus âpres difficultés de l'histoire, et escaladent sans crainte les racines noueuses du grec :

— Toi, mon ami, tu es fort en thème, tu feras des thèmes ton étude unique et ta spécialité. A toi les versions, à toi l'histoire, à toi le grec.

La distribution du grand concours arrive : des couronnes et des prix récompensent les efforts des cultivateurs et des cultivés.

Ces prix ne doivent point rester modestement ignorés : les échos de partout, et les quatrièmes pages de tous les journaux en résonnent.

« Cette année, la célèbre institution Labadens est encore au-dessus de sa « merveilleuse réputation. Un prix au concours, quinze nominations, « plus de quatre-vingts nominations au collége sont la récompense méritée de « ces fortes études, de ces soins exceptionnels qui lui assurent une supé- « riorité si reconnue sur tous ses concurrents.

« La rentrée est fixée au 6 octobre.

« Soins maternels. Prix modérés. »

⁂

La maison fait des affaires. Les portions de soupe et de haricots se multi- plient, et M. Labadens envoie de nouveaux commis voyageurs pour faire la province et récolter, au point de vue de l'avenir, quelques échantillons de qualité supérieure et attirante, destinés à la devanture du magasin ; jusqu'à ce que le commerce ayant suffisamment prospéré, il lui soit donné de passer la main à un successeur, et de laisser à un autre son usine et le secret d'en obtenir d'exceptionnels produits ; pendant qu'il va toucher, lui aussi, le prix de ses travaux et de son commerce : *Hoc erat in votis,* comme disait Janin.

Que deviendront les élèves ainsi travaillés au point de vue de la spéculation? Qu'importe! Seront-ils utiles dans l'avenir à eux-mêmes ou aux autres? Ils l'ont été dans le passé, cela suffit.

Que deviennent les jeunes citoyens français que le hasard place dans quelqu'une de ces usines recommandées à la quatrième page des feuilles publiques, à côté des mariages riches de M. Foy, et de la douce *Revalescière Du Barry?*

Le hasard les a amenés, le hasard les dirige. Pendant que les exceptionnels

Un élève très-fort.

sont bourrés avec sollicitude, comme les krupps destinés à battre en brèche les maisons soigneusement blindées de la concurrence, les faibles, et les insouciants, et les paresseux, sont livrés à l'inconnu, et attrapent ce qu'ils peuvent ou ce qui les agrée en fait de connaissances scientifiques ou morales. Naturellement, ce qu'il y a de plus fâcheux et de pire occupe tout d'abord la première place, et au bout d'une année ils n'ignorent presque rien de ce qu'ils devraient toujours ignorer.

* *
* *

Quant au reste, c'est à peine s'ils s'en doutent.

Tout le monde ne peut être élevé comme le sire de Montaigne, lequel avait un père si versé dans toutes les connaissances humaines ayant cours à cette époque, qu'il n'avait recours à personne pour enseigner tout ce qu'un gentilhomme, un homme de science, du monde, d'art et d'esprit, devait et pouvait savoir.

Certes, le sire de Montaigne n'eût jamais confié son fils à quelque ancêtre de M. Labadens. Celui qui prenait la peine de réunir des musiciens pour entourer de suavité et d'harmonie le réveil de l'enfant, ne l'eût pas sans angoisse entendu réveiller par le ronflement du tambour, ou les sons contondants de la cloche.

Les cuistres saturés d'absinthe, de mauvais latin, d'histoire et de morale frelatées, ne lui eussent inspiré aucune confiance, et il eût redouté pour son fils la contagion des choses malsaines, sachant que celles-là seules sont contagieuses.

Tout le monde ne peut donc agir comme le sire de Montaigne.

Mais, heureux ceux que les nécessités et les angoisses de la vie, ou la recherche des distractions et des plaisirs, n'éloignent pas de ces fonctions précieuses qui sont l'honneur de la paternité.

Heureux ceux qui ayant pu ne pas délaisser les sciences, les lettres et les arts qui élèvent l'âme et la consolent, sont encore à même de transmettre les pieuses et sévères traditions du passé, ornées des conquêtes du présent, capables de veiller personnellement au développement du moral et du jugement de leur fils, comme ils ont veillé personnellement au développement de son corps.

***

Mais la plupart du temps, l'homme de nos jours, absorbé par les difficultés d'un état, d'une situation, ou d'un commerce, peut à peine de temps en temps jeter un regard furtif ou distrait sur la vie de ce fils qui doit le continuer et lui survivre. Ce qu'il a appris jadis, il s'est empressé de l'oublier; il s'est laissé dévorer par la spécialité qui le nourrit, et il ne peut ni ne veut faire autre chose pour son enfant que lui faire donner par d'autres, dont c'est la spécialité, une de ces éducations à la mécanique, éducation de confection et de pacotille, non faite sur mesure et en harmonie avec la condition générale de notre temps.

Que les hommes élevés ainsi soient inférieurs à ceux qui furent élevés autrement, comment ne pas s'y attendre?

***

Le rêve caressé par certains hommes est de fabriquer artificiellement une nouvelle espèce humaine. Ils croient qu'enlever tout d'abord l'enfant à l'influence débilitante de la tendresse maternelle est un progrès. Ils pensent que l'arracher au cercle restreint et affectueux de la famille est un avantage, et que l'éducation et l'instruction obligatoires taillées sur le même patron, cousues sur la même mécanique, sont l'avenir fructueux de l'humanité.

* * *

Les sages de tous les temps ont mis trois ou quatre mille ans à formuler quelques préceptes qui doivent servir de règle et de soutien aux agglomérations humaines ; ces préceptes ont paru fâcheux et démodés à certains individus, et ils ont cherché à les remplacer par d'autres de leur invention.

* * *

A force de réfléchir, on avait pensé que toute cette admirable et éblouissante combinaison qui s'appelle la nature, le monde et la vie, émanait d'un Être éminemment supérieur, et d'un principe souverain et bienfaisant, reconnu par tous sous le nom de Dieu.

On avait imaginé que tout en cette vie obéissant à des lois immuables et secrètes, du moment où des lois existent, il existe aussi un législateur.

> L'univers m'embarrasse, et je ne puis songer
> Que cette horloge existe et n'ait point d'horloger.

Ainsi parlait Voltaire lui-même.

De nos jours on a trouvé ces idées vieilles et vermoulues. — Il n'y a point de Dieu ! se sont écriés certains forts cultivateurs de paradoxe.

Dieu n'existe pas. Dieu n'est autre chose qu'un prétexte à l'avidité, à la tyrannie, à la misère et à l'esclavage. — Dieu, c'est le mal !

* * *

On avait pensé que le mariage, que la famille étaient la première base de la société. — Le mariage est une des formes de la prostitution et de la servitude! s'est écrié le bon philosophe. La famille est un préjugé. L'autorité des pères de famille doit être secouée et jetée au vent, lorsqu'elle prétend contrarier nos idées et nos actes. Le hasard qui fait qu'un monsieur est devenu notre père, sans nous consulter, ne saurait nous astreindre à aucune obligation. S'il ne nous donne pas sa fortune à dépenser, et ne nous lègue que la misère, nous ne lui devons que des reproches en échange du mauvais cadeau qu'il nous a fait.

* * *

La propriété jusqu'ici paraissait être une source de bienfaits, une cause de régularité, de prévoyance et de travail. Allons donc! ce qui appartient aux uns est dérobé aux autres. Tout est à tous. La propriété c'est le vol! a dit l'excellent philosophe; et il s'est frotté les mains, heureux de ses trouvailles.

* * *

Mais bon nombre de gens ont pris au sérieux ces imaginations étranges et paradoxales, dont les auteurs eux-mêmes riaient entre amis après boire, et dont ils se faisaient de bonnes rentes au soleil.

Beaucoup, sans compter messieurs les voleurs et messieurs les assassins, ont vu dans les paroles de ces apôtres l'excuse de leur envie, de leur besoin de jouir, et de toutes leurs passions mauvaises.

Peu à peu, ces idées ont paru de plus en plus acceptables. On ne vit qu'une fois, se sont dit la plupart des gens qui regardent toujours au-dessus d'eux sans regarder au-dessous. Par conséquent, il faut se faire la vie le plus agréable possible. Après nous la fin du monde. Les inventions qui nous parlent de l'immortalité de l'âme, d'une autre vie, de peines et de récompenses en un monde meilleur, ne sont que des inventions d'exploiteurs et de propriétaires qui nous endorment de leurs billevesées, pour que nous les laissions jouir en paix de leur propriété, dont l'origine est le vol.

Allons donc! Courage, marchons à l'assaut du pouvoir, des satisfactions et des jouissances, dont certains semblent s'arroger le privilége. Nous n'avons plus à craindre que les gendarmes, et les gendarmes n'auront qu'un temps.

De là cette recrudescence de bouleversements, de complots, d'émeutes et de révolutions. De là les assassinats, les empoisonnements, les vols à main armée ou non armée sur les boulevards ou sur les grandes routes. De là les opérations véreuses, les banquiers qui s'envolent avec les fonds des actionnaires, les caissiers qui filent avec la caisse, les commerçants qui frelatent effrontément leurs produits.

Quand les différents moyens manquent aux consommateurs, et qu'ils ont épuisé sans résultat les procédés que le milieu dans lequel ils agissent met à leur disposition, un beau jour ils se disent : En voilà assez, la mesure est pleine, la vie ne me donne point ce qu'elle devrait me donner : il faut en finir.

Vite un peu de poison, un boisseau de charbon, une balle de revolver, une corde de chanvre, ou le lit moelleux de la Seine. Jamais, depuis que le monde est monde, on n'a entendu parler de tant de suicides que depuis quelques années. — C'est le dénoûment.

La comédie est finie. Bonsoir. La comédie finit en drame. Qu'importe ! disent-ils. Quand la toile est baissée, elle ne se relève plus.

L'INSTRUCTION OBLIGATOIRE ET LAÏQUE.

A côté des instituteurs qui spéculent sur les portions de soupe et, pour faire prospérer leur usine, ne pensent qu'à mettre tous les ans à l'Exposition universelle des produits exceptionnels destinés à attirer le chaland, il est certains hommes dévoués et convaincus qui pensent avoir à remplir une importante mission.

Qu'ils soient laïques, prêtres ou simples frères, ceux-là pensent que la tâche de former les hommes destinés à subir les luttes de toute sorte indiquées pour l'avenir, est une tâche sainte et utile au premier chef.

Leur spéculation ne réside plus que dans l'ordre moral, philosophique et intellectuel.

* * *

Heureux ceux qui croient ! disent-ils, heureux ceux qui croient à quelque chose ou à quelqu'un.

Heureux ceux qui se haussent quelque peu pour regarder au-dessus des choses terrestres.

Heureux ceux qui savent qu'ils ont une âme, et que cette âme ne s'éteint pas simplement comme la lampe soufflée par le vent.

Heureux ceux qui pensent qu'il y a encore une famille, une patrie et des devoirs à remplir.

Heureux ceux qui croient qu'il y a autre chose en ce monde que les jouissances de la vie matérielle, et les satisfactions brutales des sens à l'imitation des animaux.

Les hommes qui sont fermement persuadés de telles choses, sont bien près de pouvoir en faire entrer la conviction dans l'esprit des autres.

Et il est de notoriété que ceux-là mêmes à qui l'on enseigne ces principes, reçoivent encore avec plus de fruit l'instruction qui les accompagne.

Et les écoles gouvernementales ou professionnelles en démontrent chaque jour la preuve dans les examens à subir pour y être admis.

C'est pourquoi, en dépit des efforts insensés de ceux qui, sous prétexte de liberté, veulent entraver le développement des idées léguées par la tradition, la réflexion et la morale des siècles, nombre de gens, qui sont passés de l'autre côté pour leur agrément particulier, ne se soucient guère d'envoyer leurs enfants à la concurrence.

* *

— Allons bon ! disait dernièrement un pur à un autre, toi qui es un bon, tu envoies ton *gosse* chez ces calotins de frères, *au lieur* de le mettre chez l'obligatoire et laïque du quartier.

— Merci ! pour qu'à dix-huit ans il me flanque des giffles.

— Tant pis, je le laisse toujours là, il se débrouillera après.

* *

FRÈRES IGNORANTINS.

D'autres ont raconté les faits d'armes glorieux et les généreux dévouements de ceux qui combattent.

Mais il est des hommes qui ne se battent pas, qui n'ont ni fusils, ni mitrailleuses, ni canons, et qui néanmoins méritent autant que ceux qui sont appelés à combattre.

Ces hommes, vers qui les mères tendent leurs mains reconnaissantes, ce sont les médecins, ce sont les chirurgiens qui s'efforcent d'arracher nos blessés à la mort, qui les soignent, qui les guérissent, ou qui adoucissent leurs dernières angoisses.

UN FRÈRE IGNORANTIN.

Mais ce sont aussi ces gens modestes, pleins d'abnégation et d'ardeur, qui vont sans armes au milieu des balles, des obus et de la mitraille; ramasser, au péril de leur vie, ceux que la pluie de fer a jetés mutilés et inanimés sur le sol où les appelle la mort.

Pendant le siége de Paris par les Prussiens, avant tous et en tête de tous, prêts à toutes les audaces et à tous les sacrifices, on remarquait les *Frères ignorantins*, ainsi qu'ils s'appellent eux-mêmes, bravant à chaque instant les plus terribles dangers, sans être soutenus par l'animation de la lutte, et ne puisant leur énergie que dans le sentiment du sacrifice et de leur foi.

Lorsqu'il se présentait quelque dure et dangereuse besogne, les brancardiers *laïques*, que l'on appelait en cette circonstance les *brancardiers honoraires*, se tenaient prudemment à l'écart.

C'étaient les jeunes Frères ignorantins, sous la conduite de quelques vieux à tête grise, qui, sans hésiter, accomplissaient l'œuvre demandée.

⁂

Nous tenons ces informations de l'éminent, de l'excellent docteur Ricord et de son non moins remarquable émule Demarquay, qui dirigeaient le service des ambulances pendant la dernière guerre! Ceux-là se connaissent en courage et en dévouement.

⁂

Voici, du reste, ce dont nous avons été témoin.

C'était le lendemain du sanglant combat du 2 décembre; rendez-vous avait été donné aux Tuileries pour le départ des ambulanciers. Il y avait encore des blessés à prendre et à ramener.

La veille, pendant que des brancardiers *honoraires et laïques* fumaient tranquillement leur pipe et restaient inébranlables derrière de bonnes murailles, cent cinquante Frères de la Doctrine chrétienne, les reins ceints d'une corde, allaient au premier signe ramasser, sous le feu de l'ennemi, les blessés qu'ils rapportaient à l'abri.

Un Frère, frappé d'une balle au milieu du cœur, tombait roide mort.

Un autre était grièvement blessé d'un éclat d'obus, et rapporté mourant par ses confrères.

Les brancardiers *honoraires* étaient toujours prudemment retranchés derrière leur mur et ne bougeaient pas.

C'était donc le lendemain de ce jour.

Il était six heures du matin, nuit noire encore, et dans une salle basse des Tuileries, mal éclairée par des falots.

Un vieux Frère de soixante-dix ans, le sous-directeur, venu à la place du frère Philippe, empêché par son grand âge, amenait au docteur Ricord un renfort de cent Frères, pour se joindre aux autres restés à Gennevilliers.

* *

Le docteur Ricord s'avança vers le vieillard en cheveux blancs. C'était une figure profondément sillonnée, ascétique, mais bonne, bienveillante et fine, un vrai Holbein détaché de son cadre.

— Mon Frère, dit-il, comment va notre cher blessé ?

— Mal, docteur, il n'est pas mieux; nous avons peu d'espoir.

Le docteur était ému, lui qui voit tant de douleurs.

— Mon Frère, dit-il en lui prenant la main, s'embrasse-t-on chez vous ?

— Mais, dit le bon vieillard, il n'y a pas de règle pour cela.

— Eh bien, dit Ricord, permettez-moi d'avoir l'honneur de vous embrasser. Vous êtes admirables, vous et les vôtres ! Portez ce baiser à vos Frères, et dites-leur que nous vous remercions tous, en notre nom et au nom de la France.

Voilà un baiser, voilà une parole qui valent plus qu'une croix d'honneur.

* *

Et ne croyez-vous pas que l'éducation et l'instruction données par des hommes dignes de pareils éloges et capables de tels dévouements, ne soient choses profitables à la France et ne vaillent pas ce qui s'enseigne ailleurs ?

—— *Tu vas me mettre ma robe de soie; tu penses bien que je ne peux pas aller aux Champs-Élysées avec ma robe de mousseline de laine! et serre-moi un peu plus mon corset, Justine.*

LE BACCALAURÉAT.

QUAND le nombre de culottes prescrit ou peu s'en faut a été usé sur les bancs de bois du collège ou de la pension; lorsque le cycle réglementaire a été à peu près décrit, depuis la neuvième jusqu'à la rhétorique, l'heure du baccalauréat vient enfin à sonner; l'heure du *bachot,* comme disent les jeunes Français, ivres d'espoir, avides de liberté, rêvant gros cigares blonds, absinthes vertes, spectacles, danses aux bals publics, soupers fins, et surtout l'autorisation de ne plus rien faire.

Le Manuel du baccalauréat, ou du *bachot,* est un résumé de toutes les connaissances humaines.

Celui qui saurait à fond tout ce que comporte cet examen, serait évidemment un homme remarquable.

On a simplifié la chose en condensant ces connaissances variées, qui sont pour ainsi dire roulées en pilules. Les jeunes Français les avalent avec empressement, et les rendent de même, le plus rapidement et le plus complétement possible.

Les pilules et les examens passés, il n'en reste rien ou pas grand'chose.

Peu de bacheliers seraient en mesure de passer de nouveau l'examen dont ils sont sortis victorieusement, six mois après l'avoir passé.

Pas un homme de quarante ans, excepté ceux qui font métier d'apprendre aux autres à doubler habilement ce cap universitaire, ne serait capable de subir une seconde fois, sans être *rétoqué*, l'épreuve de l'examen.

*   *   *

Un examinateur au *bachot* nous a même confessé, un soir après dîner et après boire, qu'il courrait bien risque d'être collé lui-même, s'il était interrogé par quelque confrère grincheux en dehors de la spécialité.

M. Saint-Marc Girardin, qui jadis distribuait des boules noires et blanches aux aspirants bacheliers de ma fournée, eût été bien probablement collé sur la théorie des nombres premiers ou du plus grand commun diviseur, tandis que le père Lefébure eût été sans doute complétement *ratiboisé* sur les *Séleucides* ou les *Mermniades*.

*   *   *

Le Manuel du *bachot* est un gros livre bourré de demandes et de réponses. Cela s'apprend par cœur, et se récite-le moins mal et le plus intelligemment possible, au gré de la question prise au hasard.

Il y a pour présider à ces exercices, qui sont le couronnement et l'excuse de la vie de collége, des hommes spéciaux que l'on nomme *colleurs* au *bachot*.

Ceux-là ont pour mission de tourner, retourner l'élève sur le gril de l'examen probable, en lui faisant réciter par cœur et sans trouble la réponse suffisante à la question proposée.

Ils sont comme ces entraîneurs qui disposent les jeunes chevaux pour la course.

Nous avons connu de ces colleurs au *bachot*, capables de réciter tout le gros livre d'un bout à l'autre.

Un mot quelconque, pris au hasard dans la première page venue, servait de point de départ; toute la page suivait, reproduite d'une façon imperturbable; puis deux, puis trois, puis dix. Il fallait arrêter le robinet, si l'on ne voulait pas que le reste du volume y passât tout entier.

Quelques élèves doués de bonne mémoire arrivent à des résultats presque aussi merveilleux. Cela s'appelle *piocher* son *bachot*.

Mais ils se rattrapent victorieusement plus tard, en oubliant tout consciencieusement.

* * *

Il est des âneries célèbres consignées depuis longtemps, pour l'édification des bacheliers futurs, dans les fastes du baccalauréat.

— Qu'est-ce qu'une olympiade? demandait l'examinateur à l'aspirant bachelier.

L'infortuné restait muet et se tourmentait inutilement sur son siége.

— Une olympiade est une espèce de cadran, s'écria-t-il tout à coup.

Son oreille l'avait trahi. Un spectateur bénévole lui avait soufflé la réponse :

— Une olympiade est un espace de quatre ans.

L'histoire ne dit pas si le candidat, cette fois, fut reçu bachelier.

* * *

Un autre jour, il était question d'histoire de France.

— Quelle était la mère de Henri IV? demanda l'examinateur.

Le patient n'en savait rien.

Un camarade bienveillant lui glissa la réponse : — Jeanne d'Albret.

Il comprit Jeanne Darc, et, pris d'une robuste fierté, il ne voulut pas répéter textuellement le mot qui lui était secourablement fourni.

— C'était la Pucelle d'Orléans, dit-il.

La réponse eut un succès fou. Le succès dure encore.

* * *

Dans les séminaires, où il se passe aussi des examens, on a conservé le souvenir de quelques réponses hors ligne.

Un élève était sur la sellette.

— Si vous étiez en train de dire la messe, disait l'examinateur au futur abbé, et qu'il vous arrivât de voir une araignée se promenant sur la sainte hostie, que feriez-vous?

L'élève se recueillit, et répondit :

* *

— Je prendrais délicatement l'animal entre mes doigts, et si j'en avais le courage, je l'avalerais.

La réponse parut satisfaisante, et l'élève reçut tous les compliments des examinateurs et des assistants.

Un des jours suivants, un autre élève passait l'examen à son tour.

— Si vous voyiez, lui dit-on, un âne boire dans un bénitier, que feriez-vous ?

L'élève était encore sous le coup des éloges donnés à son prédécesseur et à son confrère, et il répondit sans hésiter :

— Je prendrais délicatement l'animal entre les doigts, et si j'en avais le courage, je l'avalerais.

*
* *

Ce qui passe pour le plus douloureux et le plus hérissé de difficultés dans l'épreuve du baccalauréat, c'est la version, qui doit être faite tout d'abord, et présenter des qualités suffisantes pour être admis à passer le reste de l'examen. Nombre de jeunes sujets suffisamment entraînés, et dont la mémoire a récolté une assez forte quantité de pages du Manuel, se brisent contre cet écueil.

Et pourtant, sept ou huit années de latin forcé devraient sembler plus que suffisantes pour permettre de traduire, à peu près, une vingtaine de lignes récoltées dans un des auteurs connus de la latinité.

Car il n'y a pas de langue vivante qui résiste à six ans d'étude. Ce qui seul peut excuser le latin, c'est d'être une langue morte.

*
* *

Bref, la version, c'est le *chiendent,* comme disent messieurs les aspirants au *bachot.* Il fut un temps où l'on trouvait moyen de se faire fabriquer la version par des industriels *ad hoc,* qui venaient, frottés de latin, flâner à l'abord des salles d'examen, et la passaient en contrebande à messieurs les consommateurs. Cette industrie a fini par être supprimée, mais les versions n'en sont pas meilleures; et il se fabrique néanmoins, bon an mal an, tout autant de bacheliers que jadis. Il faut bien entr'ouvrir les portes dorées de l'avenir à cette foule de jeunes Français qui se destinent à être avoués, médecins, notaires, pharmaciens, avocats, employés de toute sorte, fonctionnaires, et prétendent, avec ou sans latin, à gouverner un peu la France.

Tout récemment, un congrès de professeurs, dont l'état est de croire au latin, a cru devoir ajouter aux premiers préliminaires un discours latin, et même un discours français. A ce dernier, nous n'avons que peu de chose à objecter, pourvu toutefois que la chose ne soit pas considérée comme une invite au parlementarisme, ce *phylloxera* de la langue française.

De plus, on a scindé l'examen, et l'on a imaginé une seconde épreuve à distance, pour contrôler pour ainsi dire la première. Une petite taquinerie tout simplement à l'adresse des aspirants bacheliers, qui seront forcés de différer pendant quelques semaines le moment où il leur est permis de tout oublier.

CONSEILS AUX ASPIRANTS BACHELIERS.

I vous êtes ferrés sur votre Manuel, et que vous sachiez le dévider sans hésitation d'un bout à l'autre, vous pouvez sans crainte prendre votre inscription dans les premiers jours qui précèdent les vacances et la fin des études.

Sinon, soyez prudents. Une fournée de forts et d'exercés à ces luttes de questions et réponses, se précipite généralement sur les premiers jours, afin de recevoir plus tôt cette précieuse bricole sur le cou.

* * *

Messieurs les examinateurs sont encore frais émoulus, ils varient leurs questions, ne sentent point encore la fatigue, et sont gâtés par les bonnes réponses.

Cependant, comme ils ne pourraient se résigner à recevoir tous les candidats, ce qui serait contraire à toutes les traditions, ils en sacrifient toujours quelques-uns çà et là, pour le bon exemple, et si vous n'êtes point dans les imperturbables, il est bien à craindre que la foudre vienne à tomber sur vous.

* * *

Laissez donc passer le flot des forts, des malins et des piocheurs. Cela dure une dizaine de jours à s'écouler ; viennent alors les distraits, les débiles et les insouciants, parmi lesquels il est plus facile de décrocher la précieuse timbale.

Vous avez heureusement doublé le cap dangereux de la version, et votre numéro d'ordre vient enfin d'être proclamé à son tour.

Que votre tenue ne soit ni négligée ni flambante.

Si vous n'apparteneż point à quelque institution douée d'un costume réglementaire, évitez les faux-cols étranges, les cravates à nœuds étudiés,

et les coiffures à raies et à bandeaux méthodiques, qui pourraient vous poser dans l'opinion d'un examinateur grincheux comme un membre présent ou futur de la tribu des *Petits Crevés*.

Asseyez-vous modestement à votre place, ni trop en avant, ni trop profondément dans votre chaise.

Ne craignez point de montrer une légère émotion. Les examinateurs sont généralement flattés de cette allure, qui marque à la fois de la déférence, de la crainte et du respect.

Et si la parole est hésitante et embarrassée, faute de science ou de mémoire, vous trouverez des juges mieux disposés pour mettre votre silence sur le compte de cette émotion, qui en pareil cas est un hommage.

Répondez toujours quelque chose, et sachez conserver assez de présence d'esprit pour rester dans quelques généralités prudentes, où l'examinateur bienveillant n'ait pas trop de peine à vous tendre la perche.

Il est vrai que tous les examinateurs n'ont point l'heureuse et bienfaisante nature qui signalait jadis l'excellent homme auquel je ne suis point fâché, au nom de mes anciens collègues au *bachot,* de tresser cette couronne.

— Si je vous demandais, disait-il, qu'est-ce que la division ?

Me répondriez-vous : La division est une opération par laquelle étant donné un nombre nommé diviseur, on veut savoir combien de fois il est contenu dans un autre, nommé dividende ?

— Oui, Monsieur.

— Très-bien.

— Le résultat de l'opération ne se nomme-t-il pas quotient ?

— Oui, Monsieur.

— C'est parfait.

Et l'on avait gagné sa boule blanche.

Il en était de même pour toutes les questions.

Pour les aspirants bacheliers, M. Thillaye était un père.

Aussi la reconnaissance publique l'avait surnommé le père Thillaye.

Mais tous n'étaient pas ainsi, et il régnait un deuil dans le camp lorsque c'était M. Lefébure de Fourcy qui prenait sa place.

M. Saint-Marc Girardin occupait alors le fauteuil des lettres, qu'il changea depuis pour celui de l'Académie française. Lui était inégal dans ses bienfaits, suivant que le temps changeait, ou bien que le déjeuner exerçait une influence bonne ou fâcheuse sur ses facultés digestives.

Les hommes changent, mais les examens restent. Il doit encore en être à peu près de même de nos jours. En tout cas, les candidats ne doivent pas ignorer qu'une bonne petite recommandation préalable ne saurait nuire.

Les examinateurs sont des philosophes qui connaissent la vie, et savent bien que toute cette érudition de pacotille, quel que soit l'examen, sera balayée avant six mois, comme les neiges de l'hiver dernier.

Et que pour tous les collégiens, ou du moins pour la plupart, la principale valeur du diplôme conquis à l'examen, est d'être un *exeat.*

LES PETITES FILLES.

L'ÉDUCATION des petites filles qui grandissent et deviennent jeunes filles, se fait souvent encore et fort heureusement à l'abri du foyer. C'est par les femmes et les mères que les traditions sacrées du passé se continueront encore pendant quelque temps.

Il est encore des mères qui savent se dérober aux fêtes de chaque jour, et à la tentation de montrer chaque soir à la clarté des bougies les épaules éclatantes et les bras richement modelés qu'elles ont ou pensent avoir. Elles veulent présider elles-mêmes à tout ce que doivent savoir, à tout ce que doivent ignorer ces petits êtres sur la tête desquels doivent reposer un jour l'honneur, la vertu, et la tradition des familles.

* * *

Mais il en est aussi qui ne peuvent résister ni aux bals, ni aux fêtes de toute sorte, et pour lesquelles les enfants sont une entrave. C'est pour soulager ces mères que les pensions ont été créées, et que les couvents sont ouverts.

Certes, il est des pensions précieuses pour les jeunes filles et des couvents recommandables à tous égards.

Mais chacun des enfants, mis ainsi à l'écart, n'a-t-il point entrevu déjà dans l'intérieur où le sort l'a placé, des exemples fâcheux çà et là, dont la conscience lui échappe, mais sur lesquels le voile ne saurait manquer de se dissiper peu à peu.

Ces petites filles une fois réunies, toutes ces observations séparées sont mises en commun, s'agglomèrent, se multiplient, et se répartissent entre toutes. C'est, alors que la tête et l'esprit travaillent plus que de raison, la famille faisant défaut.

Il se fabrique dans la plupart de ces usines plus de femmes du monde et de femmes de plaisir que de mères de famille.

* * *

Nous ne dirons point comme ce fantaisiste qui, passant en revue les différentes écoles destinées à fabriquer des hommes, concluait ainsi : La meilleure de toutes les écoles, est l'école du malheur.

Si la vie en commun peut avoir son côté utile pour l'homme auquel sont réservées les préoccupations de la vie extérieure et de la politique, la vie d'intérieur est la meilleure des écoles pour celles qui doivent présider plus tard aux nécessités et aux combinaisons multiples de la vie de chaque jour.

Le Chrysale de Molière disait jadis :

> ..... Qu'une femme en sait toujours assez
> Quand la capacité de son esprit se hausse
> A connaître un pourpoint d'avec un haut-de-chausse.

Et la connaissance du grec lui semblait bien inférieure à celle du pot-au-feu. Le grec n'a point acquis de vertu supérieure de nos jours, et la science de tous les détails que comporte une maison a continué, en dépit de tout, à être hautement prisée par ceux qui n'ont point l'intention de rester célibataires.

Les mères prudentes, revenues pour elles-mêmes des raouts, des soirées et des bals, et qui veulent élever convenablement les jeunes filles, les gardent pieusement près d'elles.

Le

> *Domum mansit, lanam texit,*

du poëte a toujours, depuis l'antiquité, conservé son charme et sa vertu.

DÉPART POUR LE BAL.

Comme tu l'es belle, petite mère ! Mais pourquoi tu t'en vas..? Mais je t'aime
encore bien mieux en chemise de nuit, et que tu restes.

— Petite mère, pourquoi donc que tu dis comme ça que tu vas t'habiller,
et que tu te déshabilles comme ça?...

ÉDUCATION A DOMICILE.

— Et voilà comme vous apprenez votre leçon ?

— Dame!...

— Au fait, le plus souvent que si, comme vous, j'avais des rentes, je me mangerais les sens à travailler... Faut être juste.

DE L'AVENIR.

— Mon enfant, vous n'avez pas de fortune; si vous êtes si paresseuse et si négligente que cela, vous mourrez plus tard à l'hôpital.

DE L'AVENIR.

— Méfie-toi, ma petite, c'est moi qui te dis ça. Si tu ne te conduis pas bien...
dans dix ans tu rouleras voiture.

— Ce sera une belle femme.

— Comme son père!

ENSEIGNEMENT MUTUEL.

— Est-il blond ?

— Ma foi, je n'en sais rien; pourvu qu'il ait une voiture... Moi, je déteste d'aller à pied.

J'aimerais mieux garder cent moutons dans un pré,
Qu'une fille dont le cœur a parlé.

Ainsi dit la chanson. L'essentiel, c'est que le cœur, ce bavard, ne parle que
le plus tard possible.

Il faut donc occuper l'activité, l'intelligence et l'ardeur de ces petits êtres,
pour couper de bonne heure la parole à cet orateur sujet à faire souvent de
graves interpellations. La mission d'une mère n'est point une sinécure.

La tapisserie, ce *lanam texit* des anciens, la broderie, le catéchisme, la
première communion, les langues étrangères, le catéchisme de persévérance,
sont d'intelligents et puissants dérivatifs.

Un des plus satisfaisants concours est apporté aux mères par l'étude du
piano.

Rien n'absorbe la réflexion et l'activité comme cette gymnastique de la
main et des doigts, qui confisque l'attention sur les touches d'ivoire de
l'instrument terrible dont retentissent tous les étages des maisons pari-
siennes.

Deux ou trois heures chaque jour sont ainsi consacrées à ce travail, qui ne
laisse que peu de place à la pensée. C'est autant de gagné sur l'ennemi.

Quelques jeunes filles, çà et là, finissent par devenir musiciennes, ce qui
n'est point un mal.

Mais la plupart, une fois mariées, s'affranchissent de la tyrannie qui les
forçait à taquiner chaque jour les touches blanches et noires de cette mécanique si fatigante lorsqu'elle n'est pas mélodieuse, et ferment leur piano
pour ne plus le rouvrir.

Mais le problème a été résolu, et le cap des Tempêtes est doublé. A un autre nautonier maintenant le soin de conduire la barque prudemment, jusqu'alors conduite en vue du port.

* * *

MAISONS DE LA LÉGION D'HONNEUR.

La vie a ses nécessités, l'état social a ses exigences. Les militaires, notamment, qui sont appelés à voyager incessamment, et à se porter, au premier signe, sur tous les points où le service et le devoir l'exigent, ne peuvent pas néanmoins être sevrés des douceurs de la famille.

La femme qui accompagne son mari partout où il lui est possible de le faire, ne se trouve pas dans les conditions normales que réclame l'éducation des enfants, — surtout des jeunes filles.

L'État a prévu ces difficultés, et, dans sa sollicitude pour les hommes chargés de défendre le pays, a fondé, pour les garçons, certains prytanées, où ils reçoivent l'instruction pratique destinée à en faire des militaires utiles ; pour les filles, les maisons de Saint-Denis, d'Écouen et des Loges, où elles reçoivent l'éducation destinée à en faire des femmes capables de venir en aide à leurs parents, ou de subvenir à leurs propres besoins si elles sont orphelines.

Ces maisons sont consacrées aux filles de légionnaires, chevaliers ou officiers de l'Ordre.

Ces maisons sont admirables de tenue, de soins et de prévoyance.

Outre l'instruction nécessaire à toute femme qui doit plus tard avoir un ménage et élever des enfants, on s'efforce de constituer aux jeunes filles un état qui puisse, à un moment donné, les tirer d'affaire.

La musique, le dessin de figure et d'ornement, la peinture sur porcelaine, leur sont enseignés par des professeurs de mérite.

Mais cela n'empêche point d'insister, avec le plus grand soin, sur le raccommodage des bas, de la lingerie, sur la broderie, la tapisserie et même la cuisine.

Une heureuse innovation, due à ces dernières années, je crois même à l'initiative de l'impératrice Eugénie, a été de fonder un cours de télégraphie électrique, que suivent un certain nombre de jeunes filles de la dernière classe,

UNE ÉLÈVE DE SAINT-DENIS.

CONFIDENCES.

— Tu me demandes mes impressions?

— Oui, chère Madame.

— Eh bien, si tu veux que je te dise... eh bien! c'est pas ça.

et qui les met à même de diriger un des nombreux bureaux télégraphiques semés sur le territoire français, parmi lesquels il en est réservé, chaque année, quelques-uns à ces filles de nos braves officiers.

*
* *

Depuis madame Campan, qui fut la première directrice ou surintendante de cette maison de Saint-Denis, une série de femmes remarquables et supérieures s'est succédé à la tête de ce magnifique établissement : la baronne Dennery, la comtesse de Bourgoin, la baronne Daumesnil, veuve de la fameuse jambe de bois de Vincennes, y ont laissé de précieux souvenirs.

Madame la baronne Leray, la surintendante actuelle, continue de la façon la plus remarquable ces excellentes traditions.

*
* *

Sous les ordres de ses directrices, les dames de la maison de la Légion d'honneur, partagées en dignitaires, supérieures, dames dignitaires, dames et novices, sont chargées de la surveillance, de l'éducation ou de l'instruction des cinq cents jeunes filles réunies dans cette magnifique propriété, ancien couvent des Bernardins.

Toutes ces dames, sauf de très-rares exceptions, ont été élevées dans la maison et en ont toutes les traditions; elles portent toutes la décoration de la Légion d'honneur, depuis la surintendante, qui est grand-croix, jusqu'aux simples dames, qui portent la croix de chevalier, et aux novices, qui ne se distinguent des grandes élèves que par un simple ruban.

*
* *

Les élèves sont simplement vêtues d'une robe noire, d'un tablier noir, et de rubans ou ceintures dont la couleur varie suivant l'âge de la jeune fille, depuis le vert et le vert liséré qui est l'apanage des petites, jusqu'au blanc liséré et blanc uni qui est réservé aux grandes, en passant par le bleu, l'aurore et le nacarat, — toutes les couleurs de l'arc-en-ciel.

Toutes ces couleurs sont réunies dans la ceinture qui décore les élèves des classes dites de perfectionnement.

Après cette classe, les jeunes filles qui n'ont pas de ressources suffisantes dans leur famille, ou qui ont la vocation de l'enseignement, restent dans la maison en qualité d'aspirantes au noviciat, et servent à recruter le personnel remarquable qui dirige cette maison comme une famille.

⁂

Sur le nombre considérable de femmes sorties de cette maison, une quantité ont montré des qualités supérieures, et sont devenues des femmes d'élite; celles-là, on en parle peu. Quelques-unes, comme il s'en trouve forcément dans toute agglomération d'êtres humains, se sont échappées par certaines tangentes, et ont fait parler d'elles outre mesure.

Des esprits malveillants ont cherché à en tirer des conclusions contre la maison elle-même. Rien de plus injuste; et il n'est pas de couvent ou de maison d'éducation qui ne puisse produire à son dossier, proportion gardée, un chiffre plus élevé de ces exceptions, qui se rencontrent malheureusement trop souvent de notre temps, et dont la vie de famille ne sait point toujours préserver.

⁂

Les maisons d'Écouen et des Loges, réservées aux filles des officiers d'un grade moins élevé, sont confiées à des religieuses d'un ordre enseignant, parmi lesquelles se trouvent des femmes du plus haut mérite.

Là, on insiste plus sur les qualités du ménage et moins sur les arts. La position moins aisée des familles en fait une nécessité, ce qui, malgré la pauvreté, devient une vertu.

⁂

Depuis quelque temps, dans certaines familles même riches, mais soucieuses de l'avenir et instruites par le passé, on s'est empressé d'adjoindre à tous ces motifs de travail et de contention d'esprit, le soin de passer des examens qui font pendant à l'examen du baccalauréat que passent leurs frères.

Ce sont les examens de l'Hôtel de ville, à la suite desquels une jeune fille couronnée de boules blanches est reconnue capable de se livrer à l'éducation, et se prépare ainsi une ressource contre les adversités possibles dans l'avenir. Récemment, une demoiselle de Rothschild vient de passer ces examens, dont il est peu probable qu'elle soit appelée plus tard à tirer parti. Et cet exemple n'a pas médiocrement contribué à mettre la chose à la mode.

Il y a encore le dessin et la peinture, qui n'étant pas des arts tapageurs, ont encore peu de partisans dans les familles. En qualité de voisin possible, on ne saurait trop encourager ces études, d'autant plus qu'elles produisent des effets moins fertiles en déboires que le piano, et, dans un cas donné, sauraient nourrir plus avantageusement celles qui s'y adonnent.

Disons de plus que l'étude des choses d'art ne saurait qu'augmenter et rendre plus sûr le goût inné chez les femmes françaises, et ajouter encore à ce sentiment de l'harmonie, de la couleur et du charme qui les caractérise entre toutes.

EN FAMILLE

MADEMOISELLE MIMI. — Quand on est fagotée comme cela, venir me demander à jouer avec moi, voilà qui est de l'aplomb !

— Eh bien, mademoiselle Mimi ne mettra pas sa jolie robe pour sortir. Elle aura sa robe du matin.

Quand les pauvres petits enfants n'ont pas de jolies robes, il faut que les bonnes petites filles travaillent pour leur en faire,

et qu'elles aillent avec leur maman porter tout cela aux mamans qui sont pauvres, malades, et ne peuvent travailler pour donner de bonnes robes à leurs enfants.

EN PENSION

ÉTUDES ET PROGRÈS

PETITES CLASSES.

— Comme c'est amusant d'être tournée, frottée, peignée, lavée tous les matins ! Je vous demande un peu à quoi ça sert ?...

CLASSE ÉLÉMENTAIRE.

— Après ça, cependant, il n'est pas mauvais de se donner un coup de peigne.

COURS MOYEN.

— Et puis, j'ai entendu dire aux grandes que c'est affreux d'avoir les ongles en deuil.

COURS DES GRANDES.

Quand on est bien coiffée, bien chaussée, c'est la moitié de la toilette.

COURS SUPÉRIEUR.

— Un corset comme cela, c'est affreux ! On a l'air d'être taillée à coups de serpe. Ma parole d'honneur, je ne sais pas si j'oserai aller au parloir.

COURS SUPÉRIEUR ET ENSEIGNEMENT MUTUEL.

Prête à subir toute espèce d'examens.

FIN DE L'ÉDUCATION.

Reçue.

19

AU COUVENT

PETITE CLASSE.
Ça leur est bien égal, pourvu qu'elles sautent
et qu'on ne les force pas trop de se laver
les mains.

EN VISITE CHEZ SES PARENTS.
Visite aux compagnes le jour de sortie.
— N'est-ce pas que c'est bien ?... Tout laine et soie ; pas un
brin de coton.

CLASSES MOYENNES.
— Dire qu'on défend les miroirs !
comme si on pouvait arranger
convenablement ses cheveux
sans se regarder ! C'est insensé,
comme dit mon frère.

MÈRE SAINTE-IMPORTUNE.
Avec elle, il ne faut pas broncher, disent ces demoiselles. Toujours sur votre dos ! et c'est lourd !

GRANDES CLASSES.
— Et il n'y a rien d'ennuyeux comme
d'avoir des mains rouges. Heureusement, j'ai fait des économies pour
avoir des gants de peau.

CLASSES SUPÉRIEURES.
Cours de style épistolaire.
Mon cher Roger... ne dis pas à mon oncle...

CLASSE DE POÉSIE.

CLASSE DE PERFECTIONNEMENT.
— Tu vas au parloir. Dis à ton frère Gontran
mille choses aimables de ma part, tu sais ?

SOEUR DE SAINT-VINCENT DE PAUL.

EN FAMILLE

PREMIÈRE COMMUNION.

(Le papa, qui est libre penseur, est à la Bourse pendant ce temps.)

— Après tout, ça ne me gêne pas, dit-il. Ma mère disait que cela servait à faire de bonnes filles ; nous verrons bien. A faire de bonnes femmes, de bonnes mères, ça, c'est l'affaire de mon gendre.

VOYAGES AUX LONGS COURS.

Catéchisme de persévérance.
Le cours de piano.
Cours de musique.
Cours de dessin.
Cours de français.
Cours de contredanse.
Le cours de valse pour plus tard.

DÉBUTS DANS LE MONDE.

— Ma chère enfant, si tu ne te tiens pas plus droite que ça, si tu manges tes ongles... tu ne te marieras jamais... et pense à ce que je t'ai dit.

L'ÉDUCATION EN FAMILLE.

Comme conclusion, l'éducation, l'instruction la meilleure seraient sans contredit celles que le père ou la mère de famille pourraient donner ou surveiller étroitement eux-mêmes, enseignant à leurs enfants le respect du passé et la crainte de l'avenir.

Mais la vie est dévorée par les exigences de chaque jour. De même qu'on n'a pas le temps de faire soi-même ses maisons, ses chaussures, ses pantalons, on ne trouve point le temps de faire des hommes.

La confection de tous ces accessoires est livrée à des spécialistes qui en abusent pour construire des maisons qui s'ébranlent, des chaussures qui prennent l'eau, des pantalons qui craquent, et des hommes sans principes.

L'avenir s'en tirera comme il pourra, c'est son affaire.

DEUXIÈME PARTIE

LES JEUNES.

LE baccalauréat vient enfin d'ouvrir les portes dorées de l'avenir. Quel sera cet avenir ?

Mais en ce précieux moment, est-ce bien de l'avenir que le collégien libéré s'occupe ? N'est-ce point du présent ?

* * *

Car l'heure de la liberté a sonné, c'est-à-dire l'heure où il est permis et prescrit même de jeter au vent le képi et la tunique du collégien, les bas bleus et les gros souliers réglementaires du collége; l'heure où les portes du collége se referment pour ne plus se rouvrir; où l'horizon se diapre de spectacles et de soirées, de danses bizarres et échevelées; où le petit dieu malin *Éros* va puiser enfin les flèches d'or dans les flancs de son carquois.

Évohé! Évohé!

N'est-il point resté çà et là, malgré tout, accrochés à la mémoire, quelques débris de poésie classique? On pense bien aux brumes de l'avenir lorsque le présent rayonne ainsi! Oui! mais au milieu de toutes ces hallucinations de liberté conquise, il est nécessaire cependant de penser parfois à une carrière, et de finir par en faire le choix.

LES CARRIÈRES LIBÉRALES.

LE rêve des pères et des mères de famille, depuis le commencement du siècle, fut et est malheureusement encore, de mettre leurs enfants à même d'entrer dans les carrières dites libérales.

Par carrière libérale, on entend ces carrières où l'on n'a d'autre assujettissement, d'autre ligne de conduite et de travail que ceux dont on s'impose soi-même l'obligation.

Ces carrières, en France, mènent à tout, ou ne mènent à rien.

Il y a comme une sorte de *tombola* affectée par le sort à chacune de ces carrières; çà et là, quelques gros lots rayonnent au loin comme de gigantesques miroirs à alouettes, et attirent la foule.

— Un fils comme celui-là, on ne peut pas le laisser dans la mélasse;
il sera avocat.

Quelques rares privilégiés atteignent le sommet où ces éblouissements dominent; la plupart des autres ne saisissent que le vide, végètent dans l'ombre ou croupissent dans les bas-fonds, et de là jettent à l'état social, dont ils avaient espéré ce qu'ils n'ont pu atteindre, des cris de haine, de misère et de vengeance.

La meilleure de toutes les carrières libérales est, sans contredit, celle de riche propriétaire et d'opulent rentier.

Cette carrière est la seule à laquelle toutes les paresses, toutes les ignorances soient permises, et où elles puissent être portées avec élégance et désinvolture. Là, le titre de bachelier n'est qu'une simple fleur portée à la boutonnière par convenance et concession à certaines idées qui ont conservé le vague préjugé du latin.

Cette carrière est néanmoins sujette à quelques déboires; il est certains hommes qui s'empressent de l'épuiser avant le temps, et mettent trois ou quatre années au plus à répandre sur tous les chemins la moisson de billets de banque et d'écus bien trébuchants que Messieurs leurs pères avaient mis cinquante ans à ramasser sou à sou.

Hâtons-nous de dire qu'ils ont le plus grand tort, et que les autres carrières libérales dont ils seront forcés par la suite de faire l'acquisition leur fourniront sans doute de bien faibles compensations.

* * *

Les sages poursuivent tout simplement cette carrière, mangeant chaud, buvant frais, ne versant, il est vrai, aucune lumière sur les obscurs blasphémateurs qui ne leur manquent pas, mais se couvrant bien, se logeant avec confortable, répartissant prudemment leur avoir et sachant voyager à propos quand la conservation de leur sécurité l'exige.

Ceux-là ont beaucoup d'amis. Ils n'ont pour ennemis que leurs femmes, leurs enfants, leurs domestiques, les indigents, les décavés qui passent dans la rue et que leur voiture éclabousse, la satiété, les indigestions, la goutte et l'apoplexie.

Aussi chacun les envie.

Car cette carrière n'est le partage que d'un nombre bien trop restreint d'individus heureusement privilégiés.

Il faut donc sagement penser à quelque autre débouché pour l'emploi de ses facultés et de son temps.

* * *

Les carrières libérales les plus recherchées après celle dont nous venons de tracer l'esquisse, sont la carrière du barreau, celle de la médecine, celles de la littérature et des beaux-arts.

Le succès de quelques avocats a décidé une foule de pères de famille, boutiquiers, cultivateurs ou portiers, à envoyer leurs fils suivre les cours de droit, de même que les magnifiques émoluments gagnés par certains docteurs ont poussé nombre d'autres à placer leurs fils dans le quartier de l'École de médecine.

Il se fabrique bon an-mal an tant d'avocats et de médecins, qu'il y a certainement plus d'avocats qu'il n'y a de causes, et plus de médecins que de malades.

Heureusement pour ces avocats malheureux et pour ces médecins *in partibus,* il existe une autre carrière libérale qui devient pour beaucoup le gagne-pain, et pour certains la source des honneurs et de la fortune.

Aussi l'on ne doit pas s'étonner du nombre considérable d'avocats et de docteurs qui permutent, comme on dit dans l'état militaire, et versent dans la politique.

COMME ON FAIT SON DROIT.

L'ÉTUDE du droit est regardée comme une sorte de continuation des études classiques.

La connaissance des lois qui gouvernent le pays où l'on est appelé à vivre et à mourir ne saurait vraiment être considérée comme un bagage inutile.

D'autant plus que chaque citoyen français est réputé connaître la loi, lorsqu'il en abuse ou qu'il la transgresse.

Le titre d'avocat, qui s'acquiert au prix de plusieurs consignations et de plusieurs examens, ne conduit pas d'une manière indispensable les gens à se faire inscrire sur le tableau des stagiaires, et à faire des discours aux populations en goguettes, du haut du balcon; c'est un simple titre que, le plus souvent, on met en portefeuille, et qui est, comme le baccalauréat, la preuve certaine que vous avez visité de temps en temps, jadis, l'École de droit, et que, tant bien que mal, vous avez subi à la longue quelques examens.

* * *

Au bout d'un certain temps, reste-t-il davantage de ces études que de celles qui conduisent au *bachot?* Nous penchons à croire que, sauf pour les licenciés émérites et les docteurs, qui sont au reste des étudiants en droit ce que sont, pendant le collége, les piocheurs et les *bêtes à concours* à messieurs les cancres et baladeurs jurés, la proportion de cinq à dix pour cent doit être gardée.

* * *

Pour le collégien qui vient de jeter au vent sa dernière tunique, l'étude du droit est une forme de vacances agréablement prolongées.

C'est une entrée dans la vie par un riant portique devant lequel les pions

PREMIER EXAMEN DE MÉDECINE.

— Désolé , mon cher oncle, impossible d'entrer, mon pauvre ami Gustave occupe mon lit;
il est dangereusement pris. On redoute une petite vérole.

REÇU AVOCAT.

— Dis donc, Phémie, ce qui m'amuse, c'est quand je pense que ce pierrot-là sera notaire!

au regard sévère ne montent plus de faction, portique fait de feuillages verts et de fleurs où brillent les chopes de Cambrinus, les globes étincelants, au milieu desquels se joue le gaz des fêtes, où les corybantes et les nymphes portent des robes de soie à manches transparentes, où le tambour ou bien la cloche ne vous convient pas à monter au dortoir lorsque l'airain sonore a retenti neuf fois au battant du beffroi, comme disent ces poëtes dont les œuvres ont été vos *pensums*.

Aussi comme on est gai, comme on est insouciant, léger et confiant, lorsqu'on s'avance ébloui sous ces chaudes verdures et ces feux de toute sorte! Il faut quelque temps pour s'apercevoir que les palmiers de Mabille sont en zinc.

❊ ❊ ❊

Voici donc comment les acteurs de cette comédie, qui se joue dans le quartier latin, s'y prennent pour étudier leur rôle.

OSCAR DURAND

A SON AMI ARTHUR DUPONT

A X....

oici les vacances finies en province, les nôtres vont commencer à Paris, au moment où ces pauvres diables vont encore recommencer à *potasser* leurs auteurs et leur *bachot,* se lever à cinq heures un quart et se coucher à neuf heures. J'ai froid encore quand j'y pense.

Au bahut nous étions copins pour les billes depuis les temps les plus reculés; nous serons bien encore copins pour le reste après le bahut.

D'abord, je te dirai ça entre nous, j'ai eu recours à un vieux de la vieille parmi les étudiants; c'est un de chez nous, le fils de cette bonne mère Varin, qui était jadis préposée aux denrées coloniales (ceci est un euphémisme), et qui s'est retirée après avoir fait sa petite pelote.

Elle veut que son fils soit notaire, et M. Théophile, on ne l'appelle pas autrement ici, lui a déclaré qu'on ne pouvait dignement se préparer au notariat qu'en étudiant pendant sept à huit ans au moins à Paris.

Il en est à sa huitième année et à son second examen.

Mais je le crois assez fort pour se ménager encore quelque temps à Paris pour ses chères études, si j'ose m'exprimer ainsi en souvenir de cet excellent M. Thiers.

* * *

Ce Théophile est un homme fort. Je l'ai retrouvé à Bullier, où j'ai été tout d'abord faire mes dévotions.

En avons-nous assez entendu parler de ce jardin soi-disant d'Armide ! Je lui devais bien ma première visite. Théophile, qui est là en habitué, en maître et en professeur, a été ravi de me revoir.

— Mon petit, m'a-t-il dit, tu viens pour faire ton droit, c'est bien. D'abord, as-tu de la braise ?

— De la braise ?

— Oui, de quoi faire chauffer la marmite, allumer le feu du poêle et les torches de l'amour, faire griller les côtelettes et flamber le punch de l'amitié ?

— Je lui ai répondu en normand : Pour une poche où il y a beaucoup de braise, il n'y a pas de braise ; mais pour une poche où il n'y a pas de braise, il y a de la braise.

— C'est bien, m'a dit Théophile, je vois ça ; deux cent cinquante à trois cents francs par mois, il faut ça maintenant pour n'avoir pas d'affront.

* * *

Vous êtes deux, très-bien ; je vous trouve deux chambres dans la rue

Saint-Jacques. Quarante francs par mois chacune, c'est donné. Chambres séparées, ça va sans dire. Il faut penser qu'on peut avoir des mystères dans l'existence.

Une pension à la porte, bien tenue — on change les serviettes tous les huit jours — quatre-vingts francs par mois ! c'est-à-dire que c'est un miracle de bon marché, au prix où est maintenant le filet de bœuf; il est vrai qu'on n'en mange pas.

C'est égal, je ne dirai pas qu'on est nourri comme chez Brébant, mais on a là à peu près ce qu'il faut et un œil ouvert pour un mois; on ne sait pas ce qui peut arriver.

Et tout ça n'empêche pas les extra au dehors.

Il y a une blanchisseuse en face avec deux petites brunes qui vont porter le linge. Il y en avait trois dernièrement, mais une d'elles, une blonde, celle-là, est restée en pension chez un client, et n'a renvoyé son panier à sa patronne qu'au bout de quinze jours.

Les deux autres ne tarderont guère sans doute à en faire autant.

On les remplacera.

Mettons vingt francs de blanchissage avec quarante francs de chambre, quatre-vingts francs de pension, ça fait cent quarante francs. Le tailleur, il faut tâcher de ne pas s'en occuper et lui faire expédier sa note au pays.

Le reste est pour les inscriptions, oh ! les inscriptions ! les extra et le sou de poche.

Il n'y a pas de quoi rouler des fiacres à l'heure, mais on peut boulotter, et puis il y a toujours la ressource de la carotte.

* * *

O divin légume ! toi, base sacrée de la purée Crécy et des surprises bienfaisantes, sois béni ! Tu m'as souvent aidé dans les passes difficiles de l'existence et tu as su me procurer de bien doux moments, légume protecteur ! On te cultive avec plus d'amour, partant plus de succès, en hiver, saison des frimas, des bals masqués et des *frichtis,* alors que les autres légumes refusent énergiquement leur concours.

Je vous enseignerai la culture de la carotte et ses bienfaisants mystères.

Sans elle, ici, la vie serait pâle et décolorée.

> *O fortunatos nimium sua si bona norint*
> *Carotticolas !*

Tu vois que ce bon Théophile a du lyrisme.

Tu penses que je l'ai de suite invité à dîner, un extra. Il m'a conduit chez un nommé Magny, rue Contrescarpe. Il y a du vin qui est réellement très-cher, un petit dîner soigné; j'en ai eu pour mes vingt francs.

C'est roide! mais, bah! nous mettrons ça dans les frais généraux.

Nous avons été voir les chambres; c'est au troisième, sur la rue. Il faut pouvoir, m'a dit Théophile, voir qui vient et écouter s'il pleut.

Il y a un lit en acajou, pas bien large.

Ah bah! comme disait jadis ce brave Nadaud, peut-être qu'il ne le dit plus maintenant :

Étroit pour un, large pour deux.

Table de nuit idem en acajou.

— Et une bergère, excusez! l'administration fournit aussi des bergères!

Une espèce de bureau-table pour écrire, un secrétaire, une commode avec un pot à l'eau dessus, une glace sur laquelle il y a un tas de noms écrits.

Et avec quoi? avec un diamant.

Des diamants là? c'est drôle et ça fait rêver!.. Enfin c'est comme ça.

Un petit tapis vert en bas du lit. Sur la cheminée, deux flambeaux; au milieu, la place d'une pendule.

Au devant de cheminée, le moutard légendaire qui allonge la sauce du gigot.

Comme décoration au mur, des clous heureusement disposés pour accrocher des pipes.

Ajoute à cela des rideaux de perse à l'alcôve et à la fenêtre, et tu auras notre Louvre.

Les deux sont pareils.

Tu ne te figures pas comme tout ça est gai; il y a du soleil qui vient décrire un large rayon jusqu'au milieu de ma chambre, et en fait briller les carreaux proprement recouverts, et cela tout nouvellement je crois, d'un siccatif brillant qui me paraît être l'œuvre du célèbre Raphanel.

Dans ce rayon, j'ai vu danser joyeusement une myriade d'atomes qui me font l'effet de s'associer à notre joie.

La propriétaire de ces deux chambres est une grosse bonne femme, haute en couleur, au puissant corsage, plus meublé que ses chambres, et qui me rappelle la maman Vauquer, de Balzac, dans le père Goriot.

Cette bonne femme-là doit avoir une drôle d'histoire; elle a dû vendre de

tout et n'importe quoi jadis. Aussi, comme dit Théophile, c'est une bonne trompette de femme, qui sait les choses, et qui est bonne enfant et pas difficile tant qu'on lui donne son mois et qu'on n'a pas l'air de lui en remontrer.

Avec un verre de vin chaud de temps en temps et des égards, il paraît qu'on en fait tout ce qu'on veut, comme propriétaire s'entend.

***

Nous sommes retournés à Bullier ce soir; ce bon Théophile est là comme chez lui ; c'est épatant, parole d'honneur. Il m'a présenté à une petite blonde qui vous a un rude *chien,* je ne te dis que cela. A la pastourelle, elle vous décroche le chapeau de son vis-à-vis d'un coup de pied lancé si adroitement que c'est une merveille. Ceci n'est rien, et bien d'autres arriveront, peut-être avec moins de grâce, à un même résultat.

Mais ce qu'elle fait et qui est vraiment surprenant, c'est le solo de pastourelle-chassepot. La jambe gauche est redressée vigoureusement, et le bras gauche, ramené en avant comme celui d'une sentinelle au port d'armes, tient la jambe pressée contre le cœur, droite et ferme ; le petit pied se dresse au-dessus de la tête, et la petite bottine à haut talon brille aux yeux ravis avec son gland coquet qui se balance frénétiquement.

On applaudit, on fait cercle ; est-ce charmant ? je ne sais, mais c'est étonnant.

Ah ! si ma tante voyait ça !

Je te la présenterai à mon tour, pas ma tante, la petite blonde. Elle a deux ou trois amies, à peu près dans son genre, et qui sont les êtres les plus singuliers, les plus gentils et les plus cocasses que l'on puisse rêver.

On m'a dit que c'était la fille d'un ancien caissier décavé, ou plutôt qui avait décavé la caisse de son patron et avait filé on ne sait où.

Presque toutes les autres prétendent être filles de colonels ou tout au moins de majors. C'est fort bien composé, comme tu vois.

Si tu veux prendre des informations, tu seras libre, moi je m'en tiens à ces simples informations.

Nous avons un petit café bien gentil où nous allons, tous les soirs dépourvus de Bullier, jouer aux dominos, causer littérature, politique, et boire des bocks ou des sodas avec ces dames. On rit tant dans ce caboulot chéri que la rate en est fatiguée.

Nous avons été aussi à Mabille, aux Champs-Élysées; mais là, suivant l'expression de Théophile, c'est de la haute. Il y a tous les petits crevés des deux mondes qui viennent étudier les mœurs françaises. On leur en fait sur commande, des mœurs, et pour leur usage particulier.

C'est empoisonné de Russes, d'Anglais et d'Allemands en goguettes, qui viennent là pour regarder, s'instruire et être instruits.

Ils reçoivent des leçons qui leur coûtent cher.

Princes, ducs, comtes, vicomtes, barons de toute provenance, tournent en rond comme des totons autour de ces palmiers en zinc sous lesquels se promènent, dansent ou valsent une série de demoiselles, de celles qu'on appelle cocottes, mises très-chiquement, il faut le dire, avec des plumets, des panaches, des falbalas, des retroussis inattendus, des costumes d'opéra-comique ou de féerie.

Quand, par hasard, ces dames daignent danser pour éblouir la galerie, elles ne sont jamais invitées naturellement par aucun des princes, ducs, ou même simples barons, qui marchent en rond et les yeux écarquillés, autour de l'enceinte de la danse et de l'orchestre.

Ce sont de petits jeunes gens très-élastiques et payés pour remuer les jambes en mesure et se décarcasser en public, qui leur servent de partenaires et de vis-à-vis. Ces jeunes gens, m'a-t-on dit, sont recrutés parmi les petits commis de magasin. Il y en a qui se sont fait une célébrité. La famille Clodoche était du nombre; elle est restée célèbre.

Mais ça n'est pas pour nous; on y va de temps en temps du quartier latin, à ce qu'il paraît, pour revoir des anciennes qui ont passé l'eau, font maintenant leur poussière et ont de petites voitures qu'elles conduisent elles-mêmes au Bois, tandis qu'un groom vêtu de noir croise gravement ses bras derrière elles.

On va jaboter un peu avec ces dames, dont quelques-unes sont restées bonnes filles et ont encore des regards pour les amis qui les ont connues lorsqu'elles étaient blanchisseuses, — et on revient au quartier.

Tout ça n'est pas fait pour nous. Ah! si Bullier ne recelait pas tant de coiffeurs et de garçons tailleurs, ce serait l'idéal!

Mais enfin il n'y a que Bullier.

Les Écoles de droit et de médecine, je les ai regardées d'assez près pour les reconnaître au besoin, d'assez loin pour ne pas avoir la tentation d'y entrer.

Nous prendrons nos inscriptions à ton arrivée, et quand il le faudra nous piocherons notre examen trois semaines ou un mois avant le bon moment. Pas plus tôt, on pourrait oublier. Il faut être frais quand on arrive devant ces messieurs; et puis, si l'on est retoqué, on allonge toujours un peu la courroie. Vite, mon bon, je t'attends; le soir de ton arrivée nous dînons avec Théophile chez Magny, le soir à Bullier. Tâche donc que ce soit un dimanche, un lundi ou un jeudi.

A toi.

DIFFÉRENTES ÉTUDES

RÉPUTÉES NÉCESSAIRES A CEUX QUI VEULENT ÊTRE UN JOUR AVOCATS, NOTAIRES HOMMES POLITIQUES ET MÊME MAGISTRATS.

Il faut bien connaître les hommes, et les femmes, donc ! B.

AU PRINTEMPS.

Pour ces études variées que l'étudiant se propose de creuser avec soin pour préparer son avenir, le choix d'un judicieux répétiteur, expérimenté, est chose de premier ordre ; mais il est des étudiants qui en changent bien souvent.

PENDANT L'ÉTÉ.
Le cours de la Marne.

Études de navigation. Ne faut-il pas tout savoir? Est-il rien de meilleur que les voyages pour former la jeunesse?

PENDANT L'HIVER.

Étudier avec soin les transformations multiples de la femme. Quel sujet plus intéressant pour le philosophe et le penseur?

Pendant l'automne, on est en vacances ; on se repose.

PENDANT L'HIVER.

Où est la femme? Elle est partout, sous la bure comme sous le velours et la soie. Celui qui veut plus tard être magistrat clairvoyant, ne doit-il pas la reconnaître et la deviner sous toutes ses formes?

COURS DE MABILLE, VALENTINO, FOLIES-BERGÈRE
ET CASINO-CADET.

SUJET D'ÉTUDE A MABILLE.

MM. les boyards, milords, maggyars, Brésiliens ou simples pachas, qui se permettraient de mettre le petit bout du pied sur la traîne de ces dames, trouveraient à qui parler. Vous pouvez en être sûr, l'affaire n'en resterait pas là.

OPINION DES ÉTRANGERS.

Voir Mabille, et puis revenir pour le revoir. La première fois, on peut venir avec sa femme ; la seconde, il vaut mieux la laisser à l'hôtel.

OPINION DES ÉTUDIANTS.

Pour celui qui se propose de défendre un jour, ou d'attaquer, ou de juger, ou de soigner ses semblables, les connaître est un droit ; nous dirons plus : un devoir.

M. Choucroutmann,   Lord   Don Lopez John Smith, Le prince Blagoil Conception   Le chever   Lady
   banquier.   Keldeguenn.   y Maravédis.   esq.   Kevetukejtoff. Pacha.   de las   del   Keencester.
                                                                     Cigarettas.   Piastro.

Notez qu'il n'arrive pas à Paris un étranger de distinction, pas une tête couronnée, ou même découronnée, qui ne vienne étudier
                              et se promener à Mabille.

ATTENTE ET RÊVERIE.

LE GÉNÉRAL ET SES AIDES DE CAMP.
Savent ce que c'est que le feu.

Celui qui se permettrait de lui dire quelque
   chose n'a qu'à bien se tenir.

EXOTIQUES.
Décidément les Français sont un peuple léger,
      je préfère les Françaises.

CAVALIÈRE SEULE.

SON JARRET A DU RESSORT, SA VOITURE EN A HUIT.

Pastourelle exécutée par la fée Veloutine, une étoile; a eu l'honneur de figurer devant plusieurs princes, pas mal de ducs et quelques archiducs.

LA DIPLOMATIE A MABILLE.

AFFAIRES ÉTRANGÈRES.

— Assez de Turcs et d'Égyptiens, ma chère; les Anglais, ça n'est plus ça; les Espagnols, finis; *macache* pour les Italiens; les Allemands, il n'en faut plus; l'avenir est avec les Russes.

— Avec ça qu'il n'y a pas encore le Brésil.

LA PETITE NANA.

PAS DU CHASSEPOT.

A eu l'honneur de l'exécuter devant la Commission supérieure de l'armement. Elle seule possède ce pas élastique. Elle a ce tic. (*Cours de l'institution Bullier.*)

**

DIFFÉRENTS SUJETS D'ÉTUDE.

| Madame de Sainte-Amaranthe. | Mademoiselle Poudre-de-Riz. | La baronne de Pontaba. | Jeanne de la Houspignole. | La comtesse Marguerite de Faust et de Navarre. |

PRÉPARATIFS POUR L'AVANT-DEUX.

— Tu vois le petit gros qui est là-bas, avec un nez rouge ? on vient de me dire que c'est un prince ! Attention, mon bonhomme, et du chien !

— Vous, milord, un bouquet de cent sous ! allons donc ! ce petit Espagnol, qui a la tête de moins que vous, m'en a donné un hier de quarante francs.

LA VALSE DES ROSES.

(Dédiée aux sportsmen, *great attraction !*)
Fille-de-l'Air entrainée par *Gladiateur*

UNE POLKA-MAZOURKE

Par un étudiant de seconde année. Polka supé-
rieurement rédigée et qui défie l'examen.

On demande un étranger, d'un âge raisonnable ou déraisonnable, à son gré, riche
et fait comme il voudra de sa personne.
On accepterait la position de dame de
compagnie. On traitera de gré à gré.

EN AVANT DEUX.

La tulipe orageuse.

LA POLKA-MAZOURKE. (Cours de M. Bullier.)

EN AVANT DEUX. LE GRAND ÉCART.

Ou l'écart naval. Etudes sur la ligne droite par un étudiant de troisième année, capitaine de la flotte de Bougival

PROMENADE AUTOUR DES PALMIERS DE ZINC.

Tournée de recrutement.

PAS DE FANTAISIE

Dit le Pas du Pied de biche. (Cours de M. Mabille.)

Exécuté par mademoiselle Irma de Sainte-Menehould et M. Arthur, dit Caoutchouc, premier sujet.

Le petit bézigue au boulevard Saint-Michel.

* *
*

De temps en temps, quand cela se trouve, on s'enferme quelques jours et l'on pioche son examen comme jadis on a pioché son *bachot*.

On finit toujours par être reçu ; mais on a fait sur le cœur humain des études variées qui doivent puissamment éclairer une carrière.

* *
*

Il est vrai qu'il est heureusement à côté de ces jeunes étudiants de fantaisie d'autres jeunes gens qui, négligeant les cours dont nous venons d'esquisser la physionomie, suivent d'autres cours plus dépourvus de musique, mais qui les préparent sérieusement aux luttes de l'avenir.

Ceux-là doivent être les gens de talent, de conscience et de savoir ; mais il n'y en a guère.

La petite vicomtesse de Trois-Étoiles, venue un soir avec le vicomte, déclare que tout cela n'est pas si.... étrange qu'elle le pensait, et qu'en somme on en voit bien d'autres à la Gaîé, dans toutes les féeries, et surtout à l'Opéra.

CARRIÈRES ADMINISTRATIVES.

LES EMPLOYÉS.

Ceux qui ont visité jadis Toulon et les travaux du port, n'ont pas manqué d'observer comment les messieurs au bonnet rouge ou au bonnet vert se mettent quarante pour transporter un bout de bois que huit hommes manœuvreraient aisément; six pour déplacer un balai, trois pour déménager un seau d'eau.

Ces travailleurs sont évidemment dépourvus de conviction.

Si, au lieu de faire le voyage de Toulon ou de Cayenne, vous vous transportez tout simplement dans les bureaux de l'administration, vous assisterez exactement au même spectacle.

On y voit ces messieurs se mettre trois pour tailler une plume (on taille encore les plumes dans les bureaux), six pour écrire une lettre, trois pour la plier, trois pour la cacheter, le reste pour la porter.

Là aussi, on manque de conviction.

D'où vient cela? C'est que dans un bagne administratif on n'est pas payé.

Le gouvernement en a pour son argent, c'est tout simple.

*
**

Aussi le sommeil règne dans les cartons, et les affaires y dorment comme celles de la Belle au bois dormant.

Le moyen de rompre ce sommeil comateux serait tout simplement de réduire le nombre des employés, et d'augmenter largement le traitement de ceux qui resteraient.

Balzac, qui connaissait les employés, le disait déjà il y a trente ans, et depuis ce temps-là rien n'a changé.

*
**

Comme les charges seules des employés ont augmenté, il s'ensuit que chacun s'exerce à quelque chose. A côté de la paperasserie de bureau, les différents ministères et l'administration de la Ville ont fourni quelques littérateurs, dramaturges, vaudevillistes, etc.

Alfred de Musset était jadis plumitif à la guerre, et, l'on s'en souvient encore, son chef de bureau, un M. Huillard, sur la feuille, écrivait en marge à côté de son nom :

— Mauvais employé. Fait des vers !

*
**

De la guerre, étaient encore A. de la Vergne, Ludovic Halévy, ancien chef de bureau de l'Algérie, Aylic Lenglé, Louis Leroy, Jules Richard, et en dernier lieu François Coppée.

La liste civile a fourni Germain et Casimir Delavigne, Empis et les de Wailly. C'est aux finances que nous devons Cham, le charmant et toujours joyeux caricaturiste, Hector Pessart, et Henri Meilhac, et Térence Hadot, et Tréfeu, le beau-père fantastique de la *Princesse de Trébizonde*.

Eugène Verconsin est un des plus aimables et des plus fins produits des travaux publics. Boyer était de la section des chemins de fer, ainsi que Chivot, de l'importante maison Chivot et Duru.

L'épique Billiou, le chansonnier joyeux ami de Charlet, Pol Mercier, étaient de la marine.

Philippe Gille, Gabriel Guillemot et Henri Rochefort viennent tout droit des bureaux de la Ville.

Peut-être ce dernier, malgré la maigreur des appointements, voudrait-il y figurer encore.

Combien d'autres dont le souvenir ne se rencontre pas en ce moment sous notre plume !

***

Dire que ces messieurs étaient tous, ou sont tous encore, d'excellents gratte-papier administratifs, je n'oserais en répondre, mais ceux-là, du moins, doivent bénir l'avarice du budget ministériel qui les a lancés, sous le pauvre abri de ses quatre sous, dans les aventures de la scène et de la plume.

Il est vrai qu'ils sont le bien petit nombre, et que, parmi leurs moins fortunés collègues, bien d'autres sont forcés, pour vivre, d'élever des lapins en chambre, de donner des leçons d'écriture, de tenir des écritures chez des droguistes, ou d'aller en ville poser des sangsues.

Le jour où l'on se décidera à tripler les appointements et à prendre quatre fois moins d'employés, on risquera peut-être de perdre l'épanouissement de quelque Musset, quelque Delavigne ou quelque François Coppée. Mais on ne peut tout avoir, et certainement les affaires en France seront plus rapidement et mieux faites.

***

La routine est bien souvent la cause des fautes qui se commettent ainsi, au grand détriment des choses publiques.

Et l'on se souvient parfaitement de ce factionnaire qui a été successivement posé et reposé tous les jours pendant quatorze ans, uniquement parce qu'il avait été posé la veille, et cela pour empêcher de sortir les paquets d'une porte murée depuis treize ans et demi.

Dans l'administration, les choses se passent ainsi, ou peu s'en faut. Ce qu'on a fait la veille, on le fait aujourd'hui et on le fera demain. Il faudrait une révolution pour changer quelque chose.

Et encore ! les révolutions passent et les employés restent.

***

Ce qui séduit les pères de famille en quête de situations pour leur progéniture, c'est l'inamovibilité de ces places où l'on reste tant que le souffle fonctionne suffisamment dans les poumons de l'employé, et que ses mains peuvent encore se crisper convenablement sur une plume.

Avoir un fixe, ce fixe fût-il de douze cents francs par an, ne pas être à la merci des espérances ou des craintes !

Là, tout est prévu, depuis l'entrée jusqu'à la retraite.

Examen d'abord, puis surnumérariat; dix-huit mois de stage passent sur la tête du surnuméraire. Il obtient enfin sa part du budget.

Cela commence à quinze ou dix-huit cents francs, suivant les ministres ou les administrations.

Au bout de dix années, on arrive parfois à devenir commis principal à trois mille francs.

Au bout de vingt ans, on devient sous-chef avec cinq ou six mille francs au plus. Et quand on est parvenu à mettre hors de service deux fauteuils en acajou garnis de cuir vert, on est décoré.

Le grade de chef de bureau est pour la fin finale et pour les heureux. Les ambitieux, les complaisants et les souples arrivent parfois à être chefs de division, ci : douze mille francs : un Pactole ! un rêve !

Les prudents, qui sont arrivés à ce sommet, ne se font jamais nommer directeurs. Il y a déjà là un pied dans la politique, et lorsque viennent les moments critiques on peut se trouver compris dans un coup de balai qui épargne les autres.

***

Il y avait, il y a peut-être encore au ministère de l'intérieur, un huissier, un homme grave à cheveux blancs, à cravate blanche sérieuse et calme,

portant avec dignité l'habit noir à la française, la culotte courte et la chaîne d'argent. Il habitait la vaste antichambre du ministre, occupé à se chauffer les jambes en hiver et à s'éventer avec un journal pendant l'été; et cela depuis le ministère de M. Casimir Périer (l'ancien).

— Quelquefois, nous disait-il, il me semble que le ministère est à moi. Je suis le seul qui soit resté à son poste depuis tout ce temps. J'ai vu passer

devant moi trente-quatre ministres de l'intérieur. Il y en a qui ne sont pas restés dans le salon à côté plus de six semaines. Ils sont partis pour ne plus revenir, et je ne les ai jamais revus, si ce n'est parfois pour leur faire faire antichambre et les laisser causer un peu avec moi en attendant leur tour.

Il y a eu quatre ou cinq révolutions, je n'en sais plus le compte, car cela ne me touche guère, et, sauf quelques déménagements qui donnent un peu d'aria et qui dérangent un peu pour porter les meubles auxquels je suis habitué de la rue de Grenelle à la place Beauvau, je n'ai pas été troublé dans mon petit train-train depuis une quarantaine d'années.

Il arrive un nouveau ministre, très-bien, je lui apprends ce qu'il a à faire. Il me dit son idée, je lui réponds la mienne, et je fais entrer les gens ou je les mets à la porte suivant le mot d'ordre et les besoins du moment. Ceux

EMPLOYÉ PRINCIPAL.

Cornet à piston le soir, tient les écritures
le matin chez un bandagiste électrique.

PAS D'AVANCEMENT.

Employé fantaisiste et vaudevilliste.

SURNUMÉRAIRE.

LE CHEF DE BUREAU.

Protégé par madame la directrice.
Fera son chemin. Dans quinze
ans sera sous-chef.

PAS D'AVANCEMENT.

A une belle main.

GARÇON DE BUREAU.

qui entraient auparavant sont consignés, ceux qui étaient consignés entrent, voilà tout. Je connais parfaitement mon affaire.

Je me dis quelquefois, mais c'est rare : Tiens, en voilà un qui n'est pas mal ; quel dommage qu'il ne fasse pas au moins son année ! Celui-là m'irait.

Paf ! au bout de quelques mois il a reçu son sac.

Et l'on passe à un autre.

Eh bien, moi qui reste, je vous assure que parfois cela m'a été pénible. Mais enfin on s'y fait.

* * *

Cela nous était dit vers le commencement de 1870, et depuis ce temps jusqu'au moment où nous écrivons ceci, il s'est écoulé plus d'une demi-douzaine de ministres pour compléter la collection du bon huissier, — s'il n'a pas été mis à la retraite.

* * *

Certainement le père prudent qui a pensé à lui donner une situation et un fixe, n'a pas été déjoué dans ses calculs, et son fils a pu régler sa vie avec connaissance de cause, sans avoir d'autre inattendu que quelques gratifications plus ou moins satisfaisantes, suivant que le ministre était satisfait de sa politique, ou grincheux à l'époque où les gratifications fleurissent.

Avec quelques variantes légères, les employés mènent la même vie que l'huissier, moins l'importance, la chaîne d'argent et l'habit noir à la française.

Il y a des familles et des hommes pour lesquels cette stabilité est un idéal.

* * *

Nous devons le dire, au milieu de cette vie mouvementée qui signale notre époque, il est intéressant d'examiner de près quelques-unes de ces existences calmes et uniformes pour lesquelles il n'est pas d'imprévu, et qui n'ont d'autre ambition que celle du devoir rempli.

C'était pendant la dernière guerre, au moment psychologique où il parais-

CHEF DE DIVISION.

sait utile aux ennemis de la France de frapper les repaires où vivaient dans les délices les habitants de la grande Babylone.

Un obus, envoyé par une de ces mains qui se croient une mission de Dieu, vint frapper une maison située dans le haut de la rue du Cherche-Midi.

Là habitaient, à ma connaissance, depuis cinquante-deux années dans le même appartement, deux vieillards, l'un de quatre-vingt-trois ans, l'autre de soixante-dix-sept.

Cette maison ne leur appartenait pas; ils habitaient au troisième étage qu'ils avaient loué, et d'où ils ont vu s'écouler devant eux quatre ou cinq propriétaires.

Dans cet appartement, leur père et leur mère y sont morts, leurs fils y sont nés. Là, ils en ont fait des hommes utiles, dévoués et instruits, destinés à servir modestement et honorablement leur pays en qualité d'employés, comme le chef l'avait été lui-même pendant quarante années avant d'avoir pris sa retraite.

Ils voulaient mourir là où sont nés leurs enfants, là où leurs parents avaient cessé de vivre. L'obus du roi justicier Guillaume, chargé de châtier les vices de la grande Babylone, est venu percer la maison qu'habitait ce respectable et respecté vieillard.

Lui, qui n'avait jamais déménagé, déménagea ce jour pour que l'on pût étayer la maison ébranlée.

Quand la maison fut en état, le vieillard et sa femme y sont revenus, et, quelque temps après, tous deux y sont pieusement morts.

Touchante existence, passée tout entière dans l'exercice de tous les devoirs, sans ambition, sans rêves malsains, sans autre préoccupation que celle du bien.

A ce propos, un trait de sa jeunesse.

** *

M. Grandjean, c'était son nom, longtemps avant d'occuper une fonction élevée au ministère de la marine, était secrétaire particulier du duc Decrès, qui fut ministre de 1805 à 1815, et il avait toute la confiance.

C'était en 1811, au moment de la guerre avec la Prusse. Un matin, le jeune secrétaire arrive. Le duc était agité, fiévreux, colère.

— Écrivez, dit-il brusquement au jeune homme, — et il dicte, précisément au sujet d'un personnage allemand, une lettre dans laquelle il donnait un ordre des plus rigoureux.

Il marchait en dictant, les mains crispées derrière le dos.

Tout à coup il s'arrêta.

— Comment ! Grandjean, vous n'écrivez pas ?

— Non, monsieur le duc, dit le secrétaire ; ce que vous me dictez est injuste, inique et dangereux. Je n'écrirai pas cette lettre ; demain vous vous repentiriez de me l'avoir fait écrire.

Un furieux coup de poing du duc Decrès, dont le caractère était d'une violence extrême, tomba sur la table, faisant sauter en l'air encre, plume et papier.

Et le duc fit cinq ou six fois le tour de la pièce, marchant furieusement comme un tigre dans sa cage.

Tout à coup, il s'arrêta devant son secrétaire.

— Grandjean, lui dit-il en lui tendant la main, vous êtes un brave garçon, vous avez raison, je vous estime et je vous remercie.

En ce temps on donnait encore des tabatières. Le duc Decrès donna la sienne, une belle tabatière en or, à son jeune secrétaire, dont il fit son ami. Après la visite de l'obus, on a déménagé la tabatière.

Si les Français étaient tous ainsi, peut-être serait-il moins difficile de gouverner la France.

LES CARRIÈRES EXCEPTIONNELLES.

PARMI les carrières exceptionnelles, celle de prince du sang vient en première ligne. De nombreux avantages sont attachés, il est vrai, à cette carrière, en raison même du petit nombre de gens qui sont appelés à l'embrasser. Mais dans un moment donné elle est sujette à tant de déboires et tant d'ennuis que certains d'entre eux en arrivent à regretter de ne pouvoir en embrasser une autre.

Les carrières de duc ont aussi quelques avantages et présentent moins d'inconvénients. Aussi sont-elles assez vivement recherchées.

Il est vrai que l'on ne peut s'improviser duc comme on s'improvise de temps en temps marquis, comte ou baron, mais pour peu que vous soyez un très-gros commerçant, large fournisseur ou riche banquier, vous pouvez fort bien, si le cœur vous en dit, procurer à votre petit-fils l'avantage de fournir cette carrière, qu'il saura remplir, à peu de chose près, comme un autre.

Il s'agit simplement de quelques millions de dot à mademoiselle votre fille.

Vous trouverez toujours, en cherchant bien, quelque petit duc sans le sou qui sera charmé de les ramasser.

* *
*

Les carrières de marquis, comte, vicomte ou baron sont maintenant semées de chausse-trapes, de désagréments et de non-valeurs. Il faut cumuler ces carrières, honorables à coup sûr, mais improductives, avec celles de propriétaire et de rentier; sans cela elles ne font que vous laisser dans l'embarras et dans la gêne.

— Quels sont vos titres? demandait un jour un chef de service à un solliciteur besoigneux.

— Le titre de baron.

— Hélas ! Monsieur, mieux vaudrait pour vous un titre de rente.

Un titre devient une entrave lorsqu'il s'agit de certaines professions qui enrichissent fatalement et nécessairement leur possesseur.

Il y a des syndics qui gagnent cent mille francs par an et se retirent au bout de douze ans avec maison de ville et maison de campagne.

On ne peut pourtant pas mettre sur les cartes de visite :

Monsieur le comte de Saint-Quétoilles,

Syndic.

Ou bien :

Le marquis de Z...,

Pharmacien.

Je dois dire cependant que j'ai vu sur une enseigne :

Le comte de Deux-Ponts,

Menuisier.

Mais celui-là était un original de première force.

La carrière de marquis ou de comte se fusionnera difficilement avec ces bienfaisantes carrières qui ont pour but d'abreuver ou de nourrir l'humanité, et même de la couvrir.

Par quelque temps, par quelque politique inattendue qu'il fasse, ceux qui donnent à manger ou à boire aux hommes, et même aux femmes, font d'excellentes affaires.

Le *notariat,* bien qu'il ait encore conservé quelque prépondérance, produit moins maintenant que le *limonadariat.* Le commerce qui consiste à vendre au public un peu d'eau, un peu de sucre, additionné de n'importe quoi, dix fois sa valeur, sous prétexte qu'on vous assoit en même temps sur le boulevard pour regarder les passants et les passantes, est un commerce de premier ordre.

Il y a des études de limonadier qui se sont vendues comme des études de notaire, et presque comme des charges d'agent de change.

Et quelle supériorité comme moyens et procédés de commerce. Ici, pas de crédit, pas de mauvais client, pas de couverture, pas d'oscillation de hausse et de baisse.

Des oscillations atmosphériques tout au plus.

Le consommateur arrive, paye comptant vingt sous ce qui vous en coûte deux ou trois, et s'en va; il revient le lendemain.

Je sais un limonadier, simple garçon il y a dix ans, à qui sa charge rapporte, bon an mal an, de deux à trois cent mille francs par an.

* * *

Un simple détail.

A ce moment, appelé à Paris et sur le boulevard l'heure de l'absinthe, en deux heures, de cinq à sept heures du soir, le fortuné cafetier débite à ses consommateurs, qui viennent causer, deviser et politiquer en humant la liqueur verte, quarante bouteilles d'absinthe, sur chacune desquelles il y a un bénéfice de dix francs net.

Soit quatre cents francs de bénéfice en deux heures.

Et le matin, il y a les déjeuners, le café, les liqueurs; dans la journée, la bière; dans la soirée, encore le café, encore la bière et puis les glaces.

En dix ans, et même moins, le limonadier vend son fonds, embrasse l'agréable carrière de rentier, et peut faire souche de baron, s'il lui plaît.

* * *

Mais tout le monde ne peut être limonadier et restaurateur, comme tout le monde ne peut pas être agent de change ou notaire.

Il est une aristocratie de la limonade et du bifteck comme il en est dans le domaine de l'art.

Et de même que Raoul Desbrosses vend ses tableaux dix-sept francs cinquante centimes quand Meissonier vend les siens cent mille francs, il est des débitants de café ou d'absinthe qui ne vendent ni l'un ni l'autre, et des marchands de biftecks qui sont obligés de consommer les leurs sur place, s'ils veulent s'en débarrasser utilement.

La haute limonade a son siége sur les boulevards, depuis le Gymnase jusqu'à la Madeleine. On la reconnaît à son régiment de petites tables qui envahissent les larges trottoirs, à ses garçons bien tenus et au patron en habit noir, dont une serviette immaculée, jetée sous le bras, révèle la situation, qui commande avec fermeté le branle-bas des verres, des tasses, des carafes et bouteilles et gourmande la lenteur des garçons.

* * *

Contemplez-le, bientôt vous ne le verrez plus. Il aura passé la main à un autre monsieur en habit noir, et, pourvu de ses rentes enlevées à la pointe de la serviette, il sera parti faire de la grande propriété, de l'agriculture, et prendre une influence sérieuse dans son département.

* * *

Quelques-uns ne peuvent supporter cette vie de calme conquis et de repos final. L'usage du commandement et du pouvoir leur a donné des habitudes dont ils ne retrouvent pas l'emploi.

Crier d'une voix fière, au milieu du brouhaha des verres et du cliquetis des assiettes :

Voyez au cinq !

Versez au neuf !

était pour eux une satisfaction qui leur est arrachée.

* * *

En se promenant dans leurs allées, bordées d'arbres verts et de fleurs, ils ont la nostalgie du trottoir et des petites tables qui s'y échelonnent : le mouvement des buveurs leur manque ainsi que le froufrou des robes qui les accompagnent.

Un d'entre eux avait pris ces regrets tellement à cœur qu'il dépérissait et semblait prêt à partir vers ces lieux de repos, où doit errer l'ombre soucieuse du grand Vatel.

Un beau jour, il n'y tint plus. Il avait vendu son fonds quatre cent mille francs. Il vint trouver son successeur, et le lui racheta cinq cent mille.

Mais il n'eut pas plus tôt repris sa calotte noire, sa cravate blanche et sa serviette, que les roses reparurent sur son teint, et que la santé et la bonne humeur revinrent de compagnie.

DES PERFECTIONNEMENTS APPORTÉS DANS L'ART DE TUER.

C'ÉTAIT en 1848, au moment des élections ; toutes les plus étranges ambitions, comme quelques années plus tard, se trouvaient pour quelque temps déchaînées.

C'est alors que nous vîmes sur tous les murs de Paris, à côté des placards annonçant la candidature de Bertron, le candidat humain, s'étaler celle du citoyen Étex, démocrate alors, et statuaire en disponibilité.

Voici ce qu'on y lisait :

« Je suis l'auteur du célèbre groupe de Caïn, ce premier prolétaire « opprimé par l'aristocratie naissante. »

Le placard eut un grand retentissement, mais la récompense ne fut pas complète. Étex ne fut pas nommé représentant du peuple.

Ainsi, pour ce sculpteur, le premier assassin, le premier fratricide connu était un opprimé.

Abel, la victime, n'était autre sans doute qu'un oppresseur, Adam et Ève des aristocrates, des réactionnaires et des tyrans.

Le sculpteur semble avoir été ébloui par ce premier haut fait, et paraît fier d'en avoir exalté le souvenir.

***

On essaya en vain jadis de maudire le meurtrier, et de le chasser au loin, lui et les siens; rien n'y fit. Le premier exemple était donné, et trouva de nombreux imitateurs.

Depuis Caïn, ce premier vainqueur, l'art de tuer a été mis progressivement en honneur et entouré d'un culte respectueux; il n'a cessé de s'améliorer et de se perfectionner jusqu'à nos jours.

***

Les loups, dit-on, ne se mangent point entre eux; parmi les hommes c'est tout différent. Chez ces derniers, plus on mange de ses semblables, plus on en tue, plus on est grand, plus on recueille d'honneur et de considération.

On lit dans l'Ancien Testament, pour la plus grande glorification du héros favori :

« Saül en a tué mille, mais David en a tué dix mille ! »

Les hommes dont l'humanité respectueuse a gardé le plus précieusement le souvenir, et qu'elle a salués avec le plus d'enthousiasme dans l'histoire, sont ceux qui ont tué ou fait tuer le nombre le plus considérable de leurs semblables.

Alexandre, César, Charlemagne, Napoléon.

De tout temps ceux qui tuent les hommes ont été plus célébrés que ceux qui les font vivre.

Seulement, il faut que l'opération soit faite sur une grande échelle.

Celui qui ne s'occupe que du détail et assomme ou transperce un seul individu sur un grand chemin, est déclaré tout à fait répréhensible, justiciable des tribunaux et de la gendarmerie.

**

Tandis que celui qui travaille en gros, et massacre ou fait massacrer sous un prétexte quelconque une dizaine de mille hommes dans un champ, est réputé immédiatement grand homme.

* * *

De même que celui qui vole quatre francs dans un porte-monnaie est traité de filou et traîné en police correctionnelle, tandis que son voisin qui vole quatre millions est salué chapeau bas et considéré comme un homme éminent et supérieur.

* * *

Cela ne se discute point, c'est un fait; et il est à croire que ce fait continuera de s'épanouir et de rayonner sur les peuples jusqu'à la consommation des siècles, si l'excès même des progrès de la science ne s'y oppose finalement.

L'ART DE LA GUERRE.

L'ILLUSTRE chimiste qui trouvera le moyen de supprimer la guerre, en supprimant d'un coup infaillible tous ceux qui veulent la faire, rendra donc un éminent service à l'humanité.

Pourvu que l'humanité, si ingénieuse pour le mal, ne découvre pas quelque moyen d'annuler et de détruire la découverte.

* * *

Il ne faut du reste désespérer de rien. Ainsi il est à croire que, grâce à la direction des ballons, dont la découverte à notre sens ne saurait tarder, il y aura encore de beaux jours en Europe pour ceux qui aiment à savoir que l'on massacre çà et là un certain nombre d'ennemis, et qu'on sait toujours les tailler convenablement en pièces.

La guerre, ce nous semble, doit chercher comme une sorte d'excuse dans un sentiment d'héroïsme, d'abnégation ou de chevalerie. Lorsqu'elle ne renferme qu'une spéculation d'argent, elle ne nous paraît plus qu'une sorte de brigandage. Est-ce le reste d'un vieux préjugé qui n'est plus de mode?

Deux hommes sont sur le terrain. Une terrible et implacable question d'honneur doit être vidée entre eux.

L'épée brille. Tous deux sont braves, adroits, exercés; la lutte est longue, acharnée, le sang a rougi l'arme des deux combattants, ils ne s'arrêtent point. Enfin, l'épée de l'un a frappé la poitrine de son adversaire.

Il tombe évanoui sur le sol.

Le vainqueur s'approche de la victime, dont le sang baigne la terre; son visage est froid, mais son œil semble rayonner de voir son honneur vengé; il se baisse comme pour contempler son ennemi puni et vaincu.

Et il lui prend·sa montre.

Que diriez-vous, si le hasard vous eût fait témoin d'un pareil dénoûment ?

**
*   *

Les duels d'homme à homme ne sont point encore réglés ainsi, mais c'est de cette façon maintenant que semblent se comprendre les guerres.

La guerre industrielle et à la mécanique a changé les conditions générales de l'honneur et du désintéressement chevaleresque des temps. Jadis, on mettait son orgueil à marcher à l'ennemi bravement et à découvert ; maintenant, on met sa vanité à ne jamais se laisser voir ni se laisser découvrir. On était satisfait d'avoir terrassé son adversaire et de lui avoir fait demander merci ; maintenant on ne se déclare content que lorsqu'on lui a, en plus, vidé sa bourse.

La France est assez riche pour payer sa gloire, disait-on autrefois ; maintenant les choses se sont modifiées. L'outillage de l'industrie militaire est si coûteux !

L'histoire a montré que le dieu des armées répartit d'une façon assez égale le fléau de sa balance, et que souvent le vainqueur de la veille devient le vaincu du lendemain.

Ceux qui ne sont pas assez riches pour payer leur gloire, seront-ils assez riches un jour pour payer leur défaite ?

**
*   *

Au surplus, hors les quelques hommes bien rares qui profitent de ces luttes sanguinaires et industrielles, l'observateur ne peut s'empêcher de constater que le résultat démoralise finalement et appauvrit autant les vainqueurs que les vaincus, d'autant plus qu'après quelques années passées, les causes et les effets ont cessé d'exister.

**
*   *

Mais ces observations, hâtons-nous de le dire, n'empêcheront rien.

On répétera tant qu'on voudra et à satiété, que la quarantaine de milliards

dépensés en pure perte, depuis une vingtaine d'années, en machines, méca-
niques et outillages militaires destinés à tuer des hommes, eussent produit les
plus magnifiques résultats s'ils eussent été détournés de leur destination
pour améliorer l'outillage de fabrication, de communication, de transport,
d'agriculture; on pourra dire que si le travail des trois ou quatre millions
d'hommes arrachés à leur labeur, usés et morts dans ces luttes absurdes, eût
été consacré à l'assainissement, à la canalisation des contrées pauvres, à
l'amélioration des conditions de la vie chez les indigents, on eût obtenu des
merveilles : on ne sera pas écouté.

*
* *

Si le mal se guérit un jour, ce ne sera que par l'excès du mal : *Similia
similibus curantur,* comme disent messieurs les homœopathes.

— Eh bien ! mon pauvre Chauvin ?.
— Eh bien ! mon pauvre Choukroutmann ?
— Tout ça ne nous fait pas une belle jambe.

L'ART DE LA GUERRE

PREMIÈRES ARMES.

Enfance de l'art, règne du biceps, invention du pochon, du coup de pied,

du coup de tête et du croc-en-jambe. On se fait beaucoup de bleus et pas mal de noirs. — La guerre dure sans cesse

LE BATON.

Première application du levier : invention de la canne, de la trique et du

gourdin. Il y a progrès sensible; on commence à s'éreinter et à se rouer de coups. — La guerre dure perpétuellement.

LA MASSUE.

Combinaison du levier et de la balistique. — Invention de la massue et du

casse-tête; la canne est distancée. On a la satisfaction de pouvoir assommer son ennemi et de lui rompre convenablement les os. — La guerre continue de durer toujours.

LE GLAIVE.

L'ennemi, assommé par la massue, invente le glaive. Au moins, à l'aide

de ce précieux instrument, on arrive à pourfendre ses adversaires et à les tailler en pièces. Les porteurs du glaive sont les favoris de Mars et de Bellone. — La guerre dure deux cents ans.

LA COLICHEMARDE.

Humiliation du glaive : l'inventeur de la colichemarde peut se donner la

satisfaction de perforer sans crainte son adversaire à trois pas de distance. —
La guerre dure cent ans.

LE PISTOLET.

Le diable, qui commence à se faire vieux, étant devenu ermite, suggère
l'invention de la poudre. Enthousiasme général... admirable progrès !...

L'orgueilleux porteur de la colichemarde est percé sans danger à vingt-cinq
pas de distance. — La guerre dure cinquante ans.

LE FUSIL.

Nouveau progrès! Le porteur du pistolet est pincé : à l'aide du fusil on.

tue facilement son ennemi à cent pas de distance — La guerre de Trente ans dure trente ans.

LE CANON.

Le vaincu ayant fait de salutaires réflexions, invente le canon. Délicieux progrès! On tue plusieurs adversaires à la fois, à une distance de cinq cents

pas, et on se moque du fusil comme de l'an quarante. — La guerre de Trente ans dure sept ans.

(1866) LE FUSIL A AIGUILLE,

Mais la sagesse de l'homme n'ayant pas de limite, on invente le fusil à aiguille. Remarquable découverte! on a le bonheur de tuer dix hommes à

cinq cents mètres avant que l'ennemi en puisse tuer un. Gloire du fusil à aiguille. Les soldats sont proclamés mécaniciens; et l'inventeur feld-maréchal-mécanicien en chef. — La guerre de Trente ans dure trente jours.

LE FUSIL-ÉVENTAIL.

Guerre de 1870. — Mais le mécanicien en chef de l'armée ennemie invente

le fusil à éventail, — de la force de vingt-cinq fusils à aiguille. — Un seul homme, sans être vu, peut détruire une compagnie en cinq minutes, à deux mille mètres de distance. — Les mécaniciens porteurs de fusils à éventail cueillent de nombreux lauriers. — La guerre de Trente ans dure trois jours.

LE FUSIL-ORGUE DE BARBARIE ÉLECTRIQUE.

Guerre de 1880. — Les mécaniciens ennemis, ne perdant pas courage, inventent le fusil-orgue de Barbarie, à double batterie électrique et à musique militaire, de la force de vingt-cinq fusils-éventails. Un seul homme détruit en

se jouant un bataillon, en l'espace de trois minutes et à la distance de deux mille cinq cents mètres. — Triomphe de l'électricité. — La guerre de Trente ans dure un jour et demi.

FUSIL A JET CONTINU MU PAR LA VAPEUR.

Guerre de 1890. — Pour cette guerre on invente le fusil à vapeur et à jet

continu, se manœuvrant comme une pompe, de la force de vingt-cinq fusils-orgues de Barbarie électrique, pouvant détruire un régiment en une minute et à la distance de trois mille mètres. — Glorification de la vapeur ! — La guerre de Trente ans dure vingt-quatre heures.

UNE BOMBE A SURPRISE.

Guerre de 1900. — L'ingénieur-chimiste-mécanicien en chef de l'armée battue par la vapeur profite des loisirs de la paix pour inventer la bombe à

surprise asphyxiante, à triple courant électrique, à quadruple base d'acide prussique, — supprimant une division du premier coup, à dix kilomètres de distance.

AUTRE BOMBE A SURPRISE, BREVETÉE S. G. D. G.

Mais le feld-maréchal-chimiste-ingénieur en chef de l'armée ennemie ayant

trouvé en même temps la recette de la bombe stupéfiante à vingt-cinq éléments d'azote hyperconcentré, détruisant un corps d'armée également à dix kilomètres de distance, — les bombes partent simultanément du sein des deux armées.

PAIX GÉNÉRALE. — TABLEAU.

Les deux armées tombent, toutes les deux complétement foudroyées.
Le calme renaît. — La tranquillité règne.
La guerre de Trente ans a duré trois minutes.

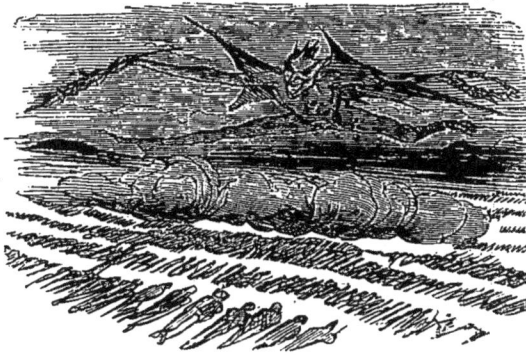

Note de l'auteur. Cet article paraît dans l'*Illustration* du 26 juillet 1866. La fin suprême devant être la même, nous n'avons voulu rien y changer.

LES ARMÉES ET LES SOLDATS.

Ainsi donc il faut en faire notre deuil; il est à croire que, malgré tous nos dires, on trouvera moyen de se pourfendre naturellement et de se mettre en charpie jusqu'à la consommation des siècles.

Ce fut donc une des grandes sottises entre autres de messieurs les révolutionnaires, de réclamer la suppression et d'obtenir la diminution des armées permanentes, alors que nos ennemis probables grossissaient et fortifiaient évidemment les leurs.

Il est donc indispensable d'être prêt à se défendre. Pour cela, il faut des armées composées de généraux, d'officiers et de soldats; il faut des artilleurs, des dragons, des cuirassiers, des hussards et des fantas-

Saint-Cyr.

École polytechnique.

sins de toute sorte; des épaulettes, des plumets, des plaques, des décorations, des galons variés à l'infini.

Il est utile de chercher à donner toutes les satisfactions de l'amour-propre et de l'extérieur à ceux d'entre nous qui sont chargés de veiller à ce que les étrangers ne viennent point fourrer indiscrètement les mains dans nos poches.

Lorsque ce sont des compatriotes qui se permettent ces licences, en dépit de l'ordre et des règles établies, nous avons les gendarmes.

Sans eux, sans ces braves gens, qui ne prêtent pas à rire à bon nombre de fantaisistes, l'expérience a prouvé qu'il n'est pas de sécurité complète en France.

En temps de bouleversement et de révolution aiguë, ces fantaisistes profitent bien du trouble pour les jeter quelquefois à l'eau, mais ils surnagent et finissent toujours par gagner définitivement la belle.

Honneur à la gendarmerie.

Hors les gendarmes, en France, pas de salut!

* * *

En France, et notamment à Paris, il n'est pas de gouvernement possible sans sergents de ville.

Ces braves gens, chargés de maintenir l'ordre dans les rues et de veiller à l'exécution des arrêtés et des lois de toute sorte, sont naturellement considérés comme ennemis par ceux qui ne voient dans un désordre quelconque que l'occasion de faire un bon coup, ou simplement de *rigoler un brin,* comme des écoliers en rupture de classe.

* * *

A chaque révolution, les honnêtes gens et les gens soi-disant sensés laissent faire les mauvais gars qui poursuivent ces préposés à l'ordre, les pendent et les éventrent au besoin, ou les jettent sans façon à la Seine.

Mais le lendemain on éprouve le besoin de rétablir un semblant d'ordre et l'on installe de nouveau d'autres hommes, ou bien les mêmes, que l'on charge des mêmes fonctions que jadis.

On se contente de changer le nom sous lequel ils étaient abhorrés de Messieurs les casseurs d'assiettes, ou de réverbères, ou de boutiques, et le surlendemain ils sont invariablement détestés de la même façon que leurs prédécesseurs.

Sous Louis-Philippe, les sergents de ville, c'était leur nom, s'étaient attiré, en faisant leur service, la haine de Messieurs les faiseurs de barricades.

On les licencia avec empressement, après en avoir assommé quelques-uns:
Quinze jours après, on les rétablit sous le nom de gardiens de Paris. Pour

dérouter un peu le bon *voyou*, M. Caussidière leur mit des chapeaux tyroliens
construits sur le modèle de son propre chapeau, et les fit raser de près.

C'était alors que Hyacinthe, costumé en gardien de Paris, chantait au
théâtre du Palais-Royal, exhalant ainsi sa douleur :

> Comme la barbe nous change !
> J'avais l'air d'un franc vaurien,
> Maintenant j'ai l'air d'un ange,
> J'ai l'air d'un ange gardien.

> Monsieur l' préfet,
> Quéq' nous avons fait
> Pour nous avoir fait
> Raser tout à fait?

L'Empire vint peu de temps après et restaura le sergent de ville,

SOUS LA COMMUNE.

Quand on prend du galon, on n'en saurait trop prendre.

— C'est rien du tout, que j' vous dis. C'est Augusse et Polyte qui sont en train de s'expliquer. Des camarades, quoi!

— Pourquoi qu' vous lui avez mangé le nez, à c't homme?

— Ah ben! alors, si on ne peut pas rigoler un peu avec ses amis!...

remplaçant le chapeau tyrolien par le tricorne et le sabre par l'épée.

Le sergent de ville, pendant le cours de l'Empire, ayant naturellement accumulé toutes les animosités, après le 4 septembre, on s'empressa d'en assommer et d'en noyer bel et bien quelques-uns.

Naturellement, quinze jours après on en rétablit de nouveaux, sous le vocable de *gardiens de la paix*.

On abattit encore une fois la barbe et les moustaches, et on les costuma en infirmiers.

Cela ne tint pas longtemps; les moustaches repoussèrent, et ils ne tardèrent pas à redevenir à peu près comme devant.

La **Commune** survenant, s'empressa de les supprimer, et les remplaça par des gaillards de barrière qui s'amusaient à faire de la police à coups de chassepot.

La Commune vaincue, on rétablit les bons gardiens de Paris avec leurs képis, leurs moustaches et tout l'attirail du passé.

Tout cela est encore en vigueur maintenant; faut-il espérer qu'avant longtemps on ne changera pas la coiffure de ces braves et utiles serviteurs, et qu'on ne recommencera pas à leur enlever encore une fois les moustaches?

LE DUEL ET LE POINT D'HONNEUR

Lé duel, qui était un legs de l'ancienne chevalerie, a cessé d'être mis en honneur comme il l'était jadis, pour devenir un délit.

* *

Un des adversaires les plus énergiques du duel fut certainement le célèbre procureur général Dupin, lequel ne brillait pas précisément par son courage.

On se rappelle comment en 1852, alors qu'il était président de la Chambre et que cette Chambre fut balayée, il s'abstint prudemment de faire même une ombre de protestation, et s'évanouit prestement comme un simple dénominateur.

Lorsqu'on lui en fit plus tard quelques reproches :

— Que voulez-vous, répondit-il, si j'avais eu seulement un soldat à ma disposition, je l'eusse fait, sans hésiter, tuer très-bravement à notre porte, mais je n'en avais pas !

Il est vrai qu'il eut quelque temps après assez de résolution pour demander et reprendre sa place à la Cour de cassation.

C'était au moins là ce qu'on appelait jadis le courage civil. On ne peut avoir tous les courages.

* *

Sa causticité naturelle pouvait lui ménager des rancunes auxquelles il n'était sans doute pas fâché de pouvoir officiellement se soustraire.

Aussi ne négligea-t-il rien pour faire entrer la loi française dans la voie de la répression.

* *

On a beaucoup écrit, beaucoup parlé contre le duel. On n'es pas arrivé néanmoins à déraciner cette vieille tradition de l'honneur chevaleresque du temps passé.

Les nobles, jadis, et tout ce qui portait épée, étaient dressés à s'en servir. L'honneur militaire, être particulier, semblait être la garantie de l'honneur collectif.

Les manants, eux, vidaient leurs querelles à coups de poing, à coups de pied, ou devant le bailli de l'endroit.

Lorsque, par suite des modifications apportées au régime qui depuis long-temps dirigeait la France, il fut déclaré qu'il n'y avait plus ni chevaliers ni manants, et que la noblesse fut abolie, on fut conduit naturellement à insister sur les règlements et édits qui défendaient les combats singuliers, et comme on supprimait les princes ainsi que les priviléges, on fit des lois contre le duel.

C'était Richelieu, l'ennemi de la noblesse française, et dont la volonté était de l'abattre et de la réduire, qui avait jadis commencé le mouvement, on sait avec quelle sévérité inexorable.

Sous Louis XIV, Louis XV et Louis XVI, avec les guerres sans cesse re-naissantes, et pendant lesquelles le sentiment de bravoure individuelle devait être encouragé plutôt que comprimé, on ferma les yeux sur les écarts de vanité, d'orgueil ou de susceptibilité qui mettaient souvent à la main l'arme que chacun portait à son côté.

La Révolution, qui supprimait les épées au côté, sauf pour les militaires, reprit donc l'œuvre de Richelieu, et avec quelques interruptions la continua et l'accentua de plus en plus jusqu'au temps où nous vivons.

***

Le duel jadis passait pour être le jugement de Dieu, et comme chacun de ceux qui maniaient l'épée avait été de bonne heure dressé à s'en servir, on pouvait penser qu'il existait tout d'abord entre les deux adversaires une cer-taine égalité de moyens d'action, à travers laquelle la justice de Dieu pouvait faire pencher sa balance et prononcer son verdict.

Depuis la suppression de l'épée au côté, l'égalité probable entre les adver-saires a cessé d'exister. Les uns continuant à s'exercer, les autres ne connais-sant l'épée que de nom, la justice de Dieu semblait difficile à rendre dans de pareilles conditions. N'est-ce point pour cela que l'on se prit à invoquer la justice des hommes?

On sait ce que de nos jours coûte cette justice.

* *
*

Ceux qui persistent à vouloir demander, les armes à la main, pour certaines offenses, une réparation que les lois ne leur accordent pas, doivent tout d'abord compter avec leur bourse, grâce à la juridiction nouvellement en vigueur.

Le duel devient tout d'abord le privilége aristocratique de la fortune. Avant d'aller demander à un Monsieur raison d'une insulte qui vous frappe dans vos sentiments les plus délicats, il est indispensable de savoir s'il se trouve dans votre tiroir les trois mille francs d'amende que votre ressentiment doit vous coûter, sans compter les frais de justice, plus les autres menues dépenses, et le calcul raisonné du temps qui vous sera nécessaire pour purger les quelques mois de prison dont vous serez sans doute gratifié, si vous n'êtes pas tué préalablement, — ce qui pourrait bien être.

Si votre amende ou votre prison peuvent vous ruiner, abstenez-vous d'être chatouilleux ou même simplement sensible sur les questions de point d'honneur.

Les gens riches ont seuls maintenant le droit de montrer un peu de cette susceptibilité qui faisait autrefois de notre nation la nation la plus polie.

Il faut maintenant, grâce à M. Dupin, avoir du temps à perdre pour faire respecter soi ou les siens, et de l'argent pour payer les leçons données à l'insulteur.

* *
*

Sans compter que la question des témoins nécessaires pour enlever aux yeux du public le caractère douteux que pourrait avoir un duel sans contrôle, devient de plus en plus difficultueuse, grâce à l'amende et à la prison octroyées largement à Messieurs les témoins comme à Messieurs les combattants.

Payer de la prison pour un grief sérieux et qui vous est particulier, passe encore; mais payer de la même monnaie pour satisfaire au ressentiment juste ou non d'un camarade ou même d'un ami, c'est plus dur.

Aussi les témoins sont rares sur la place.

Et il faut être presque aussi riche pour voir donner que pour donner ou recevoir soi-même un coup d'épée dans la poitrine ou une balle dans le bras.

* * *

La race des témoins qui recherchaient l'occasion d'un duel pour voir *plumer les canards,* et se livrer à un copieux déjeuner après l'action, nous paraît à peu près disparue. Certes, il est souvent facile d'enrayer certaines affaires et de les convertir en *gueuleton* de réjouissance, mais il est prudent aussi de compter sur l'imprévu, qui peut fournir en fin de compte une lourde addition à solder, sous forme de prison et d'amende, et l'on y regarde.

* * *

Il y a encore la ressource de prendre le chemin de fer et d'aller s'escrimer en Belgique. Mais, outre que cela est coûteux et ne se trouve pas à la portée de toutes les bourses, on voit déjà poindre à la frontière le tricorne du gendarme belge qui commence à faire concurrence au tricorne du gendarme français, pour réprimer les écarts des étrangers venus en Belgique pour vider leurs querelles, moins hospitaliers pour ceux-là que pour Messieurs les caissiers qui s'y donnent rendez-vous après avoir vidé les caisses dont ils avaient la garde.

* * *

En dépit de toutes ces difficultés, de toutes ces entraves, en dépit des amendes et de la prison, l'on se bat encore de temps en temps. La tradition, enviée malgré tout, des rayonnements chevaleresques et aristocratiques n'a pas cessé d'exercer son action sur ceux-là mêmes qui ne sont ni aristocrates ni chevaliers, mais qui ne sont pas fâchés de paraître en avoir les façons.

Il est certaines offenses publiques ou privées auxquelles on ne saurait répondre autrement qu'en allant sur le terrain, et il est certaines gens, à l'épiderme plus sensible, que la crainte de la prison et du reste n'arrête pas dans leurs exigences.

Celui qui a du temps et de l'argent à perdre, plus quelque courage personnel et une certaine habitude de l'outil, peut éprouver un malin plaisir à infliger à son malencontreux adversaire, moins bien doué sous tous les rapports, outre les chances mauvaises de la lutte, la certitude de quelques mois de prison et de quelques centaines de francs d'amende, lesquels seront pour lui ou une gêne ou une ruine.

***

On aura toujours gagné ceci à la nouvelle législation patronnée par M. Dupin, c'est d'avoir supprimé les duellistes de profession, qui, le chapeau sur l'oreille et le poing sur la hanche, étaient en quête d'un coup d'œil prolongé, d'un geste douteux, d'une parole quelque peu risquée, pour avoir l'occasion de trouver un nouvel adversaire à piquer dans leur collection, comme un naturaliste fait de chaque nouveau papillon qu'il rencontre.

***

Le duel avait donc jadis son excuse et sa raison d'être, alors que chacun savait manier l'épée qu'il tenait toujours pendue à son côté. Aussi toutes les questions d'honneur et de duel étaient-elles portées jadis devant le tribunal des maréchaux de France, qui, soit par eux-mêmes, soit par leur lieutenant, décidaient en dernier ressort sur toutes les questions d'honneur, et prononçaient le laissez aller, quand les motifs étaient honorables et suffisants.

Depuis que certains suivent avec ardeur les salles d'escrime et de tir, tandis que la plupart n'y mettent jamais les pieds, le duel a perdu par cela même le caractère d'égalité qu'il possédait précédemment quand il n'avait jamais lieu qu'entre gentilshommes et entre hommes exerçant la profession des armes.

***

A tout bien examiner, le Monsieur qui, possédant dix ans de salle, fait venir sur le terrain un autre Monsieur qui de sa vie n'a touché ni une épée ni un pistolet, et l'envoie *ad patres*, commet tout simplement, à l'abri d'une opinion basée sur des traditions dévoyées, un bel et bon petit assassinat.

Le rôle des témoins devrait consister à *handicaper* les lutteurs comme on *handicape* les chevaux dans certaines courses, pour égaliser les chances autant que possible.

Dans ces courses, quand un cheval est reconnu comme plus fort ou plus agile qu'un autre, on lui donne une surcharge pour rétablir l'équilibre.

Dans un duel, que les épées soient égales de longueur, rien de mieux, lorsque l'adresse ou l'habitude sont égales, mais lorsque d'un côté il y a moitié moins d'habitude ou d'adresse, les témoins, pour préparer le rôle de la justice, devraient donner une arme de moitié plus longue ou de moitié plus facile à manier, à celui dont ils constateraient le degré d'infériorité.

* *

Un médecin s'était trouvé par hasard en conflit avec un de ces personnages *friands de la lame,* comme on disait jadis, et ce dernier, s'étant prétendu profondément offensé, avait envoyé ses témoins.

* *

Le docteur les reçut avec calme : Messieurs, dit-il, je ne connais les épées et les pistolets que de réputation, je ne sais donc en aucune façon m'en servir. Je ne peux proposer à mon adversaire un duel au scalpel que je connais et qu'il ne connaît pas.

Il s'agit de répartir équitablement les chances.

Un de nous deux est de trop sur cette terre; très-bien !

* *

Voici deux pilules égales et pareilles; seulement, l'une contient de l'acide prussique, l'autre de la simple mie de pain.

Nous tirerons au sort.

Celui que le sort avantagera choisira celle des deux qu'il voudra, la seconde sera pour l'autre.

A un signal donné par les témoins, nous avalerons chacun notre pilule ; une minute après, l'un des deux sera mort.

Voici la forme de duel que j'accepte, et non d'autre.

* * *

Naturellement le duel du docteur ne fut pas accepté, malgré le soin apporté pour égaliser les chances.

On ne sait pas s'il fut fait des excuses.

LA MUSIQUE.

THÉOPHILE Gautier s'est trompé lorsqu'un jour ou bien un soir de mauvaise humeur, après quelque concert douloureux, il lança cette phrase dédaigneuse au nez de la musique et des musiciens : « La musique est le plus cher de tous les bruits ! »

Le bruit de la poudre et du canon est autrement cher, et vaut beaucoup moins ; mais Théophile Gautier n'aimait point ces prétentieux clapotements, ces grincements et ces gargouillements épileptiques auxquels on se livre trop de nos jours, sous prétexte de musique.

Il y a toute une population, dont l'effort eût pu être plus utile, qui passe sa vie à tourmenter les touches des pianos, à frotter les cordes des violons et violoncelles, à souffler dans le cuivre sonore, ou à se gargariser avec une foule de notes sans valeur.

Pourquoi ? C'est que parmi cette population il est certains heureux, certaines privilégiées, qui, par francs, roubles, thalers ou guinées, récoltent des honoraires gonflés comme de véritables listes civiles.

Au prix où sont les cavatines, une note de la Patti vaut cent écus ! et n'en a pas qui veut.

Le gosier de Faure entraîne, comme jadis celui de Rubini, des émoluments plus considérables que ceux de premier ministre, et il n'y a pas de révolution politique qui puisse lui arracher son portefeuille.

Heureux musiciens !

* * *

Il n'est pas jusqu'à ceux des couches inférieures qui ne trouvent leur compte dans les exercices musicaux. Au grand détriment du travail utile et producteur, un statisticien a calculé qu'il y avait en France environ quatre mille orgues de Barbarie sur lesquels, d'un effort vigoureux, quatre mille bras s'appliquent à moudre actuellement les motifs favoris d'*Orphée aux enfers* et de la *Mère Angot...* Quatre mille bras enlevés à l'agriculture, qui en manque presque autant que la *Vénus de Milo*.

Une force de mille chevaux ne produisant que du bruit... O statistique !

A Paris seulement, on compte une armée de cent cinquante mille pianos. Chaque maison en possède une escouade. Ce n'est pas pour rien que les Italiens affolés de musique ont donné aux étages le nom musical de *piano :* ils disent *primo piano, secondo piano,* et ainsi de suite jusqu'au comble. Ils sont encore cependant au-dessous de la réalité. Les pianos se sont multipliés outre mesure, et plus que leur programme lui-même ne le comporte ; car il est des maisons à Paris où il y en a deux au moins à chaque étage, et cela jusqu'au cinquième au-dessus de l'entre-sol ; il y en a même au rez-de-chaussée, et jusque dans la loge du concierge.

D'où vient cet entraînement général qui signale tout particulièrement l'époque actuelle ?

La musique est un art qui ne se définit pas, et devant lequel du moins se dérobent toutes les définitions : c'est à la fois l'art du précis et de l'indéterminé, l'art de la discipline, et celui de la fantaisie.

La musique est accessible à tous et se comprend de tous. Elle n'a pas besoin d'être écoutée pour enlever, réjouir ou émouvoir : il suffit qu'elle soit entendue. C'est une langue universelle qui dit à l'oreille de chacun ce que son âme pense ; c'est une formule mélodique sur laquelle chacun attache le sens et les paroles que réclame sa disposition de cœur, d'esprit et de passion.

Le chant terrible du *Dies iræ* jette fatalement dans l'esprit de l'auditeur un sentiment de terreur majestueuse et d'épouvante, indépendamment des paroles, que ne peuvent comprendre la plupart de ceux qui les écoutent ou bien même de ceux qui les chantent.

Ainsi les airs d'*Orphée* ou de la *Belle Hélène*, dépouillés de leur glose, font frémir les pieds des danseurs et enlèvent frénétiquement les danseuses.

Tandis que les chants de *Lallah-Rouk* vont faire vibrer doucement au fond du cœur les plus suaves rêveries d'amour.

Les paroles, n'en déplaise aux librettistes, gâtent le plus souvent une mélodie en précisant et durcissant les contours, en arrêtant brutalement la pensée qui flotte au gré de l'auditeur dans les rêves et les poésies de l'inconnu.

Elles n'existent pour ainsi dire qu'à l'état de sommaire, ou de table des chapitres musicaux.

Un exercice utile pour se pénétrer de cette vérité consiste à chanter lentement les paroles de la *Marseillaise* sur l'air de la *Grâce de Dieu*.

Au bout du premier couplet on est convaincu.

Et s'il était permis de comparer deux manifestations de l'esprit humain qui semblent se trouver aux pôles diamétralement opposés, on pourrait dire que dans une œuvre musicale, les paroles sont à la musique ce que l'arithmétique est à l'algèbre, ce qu'est le circonscrit à l'illimité.

* * *

De là sans doute auprès de notre public, ainsi qu'en Angleterre, en Russie, en Allemagne, le succès des opéras italiens; dont la langue, ignorée le plus souvent ou mal sue de l'auditeur, est encore une musique, et offre quelque chose de vague et d'indéterminé qui laisse le champ libre à l'imagination.

Aussi les rois de notre époque sont les ténors italiens; mais à un degré plus haut et plus merveilleux encore et plus incontesté, les reines acclamées de notre temps sont les cantatrices italiennes ou qui chantent en italien, ce qui revient au même.

Et c'est là une royauté sans orages, panachée d'applaudissements universels, enrichie de diamants et de bouquets, couronnée de triomphes sans cesse renaissants; royauté exempte de complots et de révolutions, et qui n'a d'autres ennemis à redouter que les courants d'air et les bronchites.

Heureuses *prime donne*, qui n'ont en ce monde d'autres rivales possibles que les danseuses !

Cette explosion d'amour et d'enthousiasme pour la langue universelle qu'on nomme la musique date des temps modernes, et la mode de couvrir les cantatrices et les ténors de diamants, de fleurs et de billets de caisse, ne remonte pas à plus d'un siècle.

Jadis, on recevait avec plaisir le joyeux troubadour et le sentimental trouvère, et après les avoir fait chanter et les avoir admis au bas bout de la table, on glissait modestement quelques livres tournois dans leur maigre escarcelle.

Trouvères ou troubadours étaient une forme de poëtes ou de chansonniers composant eux-mêmes les récits qu'ils chantaient, en s'accompagnant d'un instrument dont les cordes vibraient sous leurs doigts à l'unisson de leur chant. Les femmes n'étaient point admises à tenir leur place dans ces petites fêtes de la musique naissante et de la poésie ; il est vrai de dire que depuis elles se sont bien vengées de cette réserve qui leur était jadis imposée.

⁂

Les pâtres ont commencé jadis par faire de la musique à l'aide de leur flûte à deux ou trois trous. On se faisait accompagner sur le chalumeau pendant qu'on chantait des vers.

Tu calamos inflare leves, ego dicere versus.

Ainsi parlait le mélodieux Virgile.

Le dieu Pan prit soin lui-même de leur construire la flûte qui porte son nom.

L'histoire sainte rapporte que David dansait et chantait devant l'arche.

Les paysans de tous les pays, depuis un temps immémorial, dansent en rond en se tenant par la main et en chantant.

C'est là sans doute l'origine de la musique religieuse, que plus tard les moines fixèrent et régularisèrent définitivement à l'époque du moyen âge.

C'est de ce moment que datent le plain-chant et les notes conventionnelles de musique destinées à déterminer la succession et le rapport des sons arrêtés par l'habitude et la tradition.

On sait que le moine Guy d'Arezzo, pour donner aux notes musicales une

dénomination, prit dans le premier verset de l'hymne de saint Jean
certaines syllabes ignorées alors, qui depuis ont fait quelque bruit sur cette
terre :

> *UT queant laxis REsonare fibris*
> *MIra gestorum FAmuli tuorum,*
> *SOLve polluti LAbii reatum,*
> *S ancte I oannes.*

Ut, ré, mi, fa, sol, la, si.

C'est depuis une quarantaine d'années seulement qu'on s'est aperçu que
l'*ut* est dur et rocailleux à prononcer. Une insurrection a éclaté dans le rang
des musiciens. Après une vive résistance, l'*ut* a été chassé de son trône et
remplacé par le *do,* nouvelle recrue qui ne figure à aucun titre dans l'hymne
de saint Jean.

Cependant cette spoliation n'a pas été sans trouver des détracteurs, des
opposants et des réactionnaires, et la tradition du bon vieux temps n'a pas
perdu ses droits.

Malgré tout, on dira toujours l'*ut* de poitrine de Duprez et de Tam-
berlick.

La langue française réclamerait contre ceux qui diraient un *do* de poitrine.

*
**

Quoi qu'il en soit, les sept notes de Guy d'Arezzo ont fait un merveilleux
chemin en ce monde, et grâce à une armée auxiliaire de clefs, de soupirs,
de bémols, de bécarres, de croches, doubles croches, elles sont arrivées à
une domination presque universelle.

Il est vrai de dire que, comme tous les pouvoirs de ce monde, leur pouvoir
ébranlé une fois par la chute de l'*ut,* la première d'entre elles, et qui marchait
en tête, court encore en ce moment de plus graves dangers, si j'en crois notre
savant ami, le spirituel Azevedo. Suivant lui, grâce à la méthode Chevé-Paris,
les notes ont fait leur temps, le *ré,* le *mi,* le *fa,* le *sol,* comme le *la,* et jusqu'au *si,* sont destinées à accompagner l'*ut* dans la retraite et dans l'exil. Ces
notes seront utilement remplacées par des chiffres.

La musique doit devenir une science exacte.

Les mathématiques sont appelées à gouverner le monde.

La musique remplit aussi un rôle pratique et que l'on ne saurait dédaigner. Depuis longtemps elle a rendu d'éclatants services.

L'habitude pour les petits marchands de se révéler au public par des cris ou des chants destinés à l'avertir de leur passage, de leur présence, et de la marchandise qu'ils lui offrent, se perd dans la nuit des temps.

Le moyen âge a conservé dans les vieux livres quelques traces de ces chants de Paris, parmi lesquels certains se sont conservés par tradition.

Belles bottes d'asperges! par exemple, se chantait au seizième siècle sur le même rhythme et avec les mêmes notes que les arrière-neveux de ces honorables commerçants ont continué d'employer pour célébrer cet insidieux légume.

Du reste, ce chant n'est pas dépourvu d'harmonie, et tout le monde sait que M. Halévy n'a pas dédaigné de l'employer pour début de son grand air à succès, *Quand renaîtra la pâle aurore,* qui commence exactement de la même façon.

Il faut le dire, cet emprunt à la musique véritablement populaire n'a pas le droit de nous surprendre. Le chant de la marchande de chiffons qui se promène depuis une trentaine d'années dans le faubourg Saint-Germain et le quartier des Écoles est connu de tout le monde. Félicien David, qui l'écoutait chanter un jour, me dit: «Mais, savez-vous, mon ami, que c'est charmant? Je vais retenir avec soin ce motif. Un grand air commencé dans ce mouvement et dans cette harmonie serait magnifique. »

Tous les chants, il est vrai, ne sont pas aussi harmonieux que celui de la marchande de chiffons. Mais comme quelques-uns parmi ces chants ou ces cris tendent à disparaître, que les petits marchands sont avalés par les gros, qui ne font plus de musique, sinon avec le tambour à la quatrième page des journaux, il nous a paru intéressant d'en fixer ainsi et la silhouette et le souvenir.

*
* *

La Compagnie des Eaux de Paris, dont les tuyaux portent l'eau dans toutes les maisons jusqu'au sixième étage, a tué les porteurs d'eau et tari dans leur gosier ce chant mélancolique avec lequel ils interrogeaient les étages supérieurs des maisons.

Il y a longtemps déjà que l'on ne crie plus : *A la barque, à la barque !*
Huîtres à l'écaille, huîtres à l'écaille ! Quatre sous la douzaine !

La douzaine valant aujourd'hui un franc cinquante.

Trois de six blancs, les rouges et les blancs ! a disparu de la circulation à
peu près en même temps que les huîtres à l'écaille.

Ainsi que le marchand de baguettes à habits qui chantait par toutes les
rues sa prose significative :

Battez, battez, battez vos habits, vos canapés, vos femmes pour deux sous !

Cette prose fut considérée un jour comme trop significative par les mar-
chandes du marché Saint-Germain. En un tour de main les bonnes femmes,
exaspérées du conseil donné à leurs maris, s'emparent des baguettes à habits
de l'audacieux commerçant, et lui en appliquent sur le dos une telle volée,
que depuis il eut bien garde de les offenser à nouveau, de crainte de justes
représailles, et il modifia ainsi sa cantilène :

Battez, battez, battez vos habits, vos canapés, vos......, pour deux sous !

* * *

Parmi les gens que le dieu de la musique avait particulièrement enflammés,
on comptait au premier rang le marchand de fontaines et le poseur de robinets.

Non content de son chant aigu : *Voilà votre marchand de fontaines ! Oh !*
le fontainier ! il y ajoutait encore un surcroît de musique qu'il tirait comme il
pouvait d'un cornet à piston ou d'une trompette. Cela faisait tant de bruit que
la police s'en émut.

On lui interdit de souffler dans le cuivre. Il trouva moyen de combiner une
sorte de pipe en fer-blanc dont il trouvait encore moyen d'extirper des sons
d'une acuité douloureuse.

La pipe musicale fut aussi interdite sur la voie publique. De désespoir il a
maintenant recours à la sonnette, instrument inattaquable sans doute par suite
de quelque inviolabilité parlementaire. Mais le chant, il l'a conservé, et
depuis les persécutions subies, il a mis tout son orgueil à le crier plus fort.

Peut-être le fontainier disparaîtra-t-il un de ces jours aussi, comme a disparu son émule en musique, le conducteur de diligence qui soufflait joyeusement dans son cor de chasse, à l'arrivée comme au départ.

Le piston de l'ancien conducteur a été remplacé par le sifflet de la
locomotive.

Autre temps, autre musique.

LA MARCHANDE DE FROMAGES.

Cavatine pour prima donna soprano.

A la crêm' fromag' à la crêm'

LE MARCHAND DE ROBINETS.

Pour ténor de force.

V'la l'marchand d'fontain' v'la l'marchand d'fontain ah! l'fontai.nier.

LA MARCHANDE DE MOURON.

Ballade pour prima donna.

Du mouron pour les p'tits oi_seaux   Du mouron pour les p'tits oiseaux

LE VITRIER.

Pour grand ténor.

Oy! vitri _ er

MARCHANDE DE CHIFFONS

CAVATINE.

Pour soprano.

Chif - fons à vend' voi - là la mar - chand' de chif - fons!

LE MARCHAND D'ASPERGES.

Ma bott' d'as _ perg!

LA MARCHANDE DE PLAISIRS.

Duo.

Voi - la l'plaisir mes dam's voila l'plaisir N'en mangezpas mes dam's ça fait mourir

LE MARCHAND D'ALLUMETTES.

Pour ténor.

Romance.

Je suis le mar . chand d'allu . met . tes messieurs mes dam's en voulez-

vous elles sont bel . les et bien fai . tes je vous les donne pour deux sous si vous vou.

lez avoir la preuve qu'elles sont bonnes à brûler venez messieurs les es . sa.

yer ell's sont tout's à l'épreu . ve ell's sont tout's à l'épreu . ve

LA MARCHANDE DE CERISES.

Soprano.

A la douc'ceris' à la douc'   A la douc' ce_ris' à la douc'

LE PORTEUR D'EAU.

Récitatif pour ténor.

A l'eau-eau

MARCHANDE DE RAISINS.

Contralto.

Chasse . las d'Fontain' bleau

LE MARCHAND DE CARTONS.

DUO.

- Baryton et soprano aigu.

l'Homme.

Voici tous les p'tits tous les grands tous les jolis cartons mes dam's

cartons ronds cartons carrés   cartons à champignons cartons o _ val's

LA MARCHANDE DES QUATRE SAISONS.

Grand air pour soprano aigu.

Oh   des choux des poi-raux des ca . rott's   na-vets! na-vets!

pomm's de terr'au boisseau   d'la vit' lott' du bel o-gnon du bel o-gnon!

LE MARCHAND D'HABITS.

Pour basse-taille.

chand d'ha . bits marchand   ha . bits ha . bits   mar .

. chand   a . vez . vous   de vieux ha . bits   à   vendr'

LA MARCHANDE DE POISSON.

Cavatine pour mezzo-soprano.

Hareng qui glac' qui glac' hareng nouveau   D'la raie d'la raie tout en vi . e.

LE MARCHAND DE BAGUETTES.

Baryton grave.

Bat _ tez bat.tez bat.tez vos habits vos ca.napés vos femm's pour deux sous

LA MARCHANDE DE CERNEAUX.

Pour soprano aigu.

Des gros cer_neaux

LE REPASSEUR.

Cou_teaux ciseaux à r'passer:

LE MARCHAND DE FERRAILLES.

Os, fer-rail', cuiv'.

LE RAMONEUR.

Duo pour basse-taille et tenorino.

Haut en bas

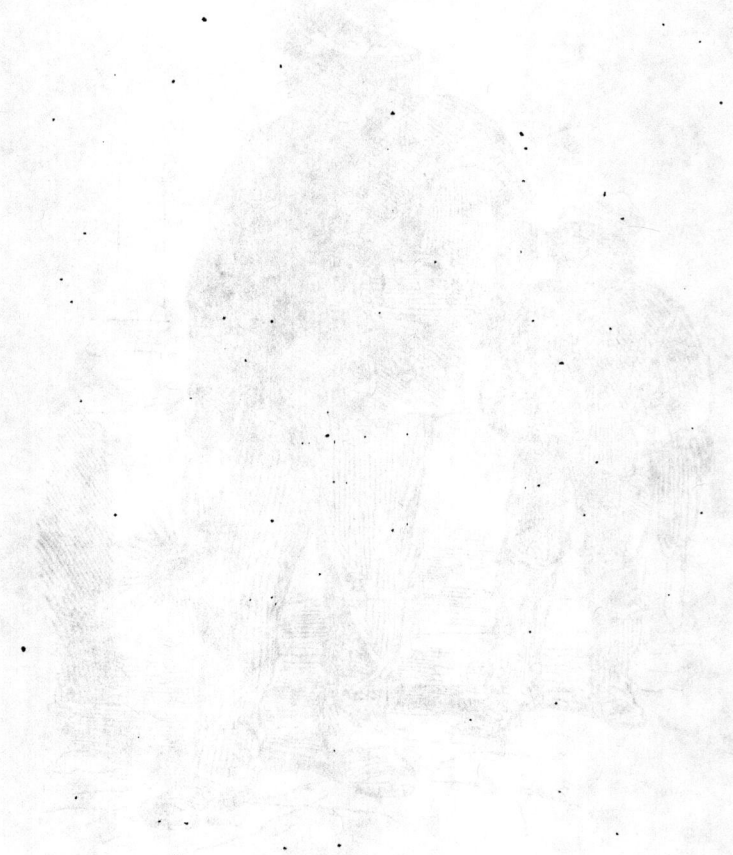

* * *

Toutes ces individualités, destinées à disparaître, sont intéressantes à voir, fixées sur une sorte d'agenda comme celui que nous crayonnons en ce moment, en pensant à l'intérêt qu'il y aurait pour nous actuellement à voir représenter ceux qui colportaient, il y a deux ou trois cents ans, leur petit commerce à travers les rues du Paris de ce temps, comparses humbles mais caractéristiques de la comédie qui se jouait alors, comme ceux que nous représentons avec leurs chants et leurs costumes le sont dans la *Comédie de notre temps*.

La Mère Angot.

TRIO

Pour baryton, contralto et soprano aigu,
avec accompagnement d'orgue.

DE L'HARMONIE

C'ÉTAIT pendant le siége. Une troupe de braves gens enthousiastes, émus, animés des plus patriotiques pensées, marchait en rangs inégaux sur le boulevard.

Que chantaient-ils? J'en ai perdu le souvenir, mais c'était certainement, ou bien *la Marseillaise,* ou bien *Mourir pour la patrie,* ou bien *Buvons à l'indépendance du monde.*

L'intention était à coup sûr infiniment supérieure à l'exécution. Les voix se livraient à des mariages étranges. C'étaient des intonations bizarres, des détonations imprévues. La mesure était outragée sans crainte, la phrase commencée ici, finissait en même temps d'un autre côté, et le motif se perdait çà et là dans des arabesques et des cacophonies inattendues.

Félicien David, ce charmant et sympathique Méridional qui, au rebours de tant d'autres, était venu grelotter comme nous au milieu de notre Paris si menacé, se promenait alors avec nous sur le boulevard.

— Ces braves gens me font bien mal ! nous dit-il.

— Le fait est que pour l'oreille d'un maestro...

— Je fais bon marché de l'oreille du maestro, reprit David; mais n'y a-t-il point là quelque chose de plus que l'outrage fait à la musique? et j'y vois, hélas ! plus loin que le bout de mon oreille.

* * *

Savez-vous ce que c'est que la musique ? c'est la discipline, c'est l'obéissance, c'est l'abnégation complète de la personnalité au point de vue de l'ensemble, et dans un but déterminé; sans tout cela, il n'y a ni effet, ni œuvre, ni harmonie.

Les braves gens que vous venez d'entendre sont parfaitement étrangers à toutes ces qualités, qui, si elles font l'harmonie, font aussi la force, la cohésion et le succès.

J'aime peu l'Allemagne et les Allemands, et je suis plein de restrictions pour certaine de leur musique.

Mais au moins ils en font, de la musique.

Dans le moindre village, on se réunit nécessairement, et chaque jour, pour étudier et chanter en chœur les *lieds* du pays ou du canton, les compositions des maîtres célèbres.

La mesure est fidèlement respectée. Le bâton du chef d'orchestre est obéi scrupuleusement, et chacun comprend qu'il faut infailliblement subordonner sa volonté et sa personnalité à la règle dont la musique écrite donne la formule, et dont le chef conduit le mouvement, si l'on veut atteindre un résultat satisfaisant.

Dès qu'il peut balbutier quelques sons, le gamin allemand discipline sa volonté à ces règles nécessaires, et comprend que de cette discipline résulte la satisfaction musicale dont il contracte chaque jour le sens et le goût.

***

Chez nous, en France, on chante comme vous entendez ces gens-là chanter. On chante faux, ou sans ensemble, ou sans mesure; dans les villages, on ignore ce que c'est que la musique, si ce n'est celle des verres et des bouteilles chez le marchand de vin.

Quand par circonstance les gens se mettent à chanter ensemble, c'est à qui criera le plus fort, fera le mieux valoir la vigueur de ses poumons, la note qu'il affectionne, ou le cri dans lequel il croit le mieux réussir.

***

Eh bien, ne pensez-vous pas que l'habitude prise par chacun dès l'enfance de subordonner sa pensée à celle d'un autre, au profit de l'ensemble et de l'œuvre générale, que l'usage de la discipline, de l'obéissance exacte et scrupuleuse, ne suivent pas les hommes dans le cours de leur vie, leur faisant comprendre que si ces qualités sont indispensables pour l'harmonie musicale, elles le sont au même titre pour l'harmonie sociale ?

**

36

Les Allemands savent mieux se subordonner et obéir que nous, et de là, peut-être, découle en ce moment leur succès contre nous.

***

Que penseriez-vous d'un orchestre où le premier violon, méprisant le bâton du chef, se dirait : J'ai du talent, du brio, mon coup d'archet a des délicatesses et des fiertés que je ne consentirai jamais à laisser sous le boisseau; je vais faire là une variation brillante, ici un point d'orgue, — tant pis si le chef d'orchestre n'est pas satisfait. La mesure est à quatre temps, je vais la mettre à trois. La flûte se livrerait en même temps à des trémolos inattendus. Le cornet à piston éclaterait de son côté à sa fantaisie, et la grosse caisse s'abandonnerait sans ordre à des détonations qui la rappelleraient à l'attention du public dont elle ne veut point être oubliée.

Il est à croire que l'œuvre du compositeur, fût-il ou Mozart, ou Gounod, ou Auber, perdrait quelque chose à ce mode d'exécution.

***

— Attention! demi-tour....à droite! Et le soldat se dirait : — Non, je préfère demi-tour à gauche. Portez... armes ! — Non, j'aime infiniment mieux l'arme au pied.

Le colonel dirait : Marche en avant ! et, des capitaines à la suite, l'un ferait marche en arrière, l'autre marche à droite, l'autre marche à gauche, et ainsi de suite. Chacun donnerait ainsi la mesure de son initiative personnelle et de sa liberté d'appréciation.

A nous de conclure.

***

Croyez-le, mes amis, l'éducation musicale me paraît être la première des éducations à donner et celle dont peuvent facilement découler toutes les autres.

Apprendre aux jeunes Français à subordonner leur volonté, leurs désirs, leurs aptitudes à une pensée générale, et dans un intérêt commun, n'est pas chose inutile.

Il y a là une pensée à la fois artistique, républicaine et humanitaire; d'ailleurs, quand on chante on ne parle pas politique, et la politique, jusqu'alors en France, n'est-elle point le contraire de la musique, c'est-à-dire l'art de no point s'entendre ?

LES LETTRES.

Il est un genre de commerce et d'affaires qui paraît le plus commode, le plus facile à exercer, et dont la première mise de fonds est insignifiante.

Avec une main de papier de cinquante centimes, un paquet de plumes de quinze centimes et dix centimes d'encre, le premier venu est libre de composer un livre qui lui rapportera l'argent, la considération, les honneurs, peut-être même la gloire.

L'épicier qui fait fortune en vendant du poivre où il glisse une partie de cendre, du sucre en poudre additionné de gypse, du sirop fait avec du glucose, du vin fait avec n'importe quoi, est cependant obligé d'acheter les éléments primitifs de son poivre, de son sucre ou de son vin.

Son industrie fait le reste.

* *
*

L'homme de lettres, lui, n'a pas de dépenses premières à supporter. Il lui suffit de choisir adroitement parmi les mille et mille combinaisons renfermées dans sa bouteille à l'encre, qui ne coûte presque rien, une des innombrables dispositions de lettres et de mots qui s'y trouvent en germe, et dont le dégagement est de nature à lui donner honneur et profit. Rien de plus simple.

Aussi la profession d'homme de lettres est-elle des plus encombrées. Un bachelier, fraîchement sorti du collège, après avoir, pendant dix ans, gratté du papier et tiré tant bien que mal des séries de mots du fond de la bouteille à l'encre, n'est pas immédiatement propre à d'autre besogne.

*
* *

S'il veut faire autre chose que transmettre à la génération d'écoliers qui le suit le peu qu'il a pu retenir en écoutant tant bien que mal la génération de maîtres qui l'a précédé, il lui faut tout apprendre à nouveau. En se constituant homme de lettres, il ne fait que continuer.

*
* *

Celui qui veut exercer la profession de savant ne sait qu'une chose : c'est qu'il ne sait rien en sortant des usines universitaires. Celui qui veut être officier, avocat, médecin, doit passer par toutes les écoles. Le commerçant doit faire son éducation; l'industriel, comprendre son industrie; le banquier, sa banque. L'homme de lettres, lui, ne croit avoir à faire qu'à tracer sur le papier une série de lettres qu'il sait former assez convenablement grâce à son premier apprentissage.

Tel est le secret de bien des existences vouées à la plume.

*
* *

Gilbert avalant sa clef dans un accès de désespoir, les poëtes Escousse, Hégésippe Moreau, mourant de privations et de misère sur d'épouvantables grabats, sont des exemples cruels que des pères de famille prudents se plaisaient à donner aux jeunes gens qui, trompés par les études trop littéraires, rêvent, comme on disait jadis, d'être à jamais les fidèles amants des Muses. D'autres exemples plus alléchants se sont présentés depuis aux yeux de ceux dont s'est emparé le prurit de la littérature.

Les millions conquis par Victor Hugo à la pointe de sa plume, les sommes fabuleuses gagnées par les deux Alexandre Dumas,

La fortune d'Eugène Suë, celles de George Sand, d'Edmond About, de Paul Féval et même de Ponson du Terrail, ont écarquillé les yeux des rhétoriciens en quête d'une position sociale.

* * *

Le développement des journaux et des théâtres a changé les conditions fâcheuses qui semblaient fatalement s'imposer aux poëtes et aux prosateurs.

Il est à croire que Molière et Corneille, qui moururent pauvres, eussent fait une jolie fortune s'ils eussent vécu de nos jours.

M. Augier, avec *le Fils de Giboyer*, M. Scribe avec *le Coiffeur et le Perruquier*, M. Labiche avec *le Chapeau de paille d'Italie*, Hector Crémieux avec *la Jolie Parfumeuse*, ont plus gagné d'argent que Corneille avec *le Cid*, et Molière avec *les Femmes savantes* ou *le Misanthrope*.

La Belle Hélène, de Meilhac et Halévy, a produit cent fois plus que la *Phèdre* de Racine, et *Rabagas* a plus mis dans la bourse de Victorien Sardou que *le Mariage de Figaro* dans celle de Beaumarchais.

* * *

Un feuilleton convenablement bien agencé avec les suspensions d'intérêt ménagées avec prudence, et les coupures intelligemment faites au moment précis où la curiosité s'exaspère, donne maintenant plus de bénéfices que n'en donna le *Père Goriot* à Balzac, ou *Paul et Virginie* à Bernardin de Saint-Pierre, ou *Manon Lescaut* à l'abbé Prévost.

Un pareil feuilleton n'a besoin ni d'être bien conçu, ni d'être bien écrit; il suffit qu'il contienne quelques crimes bien noirs, des méfaits invraisemblables, des boîtes à surprise inattendues et des péripéties étranges, ou des amours bizarres, et surtout que la phrase sacramentelle : *La suite au prochain numéro*, soit placée utilement et suivant toutes les règles de l'art.

Aussi que de bacheliers s'escriment à tracer sur le papier des romans ruisselants d'effroi, et des opérettes débordant d'*inouïsme !*

Aussi que de manuscrits se pressent aux portes des directeurs de journaux et de théâtres !

Il a fallu préposer aux abords de tous les théâtres et des journaux en vogue des hommes chargés de détourner ces bandes d'auteurs, bacheliers frais émoulus, victimes des études universitaires, ou de plumitifs entêtés et vieillis qui veulent placer à tout prix l'œuvre de leurs veilles.

Malgré tous les efforts des gardiens, quelques-uns, déjouant toutes les précautions, franchissent les lignes de circonvallation et parviennent près du directeur, qui, tout en soupirant, est obligé de les subir.

C'est alors qu'il faut trouver des formules polies, une phraséologie au lait d'amandes pour tourner les difficultés, excuser les refus, et ménager autant qu'il est possible les épidermes surexcités par la vanité et aussi par l'espoir.

* *
*

Le bureau des directeurs de théâtres en vogue est journellement assiégé par les porteurs de drames, de vaudevilles ou d'opérettes dont ils sollicitent la lecture et l'admission.

Si le porteur du manuscrit n'est pas en même temps porteur d'un nom éprouvé, le premier soin du directeur est de laisser le manuscrit convenablement roulé dans son enveloppe pour le rendre quelque temps après à l'auteur sans en avoir lu la moindre ligne.

— J'ai lu votre manuscrit, répond-il invariablement au délinquant ; cela est fort bien écrit, la situation ne manque pas d'intérêt ; en somme, l'œuvre est satisfaisante, mais ne rentre pas du tout, pour le moment, dans le genre que nous désirons produire sur notre théâtre. Je vous engage vivement à porter votre manuscrit au théâtre à côté ; nul doute que cela ne lui convienne.

Et l'auteur se retire en emportant, sans trop de mauvaise grâce, avec ces bonnes paroles, et sa déception et son manuscrit.

* *
*

Un de ces auteurs continuait, avec persistance, à apporter tous les mois un nouveau manuscrit à certain directeur.

Au bout de quelque temps il s'aperçut que le manuscrit n'était jamais déroulé, et que l'enveloppe ainsi que la faveur dont il était attaché restaient complétement immaculées.

Cependant il ne se lassait point.

Un certain jour, le directeur lui remit son dernier rouleau en lui répétant imperturbablement les mêmes obligeantes paroles.

— Il y a progrès dans cette nouvelle œuvre, lui dit-il avec un gracieux sourire, mais cela ne peut encore nous convenir.

— Vous l'avez lu?

— Certainement, je dirai même avec plaisir.

— Peut-être l'aimerez-vous mieux à l'ail! lui dit doucement l'auteur.

Et faisant sauter la faveur et l'enveloppe, il développa un magnifique saucisson de Lyon, qu'il avait déposé quinze jours avant sous cet abri protecteur.

Il partit et ne revint plus.

***

Le directeur y gagna toujours ceci de ne plus revoir tous les mois son infatigable producteur.

LES JOURNAUX.

A notre époque on ne lit plus ; aussi ne fait-on plus de livres.

Si parfois il s'en édite, sauf de rares exceptions, ce sont des livres qui, pour la plupart, ont pris leur grade au rez-de-chaussée des journaux, sous forme de feuilleton, et que l'on imprime dans un format commode et portatif, à l'intention de ceux à qui le chemin de fer accorde des loisirs.

La maison Hachette, avec sa Bibliothèque des chemins de fer, a conquis la place logique réservée de notre temps à la librairie.

* * *

Le caractère particulier à ce temps, qui n'en a guère, consiste dans la production incessante et multipliée de la pensée écrite. Production éphémère s'il en fut jamais, en rapport avec l'attention que chacun peut lui donner et conquérir sur ses occupations journalières.

**

Aussi les journaux quotidiens se sont répandus sur notre sol fertile avec une facilité et une promiscuité merveilleuses. On prend un journal, on le lit, on le parcourt rapidement pour y trouver un aliment à sa passion du jour, un avertissement, un renseignement utile, un texte à conversation ou à politique, une distraction d'un moment.

Le journal, une fois parcouru, est livré en jouet, comme dit le poëte, aux vents insoucieux et rapides.

Et cependant que d'esprit, d'intelligence, de verve et de talent dépensés chaque jour, et presque en pure perte, sur ces feuilles volantes!

Que de livres littéraires, utiles, sensés, ou passionnés, ou brûlants, sont déposés par insaisissables fragments sur ces carrés de papier fugitifs!

Combien d'hommes de haut mérite n'ont pas eu le loisir de condenser leur esprit et leur pensée sous la forme pratique qui permet de léguer à l'avenir à la fois un nom et une œuvre!

Hélas! le journal, s'il fait vivre les écrivains de nos jours, les fait vivre à la condition de les tuer en les épuisant, et, nouveau vampire, en les suçant jour par jour jusqu'aux moelles.

Notre maître et ami Balzac, un des derniers qui, de nos jours, ait fait de véritables livres, n'aimait pas la presse, dont il avait été plusieurs fois la victime, on ne sait pourquoi.

Et il avait formulé sa pensée par cet axiome :

Si la presse n'existait pas, il ne faudrait pas l'inventer.

Et malgré cela, il lui rendait quelquefois justice.

Il déplorait les excès et les surexcitations auxquels entraîne fatalement une production incessante, journalière, où la passion du lendemain s'exaspère fiévreusement par la passion de la veille et les antagonismes du jour.

*
* *

« Cet *Hoax,* disait-il après quelques citations, se continue chaque jour « depuis nombre d'années, avec autant de verve que d'effronterie.

« Il n'épargne ni l'âge, ni le sexe, ni les royautés, ni les républiques, ni « les femmes, ni les œuvres de talent, ni les hommes de génie! Il amoindrit « le pouvoir, les conspirations, les actes les plus graves; il ébrécherait le « granit, il entame le diamant.

« La *Satire Ménippée* serait pâle auprès du livre qu'un homme d'esprit

« pourrait trier dans cette production journalière due à des jeunes gens
« inconnus.

« Cette source est si prodigue d'esprit, si vive, si animée, si constamment
« agressive, que dernièrement les Anglais étaient forcés de l'avouer. Jamais
« rien de pareil à la publication de nos petits journaux n'avait existé dans
« aucun pays et à aucune époque. »

* *
*

Telle était la pensée de Balzac, pensée dont on comprend l'amertume en
lisant les lignes précédentes, lorsqu'on sait que pendant une dizaine d'années
il servit, comme on dit actuellement, de *tête de Turc* à cette génération
d'écrivains caustiques dont il parle.

Qu'est devenu Balzac?

Que sont devenus ces écrivains?

Balzac est devenu grand, ces écrivains sont morts inconnus, à moins qu'ils
ne soient maintenant des hommes de haute politique, s'il est vrai, comme
disait un autre penseur, que de notre temps on arrive à tout par le journal,
à condition d'en sortir.

* *
*

Il n'était pas de jour où l'on ne s'occupât de Balzac, de sa canne, de son
habit bleu, de son embonpoint bourgeois, de ses cheveux incultes, de la
loupe avec laquelle il étudiait les rides et les verrues de ses personnages, de
son style concassé, de ses développements d'entomologiste et de commissaire-
priseur.

Ce qui le froissait davantage, c'était la persistance maligne que ces feuilles
mettaient à le désigner, lui, le père des *Treize,* des *Scènes de la vie de
province,* du *Père Goriot,* de *César Birotteau,* etc., etc., sous ce vocable
unique : l'auteur d'*Eugénie Grandet.*

Eugénie Grandet par-ci, *Eugénie Grandet* par-là ; jamais il n'atteindrait ce
petit niveau qu'il atteignit par hasard, et que, contemplateur mesquin *de la
petite bête,* il ne dépassera plus.

Tel était le texte développé chaque fois qu'il était question de Balzac.

...Eugénie Grandet, pour lui, était devenue une ennemie personnelle.

Lorsque parurent les *Parents pauvres,* nous fûmes tous enthousiasmés à la lecture de ces drames terribles, larges, saisissants, étudiés et profonds. J'allai le voir à Passy, rue des Vignes, où il demeurait alors.

... — Cher maître, lui dis-je, recevez les compliments de nous tous, de tous vos amis : les *Parents pauvres* ont tué *Eugénie Grandet.*

— Vrai, mon enfant? me dit-il rayonnant; eh bien, embrassez-moi. *Eugénie Grandet* est morte, tant mieux; c'est une enfant qui m'a bien fait souffrir! Maintenant je serai l'auteur des *Parents pauvres.*

Telle fut à Passy l'oraison funèbre d'*Eugénie Grandet.*

* *

La presse et le journalisme lui devaient une compensation. Le succès des *Parents pauvres,* la *Cousine Bette* et le *Cousin Pons,* parus en feuilleton dans le *Constitutionnel* à la suite d'un roman d'Eugène Suë, fut complet, et comme succès d'auteur, et comme succès d'argent.

Balzac toucha de ce fait cinquante mille francs, qui lui servirent à réparer quelques injures du passé.

A partir de ce moment, la presse changea de *tête de Turc,* et la période de l'admiration commença pour ne plus le quitter, et le grandir après sa mort jusqu'aux sommets où il est placé maintenant, et où il restera.

* *

Quoi qu'il en soit, avec ses erreurs, ses fautes et ses défaillances, la presse de notre temps est la maîtresse suprême; elle fait et défait les situations, renverse ou fonde les ministères et les gouvernements, et, comme la lame d'Achille, blesse et guérit les blessures.

Suivant les temps, on déchaîne la presse ou on la muselle; rien n'y fait. Ceux qui arrivent par elle s'efforcent de l'entraver pour qu'elle ne serve pas à ceux qui ne sont pas arrivés. Vains efforts!

Les gouvernements passent, les journaux restent. La presse survit insoucieuse de ceux qu'elle a élevés ou qu'elle a brisés. Instrument terrible et impitoyable avec lequel il faut compter, qu'on l'exalte ou qu'on le méprise, suivant son intérêt du moment. Instrument de défense ou d'attaque dont ceux qui veulent le pouvoir sont forcés de se servir pour arriver ou pour se maintenir.

* * *

Le nom des Bertin et des Girardin, des Villemessant et des Dalloz pour les grands journaux, de même que celui de Philipon pour la presse légère et caricaturale, resteront comme représentant les types remarquables et caractéristiques qui appartiennent à cette comédie de notre temps qui parfois confine à la tragédie.

JUIFS ET ISRAÉLITES.

Qui ne connaît l'ingénieuse fiction de Balzac intitulée *les Treize ?* Un faisceau formé de treize intelligences vigoureusement trempées pour le bien et pour le mal, suivant les circonstances, où chacun met au service de tous ce que la nature lui a départi de courage, d'astuce, de savoir et de rouerie, pour concourir à l'œuvre rêvée, qui est l'élévation, la richesse et le succès de tous.

Il est, de par le monde, une race habile, persévérante et bien douée. Cette race a réalisé depuis longtemps la fantasmagorie qui hantait le cerveau du grand écrivain moraliste.

Ces hommes sont les Juifs.

Poussés par une fatalité unique dans l'histoire, ils ont un jour quitté Jérusalem qui était leur berceau et où leur race n'existe pas plus maintenant qu'ailleurs, et se sont répandus partout.

Dans tous les pays, quels qu'ils soient, ces hommes vivent et prospèrent, se tendant la main par-dessus les barrières que se sont imposées les peuples.

Un génie particulier les soutient et les affirme. La solidarité les condense et les fait forts, la tradition respectée les unit...

*
* *

Les honneurs ne sont point jusqu'alors ce qui les tente; c'est l'or, la richesse et la prospérité commerciales. Il semble que dans ces hommes au *facies* uniforme, grâce au soin qu'ils prennent à ne pas mélanger leur race, il existe des organes particuliers qui devinent les gisements d'or et d'argent, comme la baguette de cet abbé qui, de son propre mouvement, indiquait les sources.

*
* *

En France, notamment, ils se sont posés hardiment partout où les filons de richesse et de prospérité paraissent accuser leur présence.

Au moyen âge, ils savaient déjà entasser cet or si envié de tous, dans leurs coffres à triple serrure.

Et si parfois on leur en arrachait quelques bribes à l'aide de tortures, il en restait toujours assez pour servir d'attraction à celui qui flottait encore entre les doigts inhabiles à le retenir.

*
* *

Depuis, la même faculté n'a fait que s'accentuer davantage. Ils dominent partout en France et dans toutes les industries où il est besoin de méthode, de sagacité et de courageux entêtement.

A notre époque où l'argent et le capital dominent, c'est dans leurs rangs que l'on peut véritablement saluer les princes et les rois de notre temps.

Alors que les dynasties se succèdent fiévreusement et se renversent, il n'y a de véritablement stable, en fait de trône, que celui dont leurs écus et leurs rouleaux d'or sont la base; et une seule famille lient l'Europe entière, rendue besoigneuse par la folie malsaine de tuer, sous le réseau inextricable de son milliard.

Il y a deux classes parmi ces gens, égaux pourtant entre eux par la naissance, puisque la suite non interrompue de leur filiation les fait remonter jusqu'aux fils de Jacob.

Quelle noblesse pourrait, en Europe, présenter une tradition plus incontestable et plus authentique!

Il y a donc néanmoins deux classes.

Les ramasseurs de bouts de cigare, les marchands de lorgnettes et de chaînes de sûreté, les revendeurs et les marchands de bric-à-brac, les possesseurs de métiers interlopes, humbles, courbant l'échine, quémandeurs doucereux, importuns comme les mouches, et sachant comme elles se relever souples et forts lorsqu'on a cru les aplatir : ceux-là sont des Juifs.

A partir du moment où le métier commence à devenir fructueux, où l'escarcelle, plate d'abord comme une feuille de papier, se gonfle et grossit distendue par les gros sous qui se transforment en louis, ducats ou guinées; lorsque le prêteur sur gages devient banquier, le commis patron, l'étalagiste libraire, le courtier agent de change, alors le Juif disparaît et fait place à l'Israélite.

* * *

Habiles à flairer tous les débouchés par lesquels le fluide Pactole peut arriver à se faire jour, nouveaux Protées, ils se transforment résolûment et s'agrandissent suivant les circonstances.

Ils ne sont pas créateurs, mais ils ont le génie de l'imitation, de l'appropriation, de l'opportunité, du savoir-faire, et de l'ordre, sans lequel toutes ces qualités seraient stériles.

Ils savent ce qu'il faut être au moment précis où il est profitable de le devenir.

Alors que M. Thiers niait les chemins de fer, les Péreire en devinaient et pressentaient l'action, et dotaient la France de l'échantillon de Saint-Germain où commençait le mouvement bientôt devenu indiscutable ; les Rothschild faisaient le chemin de fer du Nord, et les autres suivaient.

Un beau jour, la musique, jetée chez eux dans l'oubli depuis que le roi David chantait et dansait devant l'arche, parce qu'elle ne donnait ni profit ni honneur et ne se logeait que dans le gosier ou le cerveau d'hommes sans chaussures nommés *trouvères,* vint à donner honneurs, gloire et argent. Ils furent des premiers à s'en apercevoir. Aussitôt plusieurs d'entre eux furent délégués et préposés à faire de la musique pour profiter du filon entr'ouvert, et ils firent avancer au premier rang Meyerbeér, Halévy, qui s'emparèrent du genre sérieux; Offenbach, qui planta son drapeau un matin sur le genre gai.

***

Le vaudeville s'éteignait dans ses flonflons surannés. Les chemins de fer, créés par eux, devaient amener à Paris et aux théâtres des foules inconnues jusqu'alors. Les théâtres comme les opéras devaient forcément devenir des sources importantes et ruisselantes d'écus : le synode se réunit, et assigna leur rôle et leur mission à des gens choisis, qu'il se hâta de préposer au vaudeville de notre temps et à la rayonnante fantaisie de l'opérette.

Hector Crémieux, Ludovic Halévy, Busnach, Albert Millaud et consorts, s'emparèrent en dominateurs de ce gouvernement aux riches revenus.

Tous ceux-là sont Israélites, ils ont cessé d'être Juifs.

***

Le journal devenait de plus en plus une nécessité : ils semèrent partout des plantons et des sentinelles, qui devinrent bientôt d'éclatants officiers. Le barreau, lui aussi, est une puissance; ils ont de remarquables représentants au barreau. Ils en ont partout, dans l'administration, dans les ministères, dans l'armée, où ils savent combattre et mourir avec éclat.

Il y a quelques années encore, ils n'avaient pas de représentants dans la peinture, ils s'en souciaient peu tant que les peintres gagnaient de misérables sommes et tiraient imperturbablement par la queue ce diable qui jadis avait porté Jésus au sommet de la montagne.

Mais lorsqu'ils virent le décor changer, et que les dollars, les guinées et les roubles vinrent en foule faire connaissance avec les mains qui jusqu'alors n'avaient manié que le crayon ou le pinceau, ils se réunirent et se dirent : Et nous aussi nous sommes peintres! Et ils lancèrent quelques-uns des leurs dans la carrière semée de bleu d'outremer, de cobalt, de vermillon et de blanc d'argent.

Il y a maintenant des descendants incontestables de la tribu de Lévi qui sont en train de devenir des maîtres. Fichel fait du simili-Meissonier, Abraham sacrifie avec talent sur l'autel de Delacroix, Ulmann et Worms prennent une place en avant, Hirch débute avec des qualités qui lui amèneront infailliblement le succès, et il se forme actuellement dans le silence ou le bruit des ateliers une foule de petits peintres à nez recourbé qui, plus tard, occuperont sans aucun doute richement la place avec leur peinture.

La peinture est devenue une affaire.

* *

Quant à la sculpture, dont l'exploitation exige trop de dépense et de mise de fonds, sans compensation suffisante, ils restent jusqu'ici dans une prudente expectative, et ne se sont pas encore empressés de saisir l'ébauchoir.

* *

A la Bourse, ils sont les maîtres : agents, coulissiers, spéculateurs, ils font et défont les fortunes, la leur quelquefois, sans doute pour donner le change à ceux qui ne sont pas de leur race.

* *

On disait jadis d'une secte célèbre : Ils ont une épée dont la poignée est à Rome et la pointe partout. Leur pointe à eux est partout, mais on ne sait où est la poignée. C'est ce qui fait une partie de leur puissance, car on ne peut songer à la prendre.

Ils n'ont pas jusqu'alors songé à être rois ; ils avaient mieux dans ce temps où la comédie de l'argent se joue sur tous les théâtres. Quand ils veulent aider à défaire les empereurs ou les rois, ils savent où trouver le défaut de la cuirasse.

* *

Si par impossible les républiques un jour s'installent définitivement en Europe, et que le jeu des institutions et des présidences devienne alors un jeu sûr et productif, vous les verrez s'entendre pour être à tour de rôle présidents de toutes ces républiques.

Pourquoi? et qui leur donne cette force ? C'est qu'ils ont le respect et la tradition du passé; c'est qu'ils ont le culte de la famille et celui de leur secrète loi; c'est qu'ils se tiennent ensemble par un lien franc-maçonnique; c'est qu'enfin ils ont conservé sagement chez eux ce que partout on s'applique à détruire.

*
* *

Ils ne sont pas les *Treize* de Balzac; ils sont les *Treize* élevés à la plus haute puissance. Et si on leur demande : Qui êtes-vous? ils répondent : Nous sommes légion.

VOYAGE DE M. PERRICHON

AU SALON DES CHAMPS-ÉLYSÉES

REVUE EN UN ACTE ET PLUSIEURS TABLEAUX

PERSONNAGES.

M. PERRICHON, carrossier en retraite.

MADAME PERRICHON, son épouse.

MADEMOISELLE IRMA, jeune première, fille de M. Perrichon.

MADAME HENRIETTE DESROCHES, banquière.

M. OSCAR, artiste blond et à lorgnon.

M. BASSECOURT, débineur en chef.

M. HIX, flâneur.

VOYAGE AU SALON

C'était bien M. Perrichon, le vrai M. Perrichon, dont on avait dernièrement annoncé le déplacement dans le journal.

Je l'ai rencontré hier au Salon des Champs-Élysées. Du plus loin qu'il m'aperçut, il vint à moi les mains tendues :

SCÈNE PREMIÈRE.

MONSIEUR PERRICHON, MONSIEUR HIX.

— Y a-t-il longtemps que je ne vous ai vu ! dit-il; heureusement les années passent, les hommes restent; quelques hommes du moins, car notre excellent ami Édouard Martin n'est plus.

Quel charmant homme que cet Édouard Martin ! un peu indiscret peut-être, un peu bavard, mais aimable, bon vivant, joyeux à ravir. Vous souvient-il de nos bonnes causeries avec lui? Albert Monnier, disparu lui aussi, hélas ! Meilhac dont on parle tant aujourd'hui, et Labiche dont on ne cessera point de parler demain.?

C'est alors qu'on s'est peut-être un peu trop occupé de moi, de mes voyages et de mes impressions. Si ma modestie a souffert de quelques indiscrétions, tant pis pour elle. Quant à moi, je me déclare satisfait et reconnaissant. Qui diable aurait eu l'idée de parler de *M. Perrichon et de ses voyages*, sans ces gais et aimables compagnons?

M. Hix. — Eh bien, cher monsieur Perrichon, moi aussi je suis enchanté de vous revoir; mais pourquoi vous a-t-il plu d'annoncer votre arrivée à Paris dans les feuilles publiques ?

M. Perrichon. — A un autre, mon cher monsieur, je dirais que ma bonne renommée a tout fait, et que ma notoriété suffit pour motiver la curiosité qui s'attache à mes actes ! Avec vous, je serai plus franc. J'ai fait annoncer mon voyage, parce que j'ai mon idée.

Depuis que je vous ai vu, j'ai liquidé mon commerce. Ce commerce avait prospéré. Maintenant je roule carrosse, mais je n'en fais plus. J'ai fait dire que j'arrivais à Paris : pure fantasmagorie, pour rappeler mon nom aux oublieux; j'ai ici mon habitation, mon hôtel, où, comme dit cet original M. Choufleury, des Bouffes, *je reste chez lui,* le lundi de chaque semaine.

Et j'ai une galerie.

M. HIX. — Une galerie !

M. PERRICHON. — Parfaitement ! Une galerie que j'ai déjà réalisée une fois par une vente superbe et à gros bénéfice, et je médite ma seconde vente pour une époque prochaine.

La galerie d'un homme connu se vend toujours avantageusement.

M. HIX. — Et comment êtes-vous devenu si fervent pour les arts?

M. PERRICHON. — Ah ! mon Dieu, c'est bien simple.

J'avais acheté jadis, uniquement pour faire valoir mon argent, des actions de toute sorte : j'avais du trois pour cent; j'avais du Mobilier, du Foncier, du Saragosse, etc., etc. Je m'étais attaché aux noms fameux dans les fastes de la Bourse. L'affaire de 1870 arrive; la guerre, la Commune; patatras ! voilà que tout dégringole! si bien, si bien, que le Mobilier acheté à quinze cents francs n'en valait pas quatre cents; que le Saragosse de M. Rothschild, s'il vous plaît, ne se serait pas vendu plus de cent cinquante francs, et que le trois pour cent, que j'avais pris à soixante-quinze francs, se vendait tout au plus à cinquante.

Or, pendant ce temps, trois ou quatre malheureux petits tableaux, que ce bon Édouard Martin m'avait fait acheter jadis, et par grâce, étaient toujours pendus dans mon cabinet, car j'avais alors un salon blanc et or, et je ne me serais pas permis d'y accrocher une toile, de crainte de cacher mes boiseries. Tout cela est bien changé maintenant !

Un beau jour, je m'avisai de les regarder. Il y avait là un cheval d'un rose bleu sur un fond vert, accompagné d'une sorte de Marocain, tout effiloché, avec de drôles de mains bien impossibles, et qui essayait de grimper sur le cheval. J'avais acheté ça jadis à M. Thomas, le marchand de tableaux de la rue du Bac, lequel l'avait acheté lui-même trois cents francs à l'auteur, un 15 janvier, le jour du terme! J'ai vu le reçu. La chose fut payée par moi cinq cents francs, et le bon M. Thomas m'a remercié comme d'un service.

Mon cheval bleu et rose et mon Marocain effiloché étaient signés Delacroix; c'était grand tout au plus comme mon livre de caisse. Je l'ai mis à une vente, il y a deux ans, et je l'ai vendu, devinez combien? trente et un mille cinq cents francs! Voilà ce qui s'appelle une affaire !

— Je prends ce petit tableau-là à cinq cents francs ferme, et je le revends
à prime fin prochain de 1876. Les affaires sont les affaires.

. . . .

En même temps un petit Corot payé cent cinquante francs s'est vendu cinq mille francs, et un dessin de Meissonier, acquis jadis par Curmer au prix de cinquante francs, a été liquidé pour deux mille écus.

Ma voie était trouvée.

Maintenant je n'achète plus des actions, j'achète des tableaux.

Quelle affaire pour celui qui eût ramassé tous les Delacroix au moment où le Saragosse valait huit cents francs et les Delacroix cent écus! Quel riche arbitrage! comme nous disons en termes de Bourse. Depuis ce temps, je ne rêve plus que tableaux achetés bon marché, puis revendus cher. Voilà pourquoi je suis ici en ce moment à l'ouverture.

※ ※ ※

Je viens de donner un coup d'œil à la hâte dans toutes les salles, et je viens de constater que je suis encore en veine. Figurez-vous que j'ai acheté, il y a deux ans, un petit Neuville charmant. Je le laisse mûrir. Sa *Dernière Cartouche* de l'Exposition précédente a fait monter la valeur de moitié. Son *Combat sur un chemin de fer*, de cette année, va être le succès du Salon actuel. Je laisse monter, je ne vendrai pas avant l'année prochaine.

Quel malheur de ne pas avoir pris une douzaine de *Neuville*, cinq ou six *Detaille*, il y a seulement quatre ans, avec quelques *Vibert*, plusieurs *Berne-Bellecour*, et un certain nombre de *Corot!*

Voilà des signatures cotées et acceptées avec faveur sur la place !

Mais le tout est de savoir quelles seront plus tard les valeurs, inconnues maintenant, sur lesquelles il se produira de la hausse.

Car, ce qu'il y a véritablement de fâcheux, c'est que, du moment qu'ils sont cotés officiellement sur la cote, ces diables d'artistes n'ont rien de plus pressé que de demander des prix fous.

Tenez, je viens de marchander une demi-douzaine d'huîtres avec un citron. Ça me plaisait. Eh bien, l'auteur m'a parlé de quinze cents francs. Je sais bien que les huîtres ont augmenté; mais, franchement, ça m'a paru un peu roide. J'ai demandé à réfléchir.

. . . .

Tout cela rend les affaires plus difficiles.

Car enfin, je puis vous l'avouer, je ne m'y connais guère, et si je m'avise d'acheter quelque tableau dont la signature ne soit pas connue sur la place, je cours grand risque d'acquérir une abominable croûte qui me restera sur les bras jusqu'à la fin de mes jours.

Si je vous disais, entre nous, mais là bien entre nous, que je ne comprends rien à la peinture de Delacroix, et que je ne peux rien comprendre aux arbres de Corot.

Eh bien! ça ne m'empêche pas du tout d'en acheter pour les revendre, jusqu'au moment où la baisse se décidera sur la valeur, et où l'on pourra peut-être arriver à en vendre à découvert.

Qui sait si cela ne pourrait un jour s'organiser comme à la Bourse?

M. Hix. — Mais vous êtes très-fort, mon bon Monsieur Perrichon.

M. Perrichon. — Je n'ai pas cette prétention; mais je travaille la question en homme pratique, et si vous voulez visiter avec moi l'Exposition, je ne serais pas fâché de vous faire part de mes observations. Qui sait si vous-même vous ne pourrez m'être utile, même sans le savoir, comme l'a jadis été notre ami Édouard Martin?

M. Hix. — Avec plaisir, Monsieur Perrichon.

SCÈNE II.

LE GRAND SALON.

M. Perrichon. — Cher monsieur, permettez que je vous présente de nouveau à madame Perrichon, à ma fille Henriette, mariée, comme vous savez, à M. Armand Desroches, un banquier, et à ma plus jeune fille Irma, qui n'est pas mariée du tout, et pour qui, entre nous, je mijote quelque chose. Ces dames sont assises là, sur le pouf, au milieu du grand salon; elles seront enchantées de vous revoir.

M. Hix. — Et moi ravi, cher Monsieur Perrichon. (*Saluts réciproques.*)

— Quand je vous dis que c'est une robe de chez Worth, je reconnais la touche.

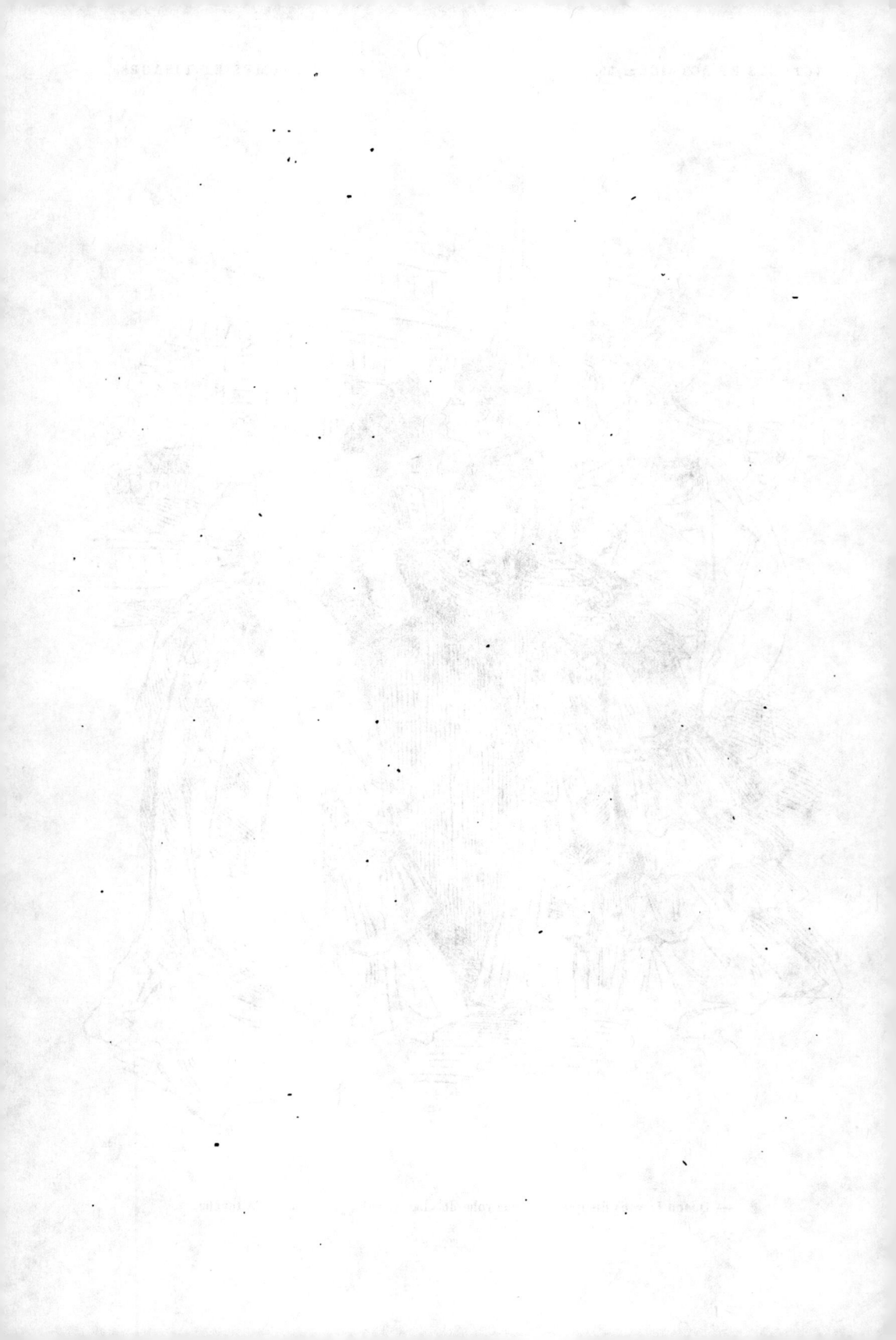

M. Perrichon. — Allons, bon; voilà ce pointu de Bassecourt qui s'est installé près de ces dames. Vous savez, M. Bassecourt des *Faux Bonshommes?*

M. Hix. — Parfaitement.

M. Perrichon. — Il ne nous lâchera pas, il faut en prendre son parti, c'est un crampon. Nous en avons pour toute la journée. Il est agaçant, mais, à tout prendre, c'est un homme à ménager. Vous ne le connaissez pas? non; eh bien, je vais vous présenter l'un à l'autre.

Monsieur Bassecourt, permettez-moi de vous présenter mon ami M. X...; cher Monsieur X..., permettez-moi de vous présenter M. Bassecourt, si célèbre par la pièce les *Faux Bonshommes,* de M. Barrière. (*Ces messieurs s'inclinent.*)

M. Bassecourt. — Très-jolie pièce, en effet, cette pièce de M. Barrière. Seulement elle est de M. Capendu.

M. Perrichon. — Allons, bon! voilà que ça commence. Ainsi vous allez insinuer que M. Barrière, le fin et spirituel auteur du *Piano de Berthe...*

M. Bassecourt. — En effet, ce *Piano de Berthe* est un bijou. Seulement... ce bijou est de Jules Lorin. Je le connaissais parfaitement, et...

M. Perrichon. — Voyons, mon pauvre Bassecourt, en voilà assez, nous n'en finirions pas. Toujours le même, n'est-ce pas? Vous êtes un homme impossible. Mais nous sommes venus pour la peinture; allons, Mesdames et Messieurs, en route.

* * *

M. Perrichon. — Nous sommes au grand salon, restons-y. Le grand salon, ça vous a toujours quelque chose d'officiel, quoi qu'on fasse. On aurait passé dix ans à Tombouctou, sans lire un journal, on tomberait du coup à Paris, au grand salon, sans crier gare, on saurait tout de suite où on en est du côté de la politique. On n'a qu'à regarder les portraits bien en place.

Ainsi, voilà M. le maréchal de Mac Mahon qui fait les honneurs du salon.

Il y a deux ans et l'an dernier, c'était le petit père Thiers.

Les années qui ont précédé, il y avait des empereurs en veux-tu, en voilà. J'ai vu là le général Cavaignac, M. Guizot, Louis-Philippe, etc. Nous en verrons bien d'autres!

M. Bassecourt. — Il y a bien encore un petit Thiers cette année, mais il est là-bas, là-bas, tout au fond à gauche; cela lui apprendra.

Le portrait du maréchal, quoique un peu mou, ne me paraît pas mal du tout; seulement son cheval a l'air d'être en bois.

MADEMOISELLE IRMA. — Papa, viens donc voir : quelle jolie petite repasseuse ! c'est fin, c'est charmant.

M. BASSECOURT. — Et propret. Si on ne dirait pas de la peinture à l'eau de savon !

M. PERRICHON. — Ah ! par exemple, voilà un drôle de peintre, et qui en a pris fortement à son aise. Mais voyez-moi donc ça ! Franchement, n'est-ce pas se moquer du monde? Ça, des arbres? mais on ne peut pas seulement voir la forme d'une branche ou d'une feuille. Ça, du terrain? mais on dirait des coups de pinceau jetés au hasard; de petites taches jaunes informes çà et là, ça vous a la prétention d'être des fleurs; c'est trop fort. On me donnerait un tableau comme ça, je n'en voudrais pas pour vingt-cinq francs. Après ça, cependant, il y a le cadre.

M. HIX. — Vous avez vu le nom qui est écrit là sur la gauche?

M. PERRICHON. — Ma foi, non ! Ce n'est pas la peine, et puis, c'est illisible. Voyons le livret : 458. Ah ! sapristi ! mais 458, c'est de Corot ! En effet, en regardant bien...

Mais oui; seulement, il faut s'éloigner un peu.

Tiens ! tiens ! tiens ! tiens ! Au fait, il faut bien s'en rendre compte.

C'est étonnant comme, en s'éloignant, ça prend de la profondeur. Le ciel a une finesse, une transparence... Le flou des arbres est une merveille. Ce petit ton bleu, pistaché de vert, revêt une délicatesse extrême. Les terrains deviennent solides et fermes, ça vous prend un effet...

M. BASSECOURT. — L'effet de la signature.

M. PERRICHON. — Tenez, en se reculant encore un peu, voyez-moi donc ces fleurs jaunes qui se détachent; on les cueillerait.

M. BASSECOURT. — Sur la dix-septième feuille de l'arbre à gauche, il me semble voir un hanneton.

M. PERRICHON. — Bassecourt, vous exagérez; vous ne pouvez jamais rester dans la note ! Voyons, tenez, reculez-vous encore un peu. Que dites-vous de ce ciel? C'est vraiment bien.

M. BASSECOURT. — En reculant comme ça jusqu'au bout du salon, ce sera magnifique; et si l'on peut reculer jusqu'à la place Louis XV, ce sera un chef-d'œuvre.

M. PERRICHON. — A six mille francs, un Corot pareil, ce serait donné !

M. BASSECOURT. — Eh bien ! et vous qui tout à l'heure n'en auriez pas donné vingt-cinq francs ! il est vrai qu'il y avait le cadre.

M. PERRICHON. — Aussi, c'est ma fille qui m'avait fourré le nez dessus ; après sa blanchisseuse, je ne pouvais pas voir...

M. BASSECOURT. — Le nom !

M. PERRICHON. — Enfin, maintenant que je l'ai bien vu, le tableau, j'en donnerais dix mille francs !

M. BASSECOURT. — Parce que vous pensez bien le coller à votre Mexicain du boulevard Haussmann pour douze mille ! Eh bien, voulez-vous que je vous dise? le père Corot est un homme d'esprit et un malin ; il y a cinquante ans qu'il fait toujours les deux mêmes tableaux, brume du matin, brume du soir. Pendant trente ans, vous et les vôtres, vous n'en avez pas voulu, et cependant, alors, il les soignait et faisait merveille. Maintenant, vous vous disputez ses moindres choses et les payez un prix absurde, et il les lâche à plaisir en se moquant de vous ! Il vous donnerait ses torche-pinceaux encadrés et signés, que vous les trouveriez superbes. C'est bien fait !

M. PERRICHON. — Et tout ça n'empêche pas qu'avec M. Corot, il y avait des affaires superbes à réaliser. Seulement, comme dirait notre insupportable ami Bassecourt, qui est là-bas à regarder les paysages de M. *Defaux,* il est peut-être un peu trop tard. Il fallait s'y prendre à temps.

Et malheureusement, c'est toujours comme ça.

Ainsi, regardez-moi ces *Defaux,* les numéros 550 et 551. C'est réellement très-bien, d'après ce que me disait l'autre jour M. Haro, l'expert, un homme qui s'y connaît. Eh bien, il paraît que ce M. Defaux, il n'y a pas plus de dix ans, il n'y en a peut-être pas cinq, était occupé uniquement à crever de faim. Il vous faisait une douzaine de tableaux pour deux cents francs, quelquefois même il donnait le treizième par-dessus le marché. Ah ! par exemple, le marchand qui achetait ça pour l'exportation, payait le cadre ! Eh bien, essayez maintenant d'aller lui demander à acheter un de ces deux tableaux, il faudra lui payer ça plusieurs mille francs ; et encore, peut-être ne pourrez-vous pas les avoir.

Si j'avais connu alors M. Defaux, je me serais fait une petite provision de sa peinture ; mais je ne le connaissais pas.

M. BASSECOURT. — Et si vous l'aviez connu, je vous connais assez pour savoir que vous ne lui auriez pas fait alors une commande de trois francs soixante-quinze.

M. PERRICHON. — Taisez-vous, mauvaise langue.

Enfin, toujours est-il que ces tableaux-là ça se comprend mieux que les tableaux de M. Corot. Et d'ailleurs, tout le monde n'a pas des appartements où l'on puisse se reculer de dix mètres pour voir un tableau, comme il faut qu'un tableau comme celui-là soit vu.

Un *Daubigny* comme celui qui est là, au numéro 523, ça va encore; avec quatre mètres de recul, ça suffit. Ce peintre-là est arrivé, c'est un maître depuis longtemps, d'après ce que je vois dans les journaux. Il faisait très-fin jadis et il s'appliquait. Mais maintenant il n'a plus besoin de ça, il n'est pas si vieux que M. Corot. Quand il sera aussi vieux que lui, il faudra peut-être se reculer encore plus loin pour bien voir sa peinture.

MADEMOISELLE PERRICHON. — Mon papa, je n'ose pas dire mon avis, et c'est peut-être parce que je n'y vois pas très-bien de loin, mais j'aime mieux les choses que je peux regarder de près. Ainsi voilà des petits tableaux de *M. Max Claude*, où il y a des petites dames à cheval très-élégantes, sur des petits chevaux grands comme la main. On voit tout, la bride, le mors, la selle, etc. On voit la forme des robes et des redingotes. C'est charmant.

M. PERRICHON. — Ma fille, tu es dans le vrai. Il faut bien se mettre ça dans la tête. Sais-tu pourquoi M. Meissonier, qui est très-fort du reste, est le peintre qui vend le plus cher? C'est tout bonnement parce qu'on peut mettre le nez sur sa peinture comme ça plaît. Si on veut se reculer, on se recule. Mais avec un mètre de marge, on en a bien assez.

Ça s'accroche où l'on veut, comme on veut.

Arrive une révolution, un incendie, n'importe quoi, on fourre son Meissonier sous son bras ou bien dans son sac de nuit, et on s'en va où l'on veut. C'est mobilier, c'est portatif, enfin c'est une valeur de transfert.

Avez-vous besoin d'argent, vous portez votre Meissonier rue Drouot, et vous revenez avec l'argent. Voilà clairement ce qui ajoute à son prix.

Supposez, par exemple, que vous ayez un *Puvis de Chavannes* comme le *Charles Martel* qui est pendu là-haut. On trouve ça bien, certainement, et il y a beaucoup de gens qui prétendent que c'est bien beau comme peinture décorative, pour placer dans un grand hôtel ou dans un palais.

D'abord, avoir un grand hôtel ou un palais, ce n'est pas à la portée de tout le monde, et puis, supposez, comme tout à l'heure, une révolution, un incendie, me voyez-vous avec mon *Puvis de Chavannes* sous le bras ou bien dans mon sac de nuit? Je ne serais pas plus heureux avec le grand tableau de ce Polonais *Matedjko,* qui est, à ce qu'on dit, un bon tableau, mais où toutes les têtes paraissent sur le même plan. C'est peut-être comme ça en Pologne. Me voyez-vous encore avec le tableau de *Pils* sur les bras? Comme ça serait drôle!

Aussi les artistes qui travaillent dans cette partie-là sont rares maintenant.

C'est décidément une partie ingrate, et s'il n'y avait pas de temps en temps une bonne petite Commune pour brûler les palais, les plafonds et les tableaux décoratifs comme ceux de la Cour de cassation, de l'Hôtel de ville, des Tuileries, etc., voilà des braves gens convaincus, comme *Puvis de Chavannes, Bin, Matout,* qui se trouveraient bel et bien sur la paille. Heureusement pour eux, il va y avoir pendant quelques années un certain nombre d'Ingres, de Delacroix et de Gros à refaire.

Enfin, tous ces grands tableaux-là ne sont pas des valeurs mobilières, ce sont des immeubles par destination, voilà pourquoi je préfère des Meissonier.

C'est vous dire que je ne crains pas les *Detaille.* Voyez-moi ses *Cuirassiers.*

M. BASSECOURT. — Pauvre petit! on va vous en faire une douzaine pour deux cents francs, et avec de la neige, comme ceux de 1870 et 1872.

M. PERRICHON. — Quel talent et quelle finesse! comme c'est bien composé! Dame, on lui paye ce tableau-là trente-cinq mille francs; c'est un chiffre! Et puis ça peut se regarder de près. Voyez-moi donc la cuirasse : on compterait les clous, les boutons des uniformes; sans compter que les têtes des hommes sont remarquables et que les chevaux sont étrillés de main de maître.

MADAME PERRICHON. — Et la fumée, comme c'est imité! une merveille! Quand on pense que ce M. Detaille est un tout jeune homme! On dit qu'il est encore garçon.

M. PERRICHON. — Et même joli garçon, à ce qu'on dit. Trois tableaux par an à trente-cinq mille francs, cela fait cent cinq mille francs, sans compter les aquarelles, les tableautins et les broutilles. Un peintre comme ça, ça vaut un agent de change ou un banquier, sans compter qu'il n'y a pas la chance du caissier, départ pour Bruxelles. Irma, mon enfant, ne trouves-tu pas charmant ce tableau des *Cuirassiers?*

IRMA, *rougissant.* — Oh! oui, papa.

M. BASSECOURT. — C'est égal, on dira ce qu'on voudra, son tableau de cette année manque de neige.

SCÈNE III.

LES MÊMES.

HENRIETTE. — Oh! mon père, vois donc quel joli portrait! comme c'est gracieux, souple et coloré! quel beau velours, quelle fourrure réussie! Voilà comme je voudrais être peinte.

M. PERRICHON. — 356. Pas dégoûtée, ma chère enfant, c'est de *Chaplin;* si ton mari, comme un maladroit banquier qu'il est, n'avait pas fait cette sotte spéculation que tu sais ; s'il avait su choisir un autre caissier que celui qui a filé l'année dernière à Bruxelles, il aurait pu te faire ce plaisir. Moi, ces choses-là, ça ne me regarde plus, j'ai bien assez, maintenant, de penser à ta sœur. Avec un portrait comme celui-là, bien exposé, une jeune personne trouverait facilement à s'établir.

Où est donc Bassecourt? Je serais curieux de savoir ce qu'il en dirait.

MADAME PERRICHON. — Il est là-bas, planté devant ce grand tableau qui représente un Turc avec des têtes coupées en veux-tu, en voilà, numéro 393. Voilà qui est gai; mais il me semble que j'ai déjà vu ça quelque part.

M. BASSECOURT. — Mais oui, c'est de M. Clairin, un clair de lune de Regnault.

MADAME PERRICHON. — Avez-vous vu le beau portrait de Chaplin? N'est-ce pas que c'est excellent?

M. BASSECOURT. — Excellent! on en mangerait.

M. PERRICHON. — Gourmand! tenez, regardez ce tableau. Ça, c'est tout à fait une autre manière. 653, *Visite aux avant-postes,* de *M. Dupray.* C'est très-bien, il me semble. Il y a là un brouillard qui est bien rendu. Les officiers ont des mouvements justes. Ah! nous avons vu cela comme je vous vois maintenant. Je me rappelle un jour que nous avons été pas bien loin de là, avec mon ami Peponnet, qui était mon capitaine de la garde nationale. Il y avait un brouillard, qu'on ne s'y voyait pas.

MADAME PERRICHON. — Et ce pauvre cheval qui est mort, là, sur le devant. Pauvre bête! comme c'est triste!

M. BASSECOURT. — Ça fend le cœur.

M. PERRICHON. — J'achèterais bien un tableau comme cela si ce n'était pas trop cher. Seulement c'est un peu trop grand.

M. Bassecourt. — Après ça, on peut le couper en deux. Ce sera moins gênant, et peut-être que chaque tableau y gagnera.

* * *

M. Perrichon. — Il y a encore dans le grand salon ce tableau de *M. Pils, Un Pardon en Bretagne aux environs de Guéménée*, dont on parle beaucoup. C'est bien fait, je ne dis pas, et il y a du progrès, assurent les peintres; mais comment diable se fait-il que les Bretonnes ne sont pas plus jolies que cela? Ma parole, je plains ces pauvres Bretons; nous avons mieux que ça à Paris.

Voyons encore ces petits tableaux de M. *Cermak,* un Hongrois qui a beaucoup de talent. Je dois dire que j'aimais mieux son grand tableau de l'année dernière, *Funérailles d'un grand chef*. Mais enfin, il a sans doute de bonnes raisons pour faire plus petit cette année. Ça se vendra plus facilement soyons-en sûrs.

Maintenant, il y a encore à regarder là-haut ce *Saint Sébastien,* de M. *Courtat*. Avez-vous remarqué combien il y a de saint Sébastien tous les ans? Ça se compte par douzaines. Moi, je n'aime pas les saint Sébastien en général, on ne peut pas mettre ça dans sa salle à manger; mais il y a au moins cinq ans que je n'en ai pas vu un aussi fort que celui-là.

Passons maintenant dans la salle à droite.

Ah! voilà l'*Attaque sur une voie ferrée.*

Eh bien, mes chers amis, moi, ce n'est pas parce que j'ai acheté un Neuville il y a deux ans, mais je trouve que c'est superbe.

C'est vrai, juste; il semble que l'on assiste, le cœur serré, à un drame de la vie réelle.

Voyez ce pauvre petit mobile, tué roide au moment où il épaulait son fusil! Quelle attitude énergique, celle du commandant! Et le petit soldat blessé à la jambe, et le clairon si crâne et si vaillant; il semble qu'on entend les éclats du cuivre en même temps que les crépitations de la fusillade.

C'est spirituel, énergique et vigoureux, c'est français.

Mademoiselle Perrichon. — Peut-être mieux encore que l'année dernière, si c'est possible.

M. Perrichon. — Et les artistes assurent que c'est plus solide de ton, et mieux peint que sa *Dernière Cartouche.*

Bravo, Neuville! ce n'est pas seulement parce que mon tableau double de prix, mais ça me fait plaisir!

Eh bien, et vous, mon vieux Bassecourt, qu'est-ce que vous dites de ça, et qu'est-ce que vous faites de votre.... seulement?

M. BASSECOURT. — Ma foi, mon cher, je le mets dans ma poche cette année, mais je le garde pour son tableau de l'année prochaine.

— Oui! eh bien, demande à ces gaillards
de modeler seulement un torse grandeur
nature!... Ah! malheur!

SCÈNE IV.

M. PERRICHON, MADAME PERRICHON, MADEMOISELLE IRMA, HENRIETTE,
M. OSCAR, M. BASSECOURT.

M. PERRICHON. — Voilà les tableaux de *M. Munkacsy*, un Hongrois, dont on a beaucoup parlé depuis quelque temps. 1374 et 1375, les *Rôdeurs de nuit* et le *Mont-de-Piété*, des sujets tristes. Il ne doit pas être gai ce jeune homme, car on dit que c'est un jeune homme. On prétend même qu'il a été menuisier. Rien de plus honorable certainement, et je serais tout le premier à lui en faire mon très-sincère compliment.

Mais je me suis laissé dire que cet état pousse au noir, et ça se voit à la peinture de ce jeune artiste. N'avait-il pas débuté par un condamné à mort qui a fait beaucoup de tapage dans le temps? Après ça, il faut être juste, entendre toute la journée le bruit du rabot et le grincement de la scie, ce doit être fièrement agaçant et porter abominablement sur les nerfs. Aussi a-t-il abandonné la menuiserie, et il a joliment bien fait; mais il lui en reste quelque chose. Mais quel talent! comme cette figure du principal rôdeur est magnifiquement dessinée et largement peinte!

Ah! si vous croyez que je ne connais pas le langage des ateliers et de messieurs les salonniers qui écrivent si bien dans les grands journaux! je saurai tout aussi bien dire qu'eux comment cette peinture est remarquable par ses vigoureux empâtements, la solidité de sa lumière, les gris argentés de ses demi-tons; comme le clair obscur (dit-on encore clair obscur maintenant?) est bien compris; il y a là-dedans du Ribera. C'est comme du Ribot, on dirait que ç'a été peint il y a deux cents ans.

MADAME PERRICHON. — Je ne dis pas, mon ami, mais enfin, tout ça n'est pas bien agréable à accrocher dans un salon, et puis, *M. Munkacsy* n'est pas galant; les femmes qu'il y a là dedans sont-elles assez laides, assez affreuses!

M. PERRICHON. — Ma bonne amie, tu n'as jamais été en Hongrie, n'est-ce pas? ni moi non plus. Eh bien, les femmes sont peut-être, sont sans doute comme cela dans ce pays-là. Il est plus prudent de ne pas se prononcer. Tu comprends que, s'il avait fait tout ça en France et qu'il ait eu sous les yeux des modèles comme Irma ou Henriette, il en eût été tout autrement. Mais il n'y a nullement à lui en vouloir, à ce jeune étranger. Enfin, il a un grand succès et il le mérite.

HENRIETTE. — C'est égal, ce n'est pas à lui que je demanderais mon portrait, et je vous déclare que, tout Hongrois qu'il est, je lui préférerais énormément *M. Cabanel,* ou *M. Dubufe,* ou *M. Landelle;* il y a encore *M. Cot,* qui réussit parfaitement les blondes, seulement il leur fait la bouche trop petite.

M. PERRICHON. — Il n'est pas question de ton portrait, ma bonne amie : tu sais ce que je t'ai dit; et pour en revenir à *M. Munkacsy,* je trouve qu'il a un superbe talent, et je voudrais bien lui avoir acheté quelque chose il y a une dizaine d'années; maintenant, on dit que ses prix ne sont plus abordables. Il vend le prix qu'il veut, et je crains que la marge des bénéfices ne soit pas aussi grande que je voudrais; enfin, c'est à voir.

M. BASSECOURT. — Moi, je trouve ça très-bien, certainement; seulement, tous ces gens-là qui sont soi-disant en plein air ont des ombres noires comme s'ils étaient dans une cave, et l'on jurerait qu'ils viennent tous de ramoner les cheminées. On a envie de les débarbouiller. Après ça, comme disait l'honorable M. Perrichon, c'est sans doute ainsi que ça se passe en Hongrie.

M. PERRICHON. — C'est évident.

M. BASSECOURT. — Tenez, messieurs et dames, il serait temps de venir se dérider un peu devant un paysage de *M. de Koch.* Voilà qui est frais; seulement, c'est comme les raisins de la fable, ça devient trop vert. C'est encore un bonhomme dont vous auriez dû acheter des toiles il y a une dizaine d'années.

M. PERRICHON. — Est-ce qu'on sait?

M. Bassecourt. — Il faut savoir, vous avez bien eu jadis un Delacroix pour cinq cents francs.

M. Perrichon. — Ça, c'est tout bonnement une veine, je ne m'en cache pas. Quant aux paysages, du reste, c'est bien difficile de savoir. Il y en a tant en ce moment qui font ça on ne peut mieux ! Je me suis laissé dire que c'est plus facile que la figure. On casse une branche, il n'en est que ça. Ce n'est pas comme si l'on cassait une jambe ou un bras ; on met une feuille plus haut ou plus bas, ce n'est pas comme si l'on changeait un œil ou une bouche de place ; enfin ça prête tout à fait à la fantaisie.

Et puis, moi qui connais mes auteurs et qui les lis avec attention pour apprendre à m'y connaître, je vous dirai, entre nous, que je suis comme Théophile Gautier, un homme qui s'y connaissait, lui, et qui n'aimait pas beaucoup les paysages.

Il a dit en propres termes : « L'arbre est un préjugé des paysagistes. » Et je suis de son avis.

Madame Perrichon. — Cependant, mon ami, il me semble...

M. Perrichon. — Il te semble ce qui te plaît, ça ne fait rien, et voilà la propre phrase qui me guide dans mon opinion, et je n'en sortirai pas. Je l'ai encore relue ce matin :

« L'arbre est un préjugé du paysagiste qui l'empêche d'embrasser les « vastes horizons aux lignes sévères, aux superbes ondulations, et le réduit « souvent au métier misérable de chipoteur de feuillée. La terre glabre de « végétations prend des teintes merveilleuses, inconnues, dont on n'a pas « l'idée dans les pays recouverts d'herbages et de forêts, ces moisissures du « fromage terrestre. »

M. Bassecourt. — Fromage terrestre est bien réussi.

M. Perrichon. — N'est-ce pas ? Voilà pourquoi je ne suis pas très-porté sur le paysage. Je dois vous avouer que ça m'a influencé.

M. Bassecourt. — Mais ça ne vous a pas empêché d'acheter un très-joli *Pelouze* il y a trois mois.

M. Perrichon. — J'ai acheté, oui, pour faire comme les autres, et parce que ça doit monter, mais je vous donne ma parole que ce n'est pas pour les arbres.

M. Bassecourt. — Et cependant, voyez ce tableau exposé cette année ; c'est brillant de couleur et d'une lumière charmante ; mais il n'y a que de petits arbres, de quoi faire un gros fagot, deux lapins, et pas un pli de terrain. Et ça se vendra très-cher.

M. Perrichon. — Et je gagnerai cinquante pour cent sur le mien. Mais peut-être, il faut le dire, s'il n'avait pas sacrifié au préjugé pour faire des arbres, ça se vendrait encore mieux. Et notez cependant que, malgré moi, j'aime beaucoup le paysage. Quand on pense à Rousseau et à Dupré, de vieux paysagistes, ceux-là, et qui savaient joliment rissoler leurs toiles, eh bien, il y avait jadis un jury qui les fourrait très-régulièrement à la porte de l'Exposition.

Or, les membres de ce jury-là, qui étaient des peintres aussi, s'ils vivent encore, voient leurs tableaux ne pas se vendre du tout, ou bien atteindre avec effort le prix de 35 francs, pendant que les Rousseau et les Dupré décrochent facilement la timbale dans une grande vente et se vendent des 40 ou 50,000 francs.

Si l'arbre est un préjugé, comme disait le maître, il faut donc en conclure qu'il est certains préjugés qu'il est bon de garder et dont il ne faut se défaire que lorsqu'on en touche un bon prix.

Je raisonne des choses en homme d'affaires; tout se résume ou doit se résumer ainsi.

Mademoiselle Irma. — Mais la réputation, le talent, la gloire!

M. Perrichon. — Ma chère enfant, le talent, la réputation, la gloire, tout cela est bel et bien. Mais si ça ne rapporte rien du tout, ça passe à l'état de préjugé, et il faut s'en soucier comme des neiges de l'année dernière.

D'abord, quelqu'un qui a du talent et de la réputation en ce moment-ci peut facilement battre monnaie avec ça. C'est un capital qui en vaut un autre. Est-ce que vous croyez, par exemple, que *M. Cabanel,* qui a fait de magnifiques portraits...

M. Bassecourt. — L'an dernier.

M. Perrichon... — n'a pas joliment raison de tirer le plus possible de son capital, qui est son talent? C'est moi qui le blâmerais s'il en était autrement. Voilà son grand portrait de dame avec deux superbes petits enfants; regardez-moi ça au n° 294, c'est fort bien à coup sûr, et l'on certifie qu'il a fait payer ce portrait 45,000 francs. Il a eu parfaitement raison, et j'aime bien mieux voir gagner 45,000 francs à un Monsieur pour un tableau que d'en voir gagner cent mille à un autre Monsieur qui vend de la cotonnade, du chocolat, de la farine de lentilles, ou même de l'eau de mélisse.

M. Bassecourt. — Et même des voitures.

M. Perrichon. — Certainement. Maintenant que je suis retiré, ça m'est bien égal.

Madame Perrichon. — Mais, mon ami, n'as-tu pas un petit tableau de M. Cabanel dans le petit salon?

M. PERRICHON. — Oui, ma bonne, il est même très-joli. C'est encore ce pauvre Édouard Martin qui m'avait fait acheter ça dans le temps, quand M. Cabanel était à Rome avec son ami Benouville, même que ça lui a rendu bien service, et il n'a jamais fait mieux que ça.

M. BASSECOURT. — Naturellement.

M. PERRICHON. — Voilà maintenant *M. Carolus Duran,* qui a le plus grand succès avec le portrait de madame la comtesse de Trois-Étoiles, et surtout celui de sa petite fille. Voyez comme c'est ferme, vigoureux, coloré.

M. BASSECOURT. — Seulement... il a le tort de faire des femmes nues.

M. PERRICHON. — Vous avez raison, ce n'est pas convenable; quand on a des demoiselles, il ne faut pas leur inculquer l'idée de se promener ainsi dans la rosée.

Mais regardez cependant la toile, comme c'est clair, lumineux, transparent.

M. BASSECOURT. — Transparent, oui, on verrait les feuilles à travers.

M. PERRICHON. — Eh bien, j'ai vu hier un groupe d'artistes, mais, là, des gens connus et qui s'y connaissaient, qui avouaient entre eux que ce petit *Carolus Duran* est devenu un maître.

Eh bien, il a donc du talent, de la réputation, et il se fera payer tout ça le plus cher qu'il pourra, et il aura raison.

Et il aura d'autant plus raison que, s'il n'avait pas de talent, on le laisserait crever de faim le plus tranquillement du monde, comme ce pauvre *Tassaert,* qui vient de mourir si tristement et qui, cependant, avait eu beaucoup de talent, qui, bien sûr, en avait encore. Malheureusement, il s'est laissé oublier.

M. BASSECOURT. — Certainement, c'est fâcheux; mais je ne sais pas si vous avez fait cette observation : C'est quand les artistes n'ont pas le sou qu'ils travaillent le mieux et qu'ils font des choses meilleures. Dans l'intérêt de l'art, il ne serait peut-être pas mauvais de s'arranger pour leur faire manger toujours un peu de vache enragée; la gloire du pays s'en trouverait bien.

Ah! si l'on pouvait avoir un petit Meissonier au secret dans un bon atelier, à part, bien chauffé, nourri convenablement, des égards, une douzaine de mille francs par an pour ses petites fantaisies et ses cigares, et l'obligation de livrer un tableau par mois! Quelle affaire! Pour lui pas de soucis, de la tranquillité, de la sérénité d'esprit, nourriture suffisante mais légère, vie calme. Chacun y trouverait son compte.

M. PERRICHON. — Ce serait un rêve! Mais maintenant ce n'est plus possible.

Il y a une quarantaine d'années, quand il faisait des petits bois pour Curmer, on aurait pu passer avec lui un engagement pareil, et il eût été ravi.

M. BASSECOURT. — Maintenant, vous n'oseriez plus proposer ça.

M. PERRICHON. — Ah! ce n'est pas l'embarras, je le lui proposerais bien, mais il serait dans le cas de me refuser.

M. BASSECOURT. — Eh bien, je me suis laissé dire qu'il y a des marchands malins qui ont deviné ça avant nous et qui ont des artistes à l'année : ils leur donnent tant par an. Voilà pour sept, huit et dix ans. On ne peut travailler que pour eux, mais, là, il faut travailler. On visite de temps en temps le pensionnaire : s'il ne travaille pas consciencieusement, vlan! un savon de première catégorie et qui se porte bien. S'il y a récidive, dzingg! on coupe la pension et on arrête les frais. Il faut fournir tant de centimètres carrés si l'on est myope, tant de décimètres carrés si l'on est presbyte, tant de mètres cubes si l'on est sculpteur, et tout le monde s'en trouve bien. Oui, mais voilà le chiendent, comme disait jadis M. de Chateaubriand, il faut savoir trouver de jeunes sujets; c'est comme des ténors ou des chevaux de course; ça ne se reconnaît qu'à l'user; on court des chances.

M. PERRICHON. — Soyez heureux, c'est là le vrai bonheur! C'était une des maximes favorites de mon cher oncle, le regretté M. Prudhomme. J'ai été heureux jusqu'ici, je crois fermement devoir l'être encore, et je vous dirai entre nous que je ne serais pas fâché de trouver une combinaison dans ce genre. Aussi je regarde d'abord tous les tableaux des gens arrivés et par conséquent sur lesquels il n'y a plus un coup véritable à tenter; mais je me réserve pour examiner avec soin tous ceux qui commencent à montrer le bout de leur nez. Avec ceux-là, on peut essayer.

LE GARDIEN.

— Avec ça que c'est amusant la peinture, oh! la! la! Quand sera-t-il donc cinq heures!

SCÈNE V.

LES MÊMES, M. OSCAR.

MADAME PERRICHON. — Oh! Monsieur, vous venez de marcher sur ma robe! J'ai senti un crac abominable.

M. OSCAR. — Mon Dieu! Madame, je vous demande un millier de pardons; j'ai la vue si basse!... Je suis au désespoir!

MADAME PERRICHON. — J'espère que la dentelle n'est pas déchirée; mais vous auriez bien dû faire plus attention.

M. OSCAR. — Oh! Madame, que d'excuses! que ne puis-je réparer!... mais j'avais une distraction que vous me pardonnerez peut-être : je suis peintre, et je regardais le ravissant profil de mademoiselle votre fille, et...

MADEMOISELLE IRMA. — Maman, je t'assure, ce n'est que décousu.

M. PERRICHON. — Et vous dites que vous êtes peintre, jeune homme?

M. OSCAR. — Oui, Monsieur; il est vrai que j'ai été commis d'agent de change; mais j'ai vu le coup de temps, et j'ai lâché la Bourse.

M. PERRICHON. — Vous avez sans doute quelque chose ici?

M. OSCAR. — Ah! mon Dieu, non, Monsieur, j'ai exposé il y a deux ans : du coup, mon affaire a été faite. Maintenant je n'expose plus; c'est s'exposer.

M. PERRICHON. — Mille pardons, cher Monsieur; — permettez-moi de vous appeler cher Monsieur, — de vous faire toutes ces questions; mais enfin, vous m'intéressez, et je m'occupe, autant qu'il m'est possible, de suivre et d'encourager les arts.

M. OSCAR. — On ne saurait faire un plus noble usage de la fortune, Monsieur, et tous les gens de goût vous applaudiront.

M. PERRICHON. — Je l'espère bien. (*Bas à madame Perrichon.*) Il est fort bien, ce jeune homme.

Vous dites donc que vous n'exposez plus? Mais enfin, il faut bien se faire connaître.

M. OSCAR. — Monsieur, j'ai une clientèle, un cercle de relations qui s'étend et qui prospère; j'ai passé quelque temps à Rome, où j'ai commencé le noyau, puis à Londres où je l'ai accru, et ici je connais pas mal de banquiers à qui je portais les cours, et d'agents de change avec lesquels je faisais des compensations.

RETIRÉ DU COMMERCE.

Moi, je ne suis pas dentiste, et pourtant je protége les arts.

J'écoule mes huiles avec facilité : un tableau n'est pas plutôt commencé qu'il est acheté.

M. PERRICHON, *bas à madame Perrichon.* — Mais c'est qu'il est très-bien, ce jeune homme.

M. OSCAR. — Ce sont les commencements qui sont les plus difficiles, et puis après, cela va tout seul.

M. PERRICHON. — C'est égal, je ne comprends pas beaucoup pourquoi vous n'exposez pas.

M. OSCAR. — Ah! mon Dieu! c'est bien simple. Avez-vous entendu parler de *Fortuny?*

M. PERRICHON. — Non, mais il a un bien joli nom. Cependant il me semble me rappeler avoir vu ce nom-là quelque part.

M. OSCAR. — Eh bien, ce Fortuny vend aisément un tableau une soixante-quinzaine de mille francs, un tableau grand à moitié comme celui-ci de M. Manet, *le Chemin de fer.*

M. PERRICHON. — Pas possible!

M. OSCAR. — C'est comme je vous le dis. Seulement, c'est plus fait.

M. PERRICHON. — J'aime à le croire; mais soixante-quinze mille francs!

M. OSCAR. — Oui, Monsieur, et il n'en fait pas assez pour les demandes, et il n'expose jamais. Le fait est qu'il a grandement raison. Exposer pour que les autres, les collègues, *débinent* la marchandise et que les acheteurs entendent ça et soient découragés; merci! ça ne serait pas à faire. De temps en temps, un tableau soumis à la vénération des fidèles dans une petite chapelle où l'on n'a pas l'œil taquiné par d'autre peinture, et ça suffit.

Un monsieur qui a payé soixante-quinze mille francs est un homme posé et qui ne veut pas laisser tomber sa valeur; il la soutient; il n'a qu'une idée, c'est que les autres payent plus cher que lui, et ces autres se disent : Tiens, un tel a un Fortuny? coûte que coûte, j'en aurai un. Et Fortuny, qui a un homme d'affaires intelligent, tient ses cours, et ça gagne de proche en proche.

M. PERRICHON. — Mais est-ce vraiment beau, là, parole d'honneur?

M. OSCAR. — Très-beau, très-bien, très-brillant!

M. BASSECOURT. — Seulement... ça craint la rampe.

M. OSCAR. — Eh bien, nous sommes quelques-uns qui l'imitons et nous n'avons pas à nous en repentir; mais il faut des relations.

M. PERRICHON. — Et vous en avez. *(Bas à madame Perrichon.)* Non-seulement il est très-bien, ce jeune homme, mais il est très-fort. — Mon Dieu, Monsieur, puisque vous êtes si aimable, serais-je indiscret en vous priant de me donner votre avis sur quelques toiles que j'ai chez moi? car je cherche à m'éclairer, et, comme je veux encourager les arts, je désire...

M. Oscar. — Cela se comprend; je suis à votre disposition, Monsieur...

M. Perrichon. — M. Perrichon.

M. Oscar. — Monsieur Perrichon! l'ami, le sauveur de mon ami, M. Daniel Savary, car je suis son ami Oscar.

M. Perrichon. — Excellent jeune homme! Oui, je l'ai sauvé, ce cher Daniel, au péril de ma vie. Nous étions là; tenez, ce beau paysage de *M. Gustave Doré* me le rappelle, là, au n° 626; le mont Blanc nous regardait tranquille et majestueux...

M. Oscar. — Oui, cet acte de courage est célèbre; je l'ai lu dans le journal. Tout le monde connaît votre admirable témérité.

M. Perrichon. — Si vous voulez accepter avec nous un dîner sans façon, je pourrai vous montrer le bâton de sauvetage, les pièces justificatives, les photographies, et mes tableaux, ainsi que les peintures de ma fille et ses dessins.

M. Oscar. — Ah! Mademoiselle fait de la peinture! Il ne lui manque donc plus rien.

M. Perrichon, *avec fierté.* — Rien, Monsieur.

Comme on se retrouve! Le monde est si petit!

Mademoiselle Perrichon. — Oh! monsieur Oscar, comme vous êtes heureux d'être peintre!

M. Perrichon. — Monsieur Oscar, j'ai bien envie de vous demander un jour le portrait de ma fille.

M. Oscar. — Justement, je suis peintre de fleurs.

Madame Perrichon. — Il est charmant.

M. Perrichon. — Allons, Messieurs, nous bavardons, nous bavardons, et nous ne regardons pas les tableaux, et il faut absolument que je voie le *Christ* de *M. Bonnat.*

Ah! enfin, le voilà! 205, c'est bien ça : *Christ* pour la Cour d'assises du Palais de justice de Paris. Le fait est que ça donnera à réfléchir à tous ces affreux gredins qui viennent là. C'est superbe, c'est magnifique comme peinture; il me semble qu'on ne peut pas mieux peindre que ça.

M. Oscar. — Ce serait difficile, en effet.

Madame Perrichon. — Mais, mon ami, j'ai toujours lu dans le Nouveau Testament que le Christ était le plus beau des enfants des hommes. Eh bien, entre nous, mon ami, tu n'es pas le plus beau des enfants des hommes, toi.

M. Perrichon. — Merci bien.

MADAME PERRICHON. — Et je te trouve cependant encore mieux que ce Christ, tel que l'a rendu M. Bonnat. Il faut se rappeler qu'il avait trente-trois ans tout au plus.

M. PERRICHON. — Certainement, ma bonne amie, je n'ai pas été trop mal dans mon temps, mais tu exagères; tu sais d'ailleurs que la peinture vieillit toujours un peu. Enfin, tout le monde est d'accord, c'est admirable comme peinture.

HENRIETTE. — Mais, papa, il a les pieds sales; il a des cors, des durillons : ses jambes ont des varices.

M. PERRICHON. — Ma fille, c'est sans doute pour montrer que le Christ n'a voulu se soustraire à aucune des douleurs humaines, petites et grandes.

M. BASSECOURT. — Seulement, avaler un sac de noix, comme le commis du *Printemps* a avalé sa fourchette, c'était inutile.

M. PERRICHON. — Bassecourt, vous ne savez ce que vous dites. Tout le monde est d'accord pour voir que c'est merveilleux. Certainement, j'aime mieux ce ravissant tableau, *les Premiers Pas,* numéro 207.

IRMA. — Ah ! celui-là est délicieux.

M. PERRICHON. — Mais il faut rendre justice à ce Christ : c'est tout bonnement admirable.

M. BASSECOURT. — Admirable, oui. Mais ce n'est pas un Christ; c'est un vieux zouave qui aurait mérité la croix.

M. PERRICHON. — Eh bien, si vous voulez que je vous dise, j'aime mieux la *Charité; de M. Bouguereau,* que vous voyez là au numéro 232. Voilà qui est fait pour donner aux hommes le goût de la charité; mais cette Charité est délicieuse; elle est potelée, jolie comme un cœur. Il n'y a pas de danger que cette Charité-là ait les pieds sales et les ongles en deuil comme le Christ de M. Bonnat. Tout ça est frais, rose et jeune; les deux bébés sont adorables, et lavés, et proprets, et frisottés comme des poupons de princesse. Voyez-moi donc comme ce qu'elle leur offre est appétissant !

> Satin sur lequel est assise
> Une fraise ou une cerise,

comme disait M. Clément Marot, un poëte.

MADAME PERRICHON. — Il est mort, je crois ?

M. BASSECOURT. — Hélas! oui, c'est une perte.

M. PERRICHON. — Jusqu'à l'herbe et aux feuilles, qui sont nettoyées avec le soin le plus délicat.

IRMA. — C'est charmant.

HENRIETTE. — C'est exquis!!!

MADAME PERRICHON. — Et dire que c'est de la peinture à l'huile! C'est aussi beau que de la peinture sur porcelaine.

M. PERRICHON. — J'aime moins son *Homère,* bien qu'il soit aussi propre et soigné; il n'y a pas jusqu'au chien qui a l'air de revenir du blanchissage; mais enfin la *Charité* me va mieux. Sans doute parce que c'est une femme, et une jolie femme.

MADAME PERRICHON. — Monsieur Perrichon! vous êtes léger.

M. PERRICHON. — On fait ce qu'on peut.

M. OSCAR. — La *Falaise* de *M. Breton,* qui est au numéro 257, ça n'est pas aussi poli que la *Charité,* mais comme c'est ferme, vigoureux! On ne voit ni la tête ni les yeux de cette femme du pêcheur qui interroge anxieusement la pleine mer, et cependant son visage et ses yeux paraissent saisissants d'expression. La mer semble immense et profonde. Quel est le secret?...

IRMA. — Monsieur Oscar, je suis comme vous, ce sujet est simple, mais il m'impressionne. Est-ce dans ce genre que vous travaillez?

M. OSCAR. — Non, Mademoiselle; j'admire et j'apprécie ces choses-là, mais je ne les cultive pas. C'est trop grand comme toile, et il faut être M. Breton pour trouver à s'en défaire. Un homme moins connu garderait ça pendant vingt ans dans son atelier. Sur une toile grande comme la main, on aurait pu en dire tout autant.

Moi, je travaille dans le bibelot, c'est ma spécialité. Je suis myope, et je fais de la peinture de myope; c'est ce qui se vend le mieux. Les peintures lâchées, peintures de presbyte, se vendent avec peine; le succès des Delacroix et des Corot est un pur accident sur lequel il ne faut faire aucun fonds pour l'avenir.

C'est Meissonier qui est le général en chef de toute cette armée de peintres à lunettes qui tient le haut du pavé dans les collections et dans les ventes. Voyez *Meissonier, Gérôme, Detaille, Vibert, Berne-Bellecour, Leloir Brillouin, Chavet, Fichel,* etc., etc. Tous ces gaillards portent lunettes ou lorgnon et peignent avec le bout de leur nez. Ils font des tableaux fins, précieux, terminés, que l'on peut regarder à souhait, le nez dessus; ils font des valeurs non encombrantes, que l'on peut, ainsi que je l'entendais dire tout à l'heure à M. Perrichon, transporter facilement d'un appartement à un autre, d'une collection à une autre collection.

Dame! tout le monde ne peut pas faire des *Terburg,* ni même des *Meissonier;* mais c'est une partie où l'on gagne largement sa vie.

Je suis myope et je travaille dans cette partie-là, c'est la meilleure.

M. Perrichon. —Mon jeune ami, — permettez-moi de vous donner ce titre, vous entendez l'art comme il doit être entendu de nos jours, d'une façon tout à fait pratique. Si j'étais encore assez jeune et que ma vie fût un peu plus courte, je ferais de la peinture comme cela, ou du moins j'essayerais; mais le temps est passé. Je me consolerai en achetant de la peinture toute faite. Et votre genre est...

M. Oscar. — Le bibelot et le bibelotage; je ne m'amuse pas à chercher des sujets philosophiques, moi. Mon dernier tableau représente un éventail Louis XV dont une petite souris grignote les bergères, un mouchoir brodé, un flacon et une fleur fanée dans un verre de cristal de Venise. Ce n'était pas méchant comme idée, eh bien, j'ai vendu ça six mille francs à une Américaine qui était blonde, sous le règne de Cavaignac.

J'ai fait énormément d'argent avec la demi-douzaine d'huîtres accompagnée d'un citron. Ces choses-là, ça se vend toujours.

M. Perrichon. — Je le sais.

M. Oscar. — Mais on fait cela quand on n'a pas encore pu collectionner des bibelots à copier; maintenant c'est différent : j'ai des costumes de toute sorte, que je mets sur le dos de mes modèles, les premiers venus, et je copie, le plus fidèlement que je peux, des étoffes, des tapisseries, des vases, des bahuts; tout cela fait merveille et dispense de s'éreinter à chercher des sujets. Quand une fois on a eu quelque tableau bien placé chez un grand marchand, qui a intérêt à vous soutenir, chez un grand banquier, on est lancé.

Tenez, j'ai un de mes amis qui fait de la peinture pour le goût moderne; il a glissé deux ou trois tableaux dans une vente, rue Rossini, et il les a fait acheter lui-même par un tiers, à un prix de moitié supérieur.

Qu'est-ce que ça lui a coûté? Les frais de vente et d'achat; et, depuis ce temps-là, il vend le double. Tout le monde a remarqué la faveur croissante qui semblait s'attacher à ses œuvres. Le jour où il aura utilement placé quelques tableaux chez les marchands de tableaux les plus à la mode, les marchands s'entendront et élèveront les prix. Il est parti.

Madame Perrichon à Irma. — Il est charmant; quelle appréciation juste! il en revendrait à un agent de change.

M. Oscar. — Dame! c'est ainsi que nous faisions jadis et qu'on fait encore, à coup sûr, pour enlever une valeur. On donne ordre à un agent de change d'acheter tant d'actions de tel chemin de fer, ou de telle banque, ou de tels fonds et à tels cours. On donne l'ordre à un autre agent de change de vendre les mêmes actions ou les mêmes fonds à tels cours désignés d'avance. Cela se marque immédiatement sur la cote. On en est quitte pour payer les frais de courtage; la valeur désignée monte, et M. Gogo, c'est-à-dire l'actionnaire, achète, parce qu'il croit que cela va monter de nouveau. Le tour est fait.

Eh bien, il en est de même pour les tableaux.

M. PERRICHON. — C'est bien cela; mais, comme je le disais dernièrement, il faut savoir faire convenablement un tableau pour se lancer ainsi, de même qu'il faut savoir reconnaître si une valeur ou des tableaux permettent de faire une opération pareille pour la risquer. Car, enfin, j'ai vu des spéculateurs se faire étriller sérieusement sur les actions et les fonds publics, et il doit en être de même sur les tableaux.

Certainement, je m'intéresse beaucoup aux artistes arrivés, mais il y a surtout quelque chose à faire avec ceux qui doivent arriver plus tard. Jeune homme, topez là; vous pouvez m'être excessivement utile pour découvrir tout d'abord ceux qui doivent plus tard décrocher la timbale ou gagner les prix. Quand je vais aux courses et que je parie un peu le dimanche, pour faire comme tout le monde, je m'aperçois parfaitement qu'il n'y a plus rien à faire en pariant pour un cheval coté et connu comme *Boïard,* à M. Delamarre. On ne gagne vraiment quelque chose que lorsqu'on peut avoir la chance de deviner un poulain qui deviendra un cheval brillant dans l'avenir. C'est à ça qu'il faut m'aider, mon bon monsieur Oscar.

LES BONS PETITS CAMARADES.
— Allons! bien, voilà ce petit
crevé d'Oscar qui est en train
de lever la fille du carrossier.

SCÈNE VI.

M. PERRICHON, MADAME PERRICHON, M. BASSECOURT

M. PERRICHON. — Assurément, mon cher Monsieur, les artistes dont les noms sont connus, archiconnus, m'intéressent beaucoup. Voilà des gens qui

vendent ce qu'ils veulent, qui placent à volonté leurs tableaux, lesquels sont
cotés comme le trois pour cent, le cinq pour cent, le chemin de fer du Nord et
de la Méditerranée. Vous concevez bien que ce n'est pas avec ces gens-là qu'il
y a de l'argent à gagner et des affaires à étudier.

Ainsi, voilà M. Gérôme : que diable voulez-vous faire avec un Monsieur
dont les tableaux se vendent presque autant que les Meissonier, des quarante
ou cinquante mille francs? Rien à faire certainement. On disait jadis : Couvrir
d'or un tableau, pour signifier comment on l'achetait un prix fabuleux et
excessif. Supposez donc qu'un amateur ait la prétention d'acquérir l'*Émi-
nence grise...*

M. BASSECOURT. — Oh! oui, trop grise.

M. PERRICHON. — ... Son meilleur tableau de cette année, en le couvrant
d'or. Voyez-vous d'ici la grimace que lui ferait ce bon Gérôme? et il aurait
bien raison, car il trouvera mieux où il voudra. Le fait est que c'est la perfection, il n'y a rien à dire; tout ça est peint avec un soin, une science, un
goût! rien de négligé. Voilà un homme consciencieux : le dernier ruban du
moindre soulier est aussi fait que la figure principale; la dernière feuillure de
la rampe n'est pas plus sacrifiée que les têtes de ces courtisans merveilleux
de dessin, de costume et d'attitude; la dernière marche de l'escalier est tout
aussi frottée, balayée que les collerettes, les épées et les mains de tous ces
grands seigneurs du premier et du second plan.

M. Gérôme n'est pas un lâcheur, et, en somme, s'il fait payer ses tableaux
un bon prix, celui qui les achète en a pour son argent.

MADAME PERRICHON. — Aussi, me disait quelqu'un hier, je ne sais plus trop
qui, il paraît que M. Goupil, le plus célèbre marchand de tableaux de l'Europe
peut-être, a pris le parti de lui faire épouser sa fille pour qu'il ne puisse pas
mettre ses tableaux ailleurs, et que les bénéfices ne sortent pas de la famille.

M. BASSECOURT. — Sans comparaison, comme le chevalier de Cubières, un
écrivain du siècle dernier, qui, un jour, épousa sa blanchisseuse parce qu'il
ne pouvait plus la payer.

M. PERRICHON. — Je trouve que M. Goupil a fort bien fait. D'autant plus
que M. Gérôme est, dit-on, un charmant garçon, ce qui ne gâte rien, et qu'il
travaille tous les jours à faire des rentes à son beau-père. Nous ne sommes
plus au temps où l'on maudissait son fils parce qu'il voulait faire de la peinture.
C'est un état, et un joli état, maintenant.

Tenez, j'avais un de mes collègues qui avait marié une de ses filles à un
conseiller d'État, l'autre à un préfet, et qui n'avait pas voulu d'un peintre,
sous prétexte que ce n'était pas un homme sérieux.

Vlan ! voilà la République qui s'avance.

M. Bassecourt. — Blique qui s'avance.

M. Perrichon. — Le siège, tout le tremblement. Voilà mon préfet, mon conseiller d'État à pied. Plus de conseil, plus de préfecture, nus comme des petits saint Jean, tandis que mon artiste, lui, vous prend sa boîte à couleurs, ses pinceaux, file à Londres tout simplement, comme le premier fileur venu, et se met tout bonnement à frotter de la couleur sur sa toile, sans même avoir besoin de connaître un traître mot d'anglais, et, pendant que les autres se serraient le ventre à en crier, il vous gagnait des mille et des cent ; c'étaient des bank-notes ou des guinées au lieu de billets de mille ou de pièces de vingt francs, mais ça revenait tout à fait au même. Voilà une position que j'appellerai inamovible, et je vous déclare que par le temps qui court, un préfet ou un fonctionnaire quelconque, j'ai beau les estimer ou les considérer, je n'en voudrais pas pour ma fille, pour mon Irma ; et si elle veut bien m'écouter, elle préférerait tout bonnement un petit peintre doué de bons yeux et d'une bonne santé, quand il ne saurait jusqu'à présent peindre autre chose que des chaudrons de cuivre avec des poissons et des homards autour, ou bien la fameuse douzaine d'huîtres avec un citron, ou bien encore la jeune fille écoutant à une porte.

Madame Perrichon. — D'ailleurs, mon ami, les peintres, maintenant, ne sont plus comme ils étaient jadis, quand nous nous sommes mariés. Avant mon mariage, il y avait dans la maison en face un peintre qui avait une figure charmante, à mon goût, du moins.

M. Perrichon. — Eh bien, merci, ça va bien ; mais heureusement, il y a si longtemps !...

Madame Perrichon. — Et maintenant, il a l'air d'un vieux commerçant retiré.

M. Perrichon. — Allez toujours, Madame.

Madame Perrichon. — Mais alors il portait des chapeaux pointus à grands bords, une cravate rouge étincelante, un pourpoint de velours, des pantalons flottants et des souliers à la poulaine. Rien qu'à le voir, mon père, qui, vous le savez, était dans la haute quincaillerie, prenait des attaques de nerfs et poussait des cris de paon. Si ce Monsieur s'était permis de faire autre chose que de jeter les yeux sur moi par la fenêtre, ce qu'il faisait du reste sans discontinuer, je vous laisse à penser si on l'eût mis à la porte.

M. Perrichon. — Ah ! les peintres, comme ils ont changé !

Voyez maintenant les artistes, ils se sont posés, ils s'habillent comme les autres : les jeunes ont l'air de petits gommeux ou de commis dans les grands magasins; les mûrs et les vieux semblent des officiers, des généraux ou des notaires. Il y a des barons, des comtes, des vicomtes et même des marquis qui se font artistes.

M. Bassecourt. — Des décavés!

Madame Perrichon. — Pas tant que ça. Enfin, ceux qui avaient des demoiselles et qui les ont mariées à des banquiers ou à des préfets en ont vu de grises; tandis que ceux qui avaient eu la veine de prendre pour gendre quelque peintre à succès ou à demi-succès, n'ont pas eu à se repentir.

Irma. — C'est si charmant de faire de la peinture, de voyager, et puis d'avoir de jolies choses autour de soi : de beaux bahuts, des porcelaines, des étoffes, des bibelots de toute sorte, des tapisseries!

M. Bassecourt. — Il y en a aussi pas mal qui meurent de faim.

M. Perrichon. — Des artistes vieux style! Maintenant ce n'est plus comme cela. Depuis que les artistes gagnent de l'argent, ils gagnent beaucoup en considération.

M. Bassecourt. — Parbleu!

— Mon enfant, tu le sais : il y a des tableaux que tu ne dois pas regarder.

SCÈNE VII.

M. PERRICHON, MADAME PERRICHON, M. BASSECOURT, M. OSCAR.

Madame Perrichon. — Mon ami, regarde donc ce tableau, je ne sais pas de qui c'est, ça m'est égal; mais cela m'impressionne. D'abord moi j'aime à voir clairement le sujet : ici le sujet parle de lui-même.

Nous sommes à Rome; les martyrs ont été mis à mort par les bêtes féroces, sous les yeux et aux applaudissements d'une foule altérée de sang. Les spectateurs sont partis ; le Cirque, dont les gradins sont déserts, ne renferme plus que les animaux repus et les restes épars de leurs victimes. C'est la nuit. Du ciel étoilé, une théorie d'anges lumineux vient recueillir les âmes des martyrs pour les porter dans le sein de Dieu. L'idée est magnifique.

M. Perrichon. — Merci ! tu parles comme un feuilleton. — Voyons, que je te dise si je trouve ça de mon goût. Le numéro est 625, regardons le livret ! Ah ! ah ! ça n'est pas étonnant, parbleu !

M. Bassecourt. — Parbleu ! est le mot.

M. Perrichon. — Ce sont les *Martyrs chrétiens*, par *Gustave Doré*. En voilà-t-il un qui a du talent, et qui en a fait, et qui en fera encore, des compositions, en veux-tu, en voilà !

M. Oscar. — Le fait est que *Gustave Doré* n'est pas un monsieur à s'atteler pendant un mois après un chaudron de cuivre, deux bouteilles de vin, un angle de fromage et une douzaine d'huîtres. Quand je pense que, parmi ces infirmes qui consacrent un trimestre à peindre un tapis avec n'importe quoi dessus, et six mois à habiller, d'après un couturier, une petite femme lisant une lettre ou frappant à une porte, un an à éditer une gaillardise ou un calembour, il n'en est guère qui ne se permettent de blâmer la peinture de cet homme qui est à la fois un grand artiste et un poëte, j'avoue que je suis honteux pour ces tripoteurs de pâte et ces clapoteurs de pinceau.

M. Perrichon. — Très-bien, mon ami ; moi je suis comme ma femme, je trouve ça superbe.

M. Oscar. — Vous voyez que je ne parle pas suivant mon intérêt, puisque je suis un peu des gens qui savent s'éreinter à peindre un habit, des bottes, des robes de soie ou des œufs sur le plat d'après nature ; mais cela ne m'empêche pas de dire ce que je pense.

Irma. — Certainement, quand on a parcouru toutes les salles de cette Exposition, on ne rencontre point un seul sujet aussi remarquable, aussi émouvant et aussi bien compris que celui que nous avons sous les yeux.

M. Oscar. — Et Doré en revendrait, des sujets, à tous ceux qui en manquent et qui en auraient un si pressant besoin.

M. Bassecourt. — Moi, j'aime beaucoup les peintres, j'ose le dire. Seulement, je remarque une chose, c'est qu'à notre époque les peintres proprement dits ne brillent pas par l'imagination, et s'il n'y avait pas de temps en temps des dessinateurs arrivés par les livres dits illustrés, qui représentent, quoi qu'on en puisse dire, le cachet particulier à notre époque, il y aurait parmi eux un certain vide. Ainsi *Meissonier*, le plus habile de tous, a commencé par illustrer les livres de *Curmer*, d'*Hetzel*; le *Paul et Virginie*, le *Lazarille de Tormes*, les *Chansons populaires*, etc., etc.

Eugène Delacroix a commencé par illustrer *Faust* et *Hamlet; J. Gigoux* a fait *Don Quichotte*.

D'Aubigny a semé tout d'abord ses bois dans toutes les publications.

Charles Jacques en a fait tout autant.

Et *Français*, pendant vingt ans, n'a fait que ça.

Et *Worms* en a-t-il dessiné de toutes les grandeurs et de toutes les formes!

Et *Baron*, et *Édouard de Beaumont*, et *Brion*, et *Veyrassat*, etc., etc. La nomenclature serait trop longue à réciter.

Je garde seulement pour la fin *Gustave Doré*, que nous voyons actuellement,

Et *Alphonse de Neuville*, dont le succès depuis deux ans est si éclatant et qui depuis près de vingt ans a débité comme Gustave Doré une véritable forêt de bois pour la maison Hachette; tous les genres sont représentés. Voilà.

M. PERRICHON. — Bassecourt, mon ami, ça a l'air vrai, ce que vous dites là. Une fois par hasard n'est pas coutume.

M. BASSECOURT. — Merci bien.

M. PERRICHON. — Mais enfin, tous ces messieurs dont vous venez de me parler vendent très-bien, très-cher, et il est un peu tard maintenant pour faire des achats dans leurs magasins. Ainsi, par exemple, on vient de me dire, ce qui ne m'étonne pas du reste, que Neuville vient de vendre son tableau *le Chemin de fer* 30,000 francs à M. Hoschedé, un homme qui a du goût, il est vrai, et qui a découvert avant tout le monde *Carolus Duran* et *Henner*. Mais enfin je ne peux pas donner, comme Hoschedé, 30,000 francs, et je regrette de ne pas avoir commandé cela pour une douzaine de mille francs à M. Neuville l'année dernière. Je suis persuadé qu'il eût été alors fort content, et moi aussi.

M. BASSECOURT. — Maintenant, oui, que la cote est faite, mais il fallait faire la chose auparavant.

M. PERRICHON. — Enfin, mon ami, j'ai mon calepin, mon crayon. Je pointe, je prends mes notes. Quelques personnes me regardent avec intérêt. Sans doute des artistes. Je trouve que cela ne fait pas mal dans le paysage. On me prendrait pour un critique influent que cela ne me désobligerait pas. Mais en ma qualité d'amateur sérieux, dont l'œil est fixé sur l'avenir, je suis dans mon droit.

M. Bassecourt. — Sérieux...

M. Perrichon. — Ce qu'il y a de certain, c'est que je commence à m'y connaître tout autant que le premier salonnier venu. Ainsi, par exemple, tenez, voilà le n° 1168, une *Colombine,* je suppose ; je vois tout de suite que c'est ferme, vigoureux, coloré, touché avec aplomb. Voilà qui n'est pas de la peinture tâtonnée, blaireautée et pénible. Le gaillard qui a fait cela doit être solide, bien planté sur ses jambes, avec de grosses moustaches rouges, crânement relevées en broussailles.

M. Oscar. — Parfait ! parfait ! cher Monsieur Perrichon. Il est impossible de mieux juger que vous ne faites. Seulement... comme dirait l'honorable M. Bassecourt ici présent, seulement cette peinture est d'une femme, je dirai même d'une jolie femme, une brune, élégante, fine, gracieuse, et qui n'a pas la moindre moustache. A part cela, votre jugement est celui d'un véritable Salomon.

M. Perrichon. — Pas possible !

M. Oscar. — C'est pourtant comme ça. Voyez le livret : **1168,** *Colombine,* par *Madame Lemaire.*

M. Perrichon. — C'est trop fort ! Une femme ! une faible femme ! N'est-ce point le cas de dire : Ce sexe, que j'oserai néanmoins qualifier de charmant, est un sexe bien trompeur !

Madame Perrichon. — Mon ami !...

M. Perrichon. — Ce n'est pas pour toi que je dis cela !

Madame Perrichon. — A la bonne heure !

M. Perrichon. — Enfin, j'ai été trompé par cette dame, mais je ne retire rien de ce que j'ai dit.

Madame Perrichon. — C'était pourtant un peu cru.

M. Bassecourt. — Comme peinture ?

M. Perrichon. — Non, Monsieur, ne me faites pas dire ce que je n'ai pas dit. Ce n'est pas un monsieur, tant mieux... pour son mari, mais ça ne l'empêche pas d'avoir un crâne talent. Après cela, on peut se tromper ; ainsi, voilà au n° 1460 un portrait de jeune fille en blanc, qui est jolie comme un cœur ; j'aurais juré que c'était peint par une demoiselle. Eh bien, pas du tout, c'est fait par *M. Pérignon,* un gros, bien portant, qui a de fortes moustaches grises et qu'on prendrait pour un vieux colonel.

Madame Perrichon. — Sais-tu, mon ami, ce que cela prouve ? c'est que les femmes commencent à prendre leur place au soleil. Certes, je ne suis pas une George Sand...

M. Perrichon. — Tant pis pour toi !

UN TABLEAU A SUCCÈS.

Je ne vous dirai pas au juste ce que représente ce tableau-là, mais il y a gros à parier
que ce sont des baigneuses.

MADAME PERRICHON. — Mais je ne suis pas fâchée du tout que les femmes se montrent un peu...

M. BASSECOURT. — Et moi donc... Du reste, ça dépend.

MADAME PERRICHON... — Et prouvent qu'elles ont plus de talent, d'esprit, de goût, et surtout plus de jugement que beaucoup d'hommes. Et certainement si notre bêtise de soi-disant suffrage universel n'avait pas la prétention de restreindre le vote aux seuls hommes, parmi lesquels il y a certainement plus d'imbéciles que parmi les femmes, je crois pouvoir assurer que les choses n'en iraient pas plus mal.

M. PERRICHON. — Ma bonne amie, je te l'ai dit cent fois, tu n'entends rien à la politique.

MADAME PERRICHON. — Ça n'empêche pas qu'à commencer par *mademoiselle Rosa Bonheur,* qui fait les animaux mieux que n'importe qui actuellement; *madame Herbelin,* qui fait encore de la miniature comme pas un; *madame Lemaire,* que nous venons de voir tout à l'heure; *mademoiselle Jacquemart,* dont la spécialité est de peindre les ministres, et qui les fait à merveille...

M. BASSECOURT. — Seulement... quand on n'est pas ministre... Ainsi, voyez cette année !

MADAME PERRICHON. — Ça, ça m'est égal. Eh bien, il y a, parmi toutes ces dames et demoiselles, des peintres dont l'opinion et le talent valent mieux que l'opinion et le talent d'une quantité de ces messieurs.

Sans compter que nous n'avons encore parlé ni de *madame Henriette Browne,* dont le portrait de femme, n° 273, est un des bons portraits du Salon; de *mademoiselle Dubos,* dont le n° 636, *Rosette,* est une peinture fort agréable...

M. PERRICHON. — Je te ferai remarquer seulement, ma bonne amie, que presque toutes ces dames, ou peu s'en faut, sont élèves de *M. Chaplin,* et que, par conséquent, c'est un peu *M. Chaplin* à qui revient une bonne partie du succès de ces dames.

MADAME PERRICHON. — Ce que tu dis là ne signifie rien. Ce n'est pas *M. Chaplin* qui est le maître de *mademoiselle Alix Duval,* et vois-moi ce petit tableau au n° 678, *Une Rêverie;* il me semble que c'est charmant, très-bien peint, et qu'il y a bien des messieurs qui s'efforcent de marcher dans les brodequins de *M. Toulmouche* et qui sont loin d'en faire autant. Voici *madame Muraton* qui fait des natures mortes comme le premier *Philippe Rousseau* venu, etc., etc. J'en citerais comme ça une cinquantaine. Seulement, je ne sais pourquoi les dames jusqu'alors ne font guère le paysage, et cependant, comme tu le disais tantôt, c'est ce qu'il y a de plus facile. Mais cela commence, et je viens même de voir au n° 1107 une marine qui est très-jolie, très-juste, et qui est peinte par une dame, *madame La Villette;* il faut dire aussi que c'est la seule.

Et tenez, pour finir, n'avons-nous pas encore des aquarelles fort remarquables signées par une dame qui, pourtant, ne paraît pas en avoir besoin, madame la baronne Nathaniel de ROTHSCHILD! Voyez-moi ça aux n°⁵ 2531, 32 et 33.

M. BASSECOURT. — Ah! par exemple, si sa peinture n'a pas des tons riches!

MADAME PERRICHON. — Oui, certainement. Eh bien, parmi tous les messieurs Rothschild, et Dieu sait s'il y en a! pas un n'en pourrait faire autant. Vous ne sauriez me contester ceci : c'est que le progrès chez les dames est flagrant.

M. BASSECOURT. — Après cela, il y a maintenant tant de dames et de demoiselles que l'on peut ranger dans la catégorie des Françaises peintes par elles-mêmes, qu'on les voit sans étonnement, un beau jour, entreprendre de faire de la peinture pour les autres.

M. PERRICHON. — Mais ceci n'est pas une excuse suffisante. Certes, je ne blâme pas les efforts de celles qui, parfois, sont notre plus belle moitié. Mais si mon oncle a pu, certain jour, paraître exagéré en disant que le char de l'État navigue sur un volcan, prophétique parole, cependant, et dont nous voyons, hélas! la triste réalisation de nos jours, je dois dire de plus que ce bouleversement des habitudes et des aptitudes n'est pas sans donner au penseur un grave souci.

Nous voyons chaque jour les rôles s'intervertir. Une époque où les femmes commencent à devenir bacheliers et docteurs, orateurs de club et colonelles, peintres et sculpteurs, pendant que les couturières sont remplacées par des couturiers et les corsetières par des tailleurs en corset, est évidemment une époque troublée.

MADAME PERRICHON. — Quand je te dis que nous marchons tout doucement au suffrage universel.

M. PERRICHON. — En attendant, regardons les tableaux, cela vaut mieux. Allons, Monsieur Oscar, il s'agit de pointer.

SCÈNE VIII.

M. OSCAR, M. PERRICHON, M. BASSECOURT.

M. Oscar. — Maintenant, monsieur Perrichon, veuillez mettre sur votre calepin le nom de *M. Rozier* (Dominique). C'est un joli nom d'abord, et puis ensuite regardez les trois tableaux 1609, 1610 et 1611. Des fleurs, naturellement, ce qui n'a rien d'étonnant, mais de la couleur, de la fraîcheur et de l'éclat. Ce *Rozier* n'est pas connu; cultivez-le tout doucement, ramassez quelques-uns de ses bouquets, mettez-les dans un coin à l'ombre, et, dans quelques années, vous verrez ce que cela sera devenu.

Pointez encore celui-ci, qui est de la même famille, *M. Bergeret;* fruits encore un peu verts, gibier frais. Quand les uns seront un peu mûrs et que le temps aura faisandé les autres, vous gagnerez sérieusement dessus, c'est moi qui vous le dis. Il n'y a pas bien longtemps que *M. Vollon,* qui maintenant est un gros bonnet dans ce genre, était obligé de rétamer plusieurs fois ses chaudrons avant de les vendre, et que ses poissons, qu'il place merveilleusement, maintenant, à toutes les sauces et à tous les prix, se desséchaient ou pourrissaient dans son atelier. C'est lui qui a eu l'honneur le premier de vendre les huîtres à raison de 3,000 francs la douzaine.

M. Perrichon. — C'est superbe! Décidément, les crustacés et les poissons sont une marchandise de premier ordre. Aussi, tenez, je vois là au n° 816 un petit tableau de *M. Firmin Girard* intitulé la *Pêche*. Les poissons ne sont pas gros, mais cela me paraît très-bien, et j'achèterais bien volontiers ce petit tableau-là, quoiqu'il y ait avec les poissons trois personnages, très-jolis, du reste, mais qui détournent un peu l'attention du poisson.

M. Oscar. — Faites toujours, cher Monsieur; mais je vous avertis que cela doit commencer à être un peu cher sur le marché. En regardant le tableau à côté, 815, intitulé les *Fiancés;* vous comprenez que ce garçon-là doit commencer à trouver sur place quelques grosses commandes. C'est à la fois vigoureux et fin, d'un dessin adroit et d'une jolie couleur. C'est solidement empâté.

M. Bassecourt. — Je croyais que vous disiez emplâtré; dans ce cas je vous crois un peu dans votre tort!

M. Perrichon. — Silence, Monsieur Bassecourt. Ce qui est emplâtre, ce me semble, ce sont les têtes de M. Ribot; mais quel talent néanmoins!

M. BASSECOURT. — Oui, quel talent!... seulement le noir gagne tous les ans; voyez cette pauvre jeune fille, au n° 1555.

Quel sujet attristant! Une maladie terrible l'attaque, de même que toutes les autres figures du même peintre.

C'est le charbon. Le mal fait des progrès visibles à toutes les Expositions. C'est encore magnifique, cette année, ce qui reste. Car on voit encore une partie de la joue, et le bout du nez en plâtre coloré d'un merveilleux ton nacré.

Dépêchez-vous d'acheter une de ses toiles cette année; l'année prochaine, le charbon impitoyable aura peut-être envahi le reste. Sur cette toile en deuil il pourrait bien n'y avoir plus rien que du noir.

M. PERRICHON. — Eh bien, coûte que coûte, je veux avoir un Ribot. Il n'y a pas de galerie convenable sans Ribot.

Il n'est que temps bien juste; j'aurai mon Ribot.

M. OSCAR. — Pendant que vous y êtes, il me semble que vous ferez très-bien de faire quelques démarches pour vous payer un tableau de *Lix*. Regardez un peu son tableau numéro 1220, la *Leçon de musique* : c'est largement fait, bien dessiné, d'une couleur solide. Ah! je ne réponds pas que vous puissiez revoir celui-là, car ce sujet est patriotique, et sa place est toute trouvée.

M. BASSECOURT. — Et puis c'est un peu grand, et vous savez les préventions de notre ami contre les tableaux que l'on ne peut mettre sous le bras.

M. OSCAR. — Ah bien! qu'à cela ne tienne; c'est un garçon qui ne sera point embarrassé pour si peu, car lui est encore de ceux qui, à la façon de G. Doré, Neuville, Edmond Morin, Beyle, Worms et consorts, savent chaque jour, dans les publications à dessins, trouver et rendre les scènes vivantes, mouvementées, ou gracieuses, ou terribles, dont s'occupe le public.

C'est encore un élève de ce fameux atelier Drolling, le premier de notre époque, à mon humble avis. Voyons, Monsieur Perrichon, avez-vous jamais fait bien attention à l'atelier *Drolling*?

M. PERRICHON. — Je dois avouer qu'il ne m'est pas excessivement connu; je sais seulement qu'il y a au Louvre, sous ce nom, une petite cuisine charmante, avec une fenêtre dans le fond, bien lumineuse, des casseroles merveilleuses, avec une petite cuisinière assise et un chat qui joue avec un peloton de fil; c'est admirablement fait. Vous voyez que je connais mes auteurs.

M. BASSECOURT. — Seulement, vous n'y êtes pas, mon ami, et si le dernier des élèves du vrai Drolling vous entendait, vous n'auriez qu'à bien faire attention à vos yeux.

M. Oscar. — En effet, cher monsieur Perrichon, ce Drolling de la cuisine était le père de l'autre, du vrai *Drolling*, celui qui a fait les *peintures* de *Notre-Dame de Lorette*, de *Saint-Sulpice*, et l'*Orphée aux enfers* (rien d'Offenbach), un bon tableau qui était au Luxembourg et qui doit maintenant être au Louvre.

Mais ce n'est pas pour ses tableaux principalement que *Drolling* le fils, celui qu'on appelait familièrement *le père Drolling*, pour le distinguer de celui qui était véritablement son père, se recommande tout particulièrement à l'attention des amateurs en peinture, c'est pour la quantité et la qualité d'élèves qu'il a su couver et guider dans tous les coins et recoins de l'art.

M. Perrichon. — Je n'aurais jamais cru cela, car enfin il y avait, si j'ai bonne mémoire, l'*Atelier Ingres*, l'*Atelier Delacroix*, l'*Atelier Delaroche*, l'*Atelier Coignet*, l'*Atelier Picot*.

M. Oscar. — Eh bien, feuilletez le livret, non-seulement celui de cette année, mais encore celui des années précédentes. Vous y verrez les élèves de M. Ingres au nombre de trois ou quatre tout au plus.

M. Bassecourt. — Et encore le plus fort de tous, M. Hippolyte Flandrin, est mort.

M. Oscar. — Delacroix n'a pas laissé un élève, et je ne vois dans le livret de cette année que M. Anatole de Beaulieu qui ait vraiment fait une belle chose, le *torse* et les jambes de sa femme adultère, au numéro 100.

L'*Atelier Delaroche* a produit nombre d'élèves, mais qui font tous de la même façon, imitant de toutes leurs forces le maître d'abord, et le plus fort élève, M. Gérôme, ensuite.

A l'*Atelier Coignet*, chacun s'essayait dans la même fabrication à la suite du professeur. Les tons dits la sauce Coignet étaient familiers à tous les élèves, et ne sont représentés d'une manière remarquable actuellement que par M. Bonnat et M. Laurens.

L'*Atelier Picot* a produit toute une série d'hommes très-habiles faisant tous de la même façon, série qui commence à M. Cabanel, passe par M. Bouguereau, Perrault, Got, etc., etc. Tous ces messieurs, gens de grand talent du reste, ont l'air de porter un uniforme, et de faire l'exercice avec la même machine à modeler.

Quant à l'*Atelier Drolling*, ce qui fait sa supériorité et surtout sa particularité, c'est qu'il présente comme un assortiment des plus complets et dans des genres et avec des procédés qui n'ont, de près ni de loin, aucun rapport.

Voulez-vous de la grande peinture, de la couleur et du dessin, des qualités d'artiste de premier ordre? vous trouvez de suite *Paul Baudry,* un des maîtres de ce temps. Voulez-vous dans un tout autre genre un homme sachant faire de la peinture villageoise, saine, robuste, agréable sans mièvrerie, brillante sans tapage? vous rencontrez *Jules Breton.* Dans un genre tout différent, vous plaît-il de faire avancer devant vos yeux le peintre des jolies femmes, le peintre des salons, des grâces amoureuses et légères; un maître aimable s'il en fut, et bien personnel aussi? vous avez *Chaplin.* Si, d'autre côté, vous avez besoin d'un décorateur, homme de style et de goût, sachant à la fois dessiner et peindre, l'homme connaissant le mieux en ce moment cet art si éminemment français, vous rencontrez *Galland.* Dans une autre manière, et pour la décoration aussi, voici *Voillemot.*

Il vous faut un peintre qui fasse vibrer votre fibre alsacienne. Demandez, faites-vous servir, vous avez *Marchal,* vous avez *Henner* et *Jundt,* et *Ulmann* et *Lix.*

M. Bassecourt. — Le fait est, mon petit, que vous avez l'air de faire un cours. Ça commence à ne pas devenir drôle.

Irma. — Ce M. Bassecourt est-il assez insupportable! Ne l'écoutez pas, monsieur Oscar.

M. Oscar. — Je continue. Supposez que vous aimez l'Orient, voici *M. Mouchot* qui vous fait du soleil, et des Turcs, et des Égyptiens, et des Vénitiens, comme s'il n'était pas né aux Batignolles.

Vous faut-il des gens qui aient pieusement conservé les traditions et les pratiques de l'école? on vous sert *Maillot, Richomme, Chazal, Timbal, Muraton,* et puis encore *Ulmann,* dont l'exposition fut si remarquée il y a deux ans, en même temps que celle de *Detaille.* N'oublions pas *Brillouin* pour les petits tableaux fins, précieux et faciles à emporter.

Aimez-vous les petites femmes peintes avec précision, les ameublements merveilleux et les détails ciselés avec la patience du bénédictin? on fait avancer *Saintin* et *Viger.* Des paysagistes? voilà *MM. de Curzon,* pour le style, *Lambinet, Thiollet* et *Servin,* pour le naturalisme. Des animaliers? voici *Cathelineau* et *Decaen.*

Je continuerais encore comme cela pendant une demi-heure; et notez que tous ces gens-là diffèrent tous, et qu'il n'y a pas entre eux le moindre rapport.

M. Bassecourt. — Dites tout de suite alors que l'école Drolling n'est pas une école, c'est tout simplement une collection.

M. Oscar. — Oui, mais il fallait la faire. Le père Drolling, me dit-on, ne s'y prenait pas comme les autres professeurs qui vous crient sur tous les tons :

Faites comme moi. Il vous regardait faire, vous conviait à étudier le modèle, et prenait la peine de vous avertir quand un bras se cassait, où qu'une jambe n'était pas à sa place, ou que les proportions ne répondaient pas à l'appel. Voyez la nature, disait-il, faites ce que vous voyez, et allez regarder les anciens maîtres, rien que pour vous rincer les yeux. A chacun il laissait ainsi les tendances de sa nature et les aspirations de son caractère, il lui permettait de suivre sa voie et se contentait de la débarrasser. Voilà comment il a fait la collection que je viens de vous montrer.

M. Perrichon. — Mais c'est très-fort ce qu'il a fait là; et quand on pense que si j'avais su ces choses-là il y a une vingtaine d'années seulement, j'aurais pu facilement acheter à tous ces gaillards-là, dont vous venez de me donner les noms si connus maintenant, tout ce que j'aurais voulu à cent ou deux cents francs la pièce. Quelle opération!!! Vous m'avez dit ça trop tard.

C'est égal, au bout du compte, j'aimerais encore mieux avoir une demi-douzaine de toiles d'*Ingres* et de *Delacroix* qu'une douzaine de *Drolling*.

M. Oscar. — Et vous auriez bien raison, car vous les revendriez évidemment plus cher. Mais s'il vous fallait choisir une demi-douzaine d'élèves d'Ingres et de Delacroix contre une douzaine d'élèves de Drolling, vous seriez parfaitement volé et vous perdriez cinquante pour cent dans votre marché.

M. Perrichon. — C'est bien possible; mais comment ça peut-il se faire?

M. Oscar. — Rien de plus simple. *M. Ingres* ne voyait et n'acceptait que M. Ingres. Un jour, si j'ai bonne mémoire, un de ses élèves ayant poussé l'inconvenance jusqu'à copier, au Louvre, une toile de *M. Rubens,* ennemi personnel du patron, l'élève fut mis immédiatement à la porte. Il pria, supplia tant, qu'il lui fut pardonné finalement, mais à la condition que la malencontreuse copie serait brûlée à l'atelier en présence de tous les élèves réunis, et cela à titre d'exemple.

Vous concevez que, depuis ce temps-là, cet élève, qui avait certainement des aspirations à la couleur, sous le régime de cette terreur, a dû se montrer de plus en plus gris, comme un Polonais. Il en a été de même de tous les autres, dont quelques-uns grisonnent encore péniblement çà et là.

A l'atelier Delacroix, c'était tout le contraire; celui qui se serait permis de copier une main ou un pied de Raphaël eût été blackboulé, comme faisant une injure aux pieds et aux mains du maître. Il fallait fourrer à toute force du vert Véronèse dans les demi-teintes et du vermillon dans les ombres. Celui qui aurait eu l'audace de fignoler un contour eût été honteusement repoussé comme un traître et un réactionnaire.

Bien peu de tempéraments ont pu être assez robustes pour résister au régime débilitant du *gris Ingres* à la guimauve, ou bien au régime trop échauffant de l'absinthe vert Véronèse, du rouge Van Dyck et du vermillon, seuls autorisés par le docteur *Delacroix*, tandis que les estomacs se faisaient facilement au régime varié et éclectique toléré par M. Drolling, et à un degré moins complaisant par M. Picot et Delaroche ou Coignet.

M. PERRICHON. — Ça n'empêche pas que c'est très-drôle que les grands artistes, dont le nom a eu le plus d'éclat et dont les œuvres sont le plus recherchées de nos jours, sont justement ceux qui ne valent rien, et que ceux-là qui, de l'avis général, sont des maîtres, n'aient pas ce qu'il faut pour former des élèves.

M. BASSECOURT. — Dites donc tout de suite qu'ils sont inimitables, qu'on n'est grand artiste que parce qu'on est exceptionnel, et que l'exception ne se professe pas comme la grammaire ou les mathématiques; et maintenant en voilà assez.

MADAME PERRICHON. — Oui, car tout ce que nous dirons n'y fera rien du tout, il vaut mieux regarder les tableaux.

IRMA. — Certainement. Cependant je dois dire que M. Oscar...

M. PERRICHON. — Mon enfant, ce jeune homme a du bon, il semble connaître les affaires et pourrait être fort utile. Je l'inviterai à dîner.

En attendant, si nous allions déjeuner...

A L'ATELIER

COMMENT ON DEVIENT UN GRAND PEINTRE

ÉTUDES D'APRÈS NATURE

GUIDE DU VOYAGEUR POUR ROME ET L'INSTITUT

INTERMÈDE

UNE VOCATION TRÈS-PRONONCÉE.
Moi aussi je suis peintre. (Raphaël d'Urbin).

PREMIER PRIX DE DESSIN AU COLLÉGE.
Scènes de famille.
Comme c'est bien! Jamais on ne croirait que c'est fait à la main.
On jurerait que c'est fait à la planche.

Avec des hachures croisées
et un point au milieu, ce
n'est pas difficile, mais
il faut savoir le faire.

(*Avec modestie.*)
Oh! mon Dieu, au crayon
manœuvré.

PRÉSENTATION AU PATRON.

(L'œil du maître, premier coup d'œil.)
— Et c'est vous qui avez fait ça? Tous les prix au collége!
Quel délicieux collége... pour le latin! Je vais tout de suite
pouvoir vous mettre au nez de profil d'après la bosse.

ENTRÉE A L'ATELIER.

— Par la sambleu! voilà-t-il un nouveau qui a de bonnes manières.
Donnez-vous la peine de vous asseoir, monsieur le nouveau. Agréez,
je vous prie, nos plus respectueux hommages, nos respects à ces
dames.

ÉPREUVES D'ATELIER.

A peine arrivé, le nouveau est placé près du poêle, où le modèle a soin
de fourrer dix-sept bûches toutes les heures.
— Ne vous plaignez pas de suer, jeune homme, et souvenez-vous que
Lesueur est devenu un maître.

ÉPREUVES D'ATELIER. — L'étude de la palette.

— Suis mes conseils, mon petit, je te veux du bien. Nettoie le plus de palettes
que tu pourras, il n'y a rien qui familiarise plus avec la couleur... Tu net-
toieras aussi mes bottes, ça apprend à faire brillant.

ÉTUDES D'APRÈS NATURE.

Le nouveau cherche à se faire des amis. La nature humaine est ainsi faite chez le modèle, qu'elle ne sait point résister à l'appât des pommes de terre frites.

LES ÉPREUVES.
Broche en chose et brochant sur le tout.

— Jeune homme intéressant, on a celui de te souhaiter le bonsoir. Demain, je viendrai savoir de tes nouvelles. Il ne faut pas trop danser, cela ferait trop de poussière et incommoderait les voisins. Si tu n'as pas envie de dormir, voilà le journal.

LE NOUVEAU A L'ÉCHELLE.

— En fait-on des folies pour cet être-là. Dire que j'en suis à ma seconde vessie de bleu de Prusse! Courage, ô nouveau! vois, tu seras peint. On te dira : « Vois-tu ce rapin! »

ÉTUDES ANATOMIQUES.

— Suis ce mouvement; c'est un effet du muscle appelé *couturier*,
il s'emploie postérieurement. Rien de meilleur pour fermer la bouche
au nouveau qui aurait le malheur d'élever la voix devant un ancien.

UTILES CONSEILS.

— Maintenant, c'est pas tout; il faut te procurer à tout prix
une machine à modeler. Il ne faut pas la prendre à vapeur,
c'est trop dangereux. Ne pas oublier de te procurer la
recette pour la couleur de chair.

ÉTUDES D'APRÈS NATURE.

Voici ce qui s'appelle un véritable chic! enlever un nouveau comme ça
avec ses mâchoires! Il n'y a pas une seule mâchoire à l'Institut
qui soit fichue d'en faire autant.

ÉTUDE ANATOMIQUE SUR LES MUSCLES.

— Vertueux jeune homme, j'ai l'honneur de vous présenter le *biceps*, un muscle des plus respectables. Ce muscle a pour propriété de convier les nouveaux à nettoyer les palettes des anciens, et à leur chercher des cervelas et autres pommes de terre frites.

ÉTUDES D'APRÈS NATURE.

PREMIER RAPIN. — Je te dis que le modèle n'est pas dans la pose.

DEUXIÈME RAPIN. — Je te dis que si !

TROISIÈME RAPIN. — Je te dis que non !

QUATRIÈME RAPIN. — Quels cauchemars avec leur modèle !

CINQUIÈME RAPIN. — Moi, je demande un mot de lui.

SIXIÈME RAPIN. — Moi, je demande un mot d'elle.

Chœur du fond. — Eh bien ! assez de pose comme ça, mangeons la masse.

ÉTUDES D'ATELIER.

UNE VISITE.

— Est-ce à M. Ernest que j'ai l'honneur de parler?

LE REPOS DU MODÈLE.

— Si mademoiselle veut accepter quelques pommes de terre frites?
— J'aimerais mieux une paire de bottines, mais c'est égal, allez-y tout de même.
— Naïve enfant!

D'APRÈS LE MODÈLE.

EFFET DE COMPLAISANCE.

— Vérifions avec soin les attaches.
— Il agrafera !
— Il n'agrafera pas !
— Il agrafera !

ÉTUDES D'ATELIER.

— Si jeune et déjà un si beau talent! Ce pauvre M. Baudry qui vit comme ça tout bonnement dans son habit vert à l'Institut, sans se méfier de rien! Pauvre Baudry, va-t-il être dégotté! Cré nouveau, va!

**

LA VISITE DU PATRON.

— C'est bon! c'est bon! La tête n'est pas sur les épaules, le bras ne s'attache pas, la jambe est trop courte, les pectoraux ne sont pas à leur place; c'est bon! c'est bon! Continuez.

ÉTUDES D'ATELIER.

— Quand on fait mauvais comme ça, on n'a pas d'excuse si on ne lâche pas carrément sa figure, et l'on vient faire un tour en face avec un petit ancien, bien gentil, qui rend six points de trente au billard.

ÉTUDIEZ LES MUSCLES.

Effet de biceps et de deltoïde.

Un des plus forts de l'atelier. Quand Monsieur soulève une question, il faut dire aussi que son opinion ne manque pas d'un certain poids.

PREMIER DESSIN DU NOUVEAU.

Quand il en aura fait au moins cent cinquante comme ça, il pourra l'aller dire à Rome.

Le nouveau sollicite d'un ancien la faveur de porter sa boîte.
Ça pose dans le quartier.

ÉTUDES.

— Jeune homme, c'est moi qui te le dis : un nouveau qui a des manières choisies comme cela avec les anciens est un homme jugé. Tu seras un grand peintre.

ÉTUDES D'ATELIER

ÉTUDES PHYSIONOMIQUES ET MYOLOGIQUES.

TÊTE D'EXPRESSION.

Sentiment tendre et résigné, indiquant l'espoir
d'être attaquée, le désir d'être vaincue.

TÊTE D'EXPRESSION.

Indignation mêlée de colère, avec une pointe
de menace.

TÊTE D'EXPRESSION.

Douleur mêlée de résignation
et de mélancolie, avec une
teinte de mépris.

TÊTE D'EXPRESSION.

Sentiment gracieux empreint
d'une douce gaieté et d'une
certaine préméditation.
Invite à cœur, faite vers les
saules.

.ÉTUDES D'ATELIER.

La critique est aisée, la peinture aussi, mais le bilboquet est difficile.
Avec ça que ça ne donne pas de la main, de la finesse et du coup d'œil!

ÉTUDES D'APRÈS NATURE.

Comment, à force d'adresse et de vigueur, on arrive à franchir tous ses jeunes
rivaux; et l'on dit que c'est difficile, la peinture!

MODÈLE DE TÊTE.

Pose pour les saint-Pierre et les rois
de Thulé.

Il a sa coupe chez le marchand
de vin.

ÉTUDES D'ATELIER.

— Écrivez : Mademoiselle Zoé, 76, rue des Vertus. Vous voyez bien, Monsieur le massier, que ce n'était pas une couleur,
quand je vous disais qu'on était d'ensemble, et qu'on avait ce qui s'appelle un torse.

PAYSAGISTE

Fumant des cigarettes d'après nature.

LE DÉJEUNER.

— Eh! dis donc, Langlois, c'est un peu bon, la volaille... Moi, j'ai de la volaille,
et toi tu n'as que du veau piqué.

LÉZARD A L'ATELIER.

Conférence sur les arts.

Dire qu'il y a des crétins qui s'éreintent à faire des dentelés, des
muscles droits et des omoplates ; puisqu'on n'en veut plus, tapons
dans le tas. Ce qu'on demande, c'est de la soie, des pots et des
plats en cuivre. On leur en servira. Boum !

— Méfie-toi, c'est un riche amateur. Il a l'air
de trouver ta figure à son idée. Il ne faut
pas lui lâcher ça à moins de trois mille
francs.

YVES & BARRET, SC

— Sais-tu la différence qu'il y a entre une pipe et le modèle Dábosc?.
Non, n'est-ce pas? Eh bien, c'est qu'une pipe est belle quand elle
est bien culottée, et que Dubosc n'est beau que lorsqu'il ne l'est pas
du tout. Voilà!

Quand on sait manier un peu la brosse, il faut prendre un atelier, et un modèle qui pose bien un début.

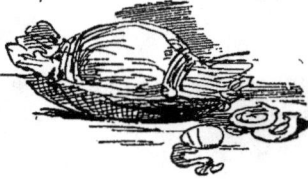

Des huîtres et un citron, voici pour les
sujets gais.

Un hareng saur et des oignons qui
tirent les larmes des yeux, voilà
pour les sujets tristes.

CONCOURS D'ESQUISSE.

Sujet : *Marius à Minturnes sur les ruines de Carthage.*

— Le patron a l'air de la trouver mauvaise.

C'ÉTAIT LE VIEUX JEU.

Des gommeux, des peintres de carton, ne lui en parlez pas! Ça peint du satin, des bibelots, des chaudrons, des tapis, oui! Mais demandes-leur un morceau sur le pouce, un deltoïde, des pectoraux, ou un simple trochanter, va te faire fiche! plus personne.

LE NOUVEAU JEU.

Il leur faut du bibelot et de la tenue, et ça se paye cher? Allons-y! Et on s'éreinterait tout le temps sur de malheureux muscles que la pudeur sociale met sous le boisseau? Allons donc!

Et maintenant, en route pour Rome et l'Institut!

SCÈNE IX.

M. Perrichon. — Il n'y a pas à dire, on juge bien mieux la peinture après déjeuner. Ce qui me frappe, c'est la quantité de simili-Meissonier que l'on voit partout maintenant. Voici ce qu'on appelle un maître, quoiqu'il n'ait pas d'atelier.

Madame Perrichon. — Madame Meissonier doit être une femme bien heureuse! J'aurais tant aimé que mon mari à moi fût un grand artiste!

M. Perrichon. — Grand artiste! grand artiste! D'abord il est tout petit; quinze centimètres de moins que moi, c'est un chiffre! et puis, qui sait? je n'ai jamais essayé d'en faire, moi, de la peinture. J'avais mieux que ça dans la main, et, en somme, je crois que tu n'as pas à te plaindre.

Madame Perrichon. — Alfred!

M. Perrichon. — Certainement; enfin, je n'ai pas compté avec M. Meissonier et je ne sais pas s'il a des demoiselles; mais s'il en a, je voudrais bien savoir s'il est fichu, comme moi, de mettre quatre cent mille francs tout ronds dans la main de son gendre le jour de son mariage. Car enfin, j'ai donné ça à mon Henriette, et Irma en aura tout autant.

M. Bassecourt. — Sans compter les espérances; et puis la carrosserie est peut-être un art, comme l'orfévrerie, et je me suis laissé dire qu'un des derniers ministres des beaux-arts avait décoré un carrossier.

M. Perrichon. — Parfaitement. D'ailleurs, si une de mes filles, comme ma fille Irma, par exemple, qui dessine fort bien, avait jamais le goût de la peinture...

M. Oscar. — Vous la lui feriez apprendre, et vous n'auriez pas tort, et si j'étais assez heureux pour être admis à donner quelques conseils à mademoiselle Irma...

M. Perrichon. — Je ne dis pas non. Elle a du goût, je crois, et, l'année dernière, elle a encore eu le prix de dessin à sa pension pour une tête de Romulus à casque au crayon manœuvré, et en hachures. On n'aurait pas reconnu la copie du modèle.

Irma. — Papa, je t'en prie...

M. Perrichon. — Non, mon enfant, non, laisse-moi te rendre justice, c'est tout naturel; d'ailleurs, M. Oscar jugera par lui-même. Ah! mon Dieu! cela n'empêche pas que nous ne sommes pas toujours du même avis. Ainsi, tenez, voici un grand tableau de *M. Machard*, là, au n° 1246. Ma fille trouve cela charmant; moi, ça ne me va pas.

M. Oscar. — Pardon, monsieur Perrichon, et pourquoi?

M. Perrichon. — Dame! mon ami, je ne sais pas au juste. (*Bas.*) Mais enfin, entre nous, vous concevez que je ne suis pas arrivé à mon âge sans avoir vu des femmes dans ce costume. Eh bien, franchement, je n'en ai jamais vu de cette couleur-là.

M. Oscar. — C'est possible; mais notez bien que cette figure est comme un rêve, comme une apparition poétique. Lisez dans le livret : « Salut, « souveraine déesse à l'arc divin, qui, montant lentement dans le ciel étoilé, « répands autour de toi la clarté. »

Mademoiselle Irma est dans le vrai, c'est très-beau. *Séléné,* comme l'appelle le peintre, c'est Diane, la déesse pure, élégante et fine. On la voit s'élever lentement dans le ciel, vêtue pour ainsi dire de sa chaste nudité. De sa main gauche soulevée avec une grâce sévère au-dessus de sa tête, elle tient l'arc lumineux qui l'éclaire de sa clarté mystérieuse et semble le tendre harmonieusement de sa main droite.

Le dessin de ce beau corps est pur, souple et fin. Il y a comme un double souffle de l'antique et de la Renaissance dans la tournure et le jet de l'ensemble, et si vous étudiez les œuvres exposées cette année, cette œuvre se distingue éminemment entre toutes par la forme et par le style. Mademoiselle Irma a raison.

M. Bassecourt. — Attrape, mon bonhomme. Il n'y a pas jusqu'aux nuages en carton qui n'aient la tournure et la solidité des nuages en bois.

M. Perrichon. — Tout ça c'est peut-être vrai, mais je maintiens que je n'avais jamais, jusqu'ici, vu de femme de cette couleur-là; enfin, je ne conteste pas. Vous, c'est votre état; maintenant, vous vous y connaissez peut-être mieux que moi. Je voudrais seulement que vous me dissiez ce que c'est que le style dont vous venez de me parler à propos de M. Machard, et dont on nous rebat perpétuellement les oreilles dans tous les bouquins et journaux. Je sais bien que M. de Buffon, l'homme aux manchettes, a dit un jour : « Le style, c'est l'homme. »

M. Bassecourt. — Or, comme il est ici question d'une femme, ça ne vous suffit pas.

M. Oscar. — Diable! diable! le style! comme vous y allez! le style! mais c'est assez embarrassant à vous définir, cela.

M. Bassecourt. — Mais oui; du reste, c'est la mode actuellement, on parle d'un tas de choses et l'on ne sait pas seulement ce que c'est.

M. Oscar. — Mais, pardon, je sais bien à peu près ce que c'est; mais ça n'empêche pas que, pour le définir...

M. Bassecourt. — Il y a du coton.

M. Oscar. — Ça, c'est du style commercial. Enfin, voilà à peu près la chose : le style est une tournure, une pondération, une harmonie, un goût particulier et précis, qui président, d'un bout à l'autre, à la conception et à l'exécution d'une œuvre. C'est une homogénéité de contour et d'accent; une volonté et une persistance de choix dans l'expression de la forme, qui préoccupe toute une époque, tout un pays, toute une race d'artistes.

Celui qui, dans cette race d'artistes, a du style, est celui qui représente, à un degré quelconque, la réunion des qualités de la race. Il y a des races et des pays qui n'ont pas de style. On dit le style italien, le style grec, le style espagnol, le style français, même le style flamand; on ne dit pas le style allemand, et encore moins le style prussien.

Et, de plus, parmi les individualités que préoccupe une certaine école soit italienne, soit française, soit flamande, il en est qui ont du style et d'autres qui en sont totalement dépourvues. Le style proprement dit est rare à notre époque tout à fait éclectique, où l'habileté merveilleuse se rencontre à chaque pas, où l'élévation de la pensée et l'étude approfondie ont fait trop souvent place à la dextérité.

Ingres et Flandrin avaient du style; Paul Delaroche et Picot devaient se contenter d'avoir du talent... et...

M. Perrichon. — Ainsi vous dites que la *Séléné* de *M. Machard* a du style? Très-bien. Et la femme nue de *Carolus Duran*, au n° 661?

M. Bassecourt. — Elle a du zingggg!

M. Perrichon. — Et la grande cocotte de *M. Duez*, au n° 644?

M. Bassecourt. — Elle a du chien!

M. Perrichon. — Entre nous, qu'un tableau ait du style, ou bien du zinc, ou bien du chien, comme vous dites, je dois l'avouer, ça m'est parfaitement égal. Pourvu que ça me plaise ou que ça m'amuse, c'est là l'essentiel, et surtout pourvu que cela plaise aux autres et que ça les amuse. Car enfin on ne peut pas toujours être condamné à garder une peinture, et si ça ne plaît pas aux autres, on ne peut pas être sûr de la revendre un prix supérieur au prix d'achat.

Et pour toutes les œuvres d'art c'est la même chose. Les *Faux Bonshommes,* ça n'a pas de style, n'est-ce pas?

M. Bassecourt. — Ça dépend du personnage, cher Monsieur.

M. Perrichon. — Eh bien, je déclare hautement que je préfère ça au *Candidat* de M. Flaubert, qui, disait-on, en a beaucoup, et le directeur du théâtre est certainement de mon avis.

M. Bassecourt. — Oui, toujours le culte du succès, la flatterie aux masses, toujours les mêmes, toujours ! Ainsi, vous préféreriez par exemple la *Laitière de Montfermeil* de Paul de Kock, parce qu'elle s'est vendue à plus de 500 mille exemplaires, au dernier livre de M. Barthélemy Saint-Hilaire, parce qu'il n'en a été encore vendu que dix-sept?

M. Perrichon. — Certainement, et cependant M. Barthélemy Saint-Hilaire est un brave homme qui a des capacités, et qui, dit-on, occupe une des premières places dans les lettres; mais ça m'est indifférent, l'opinion du public, le sentiment des masses, comme vous dites, c'est ce qu'il me faut.

Madame Perrichon. — Et si l'on avait nommé M. Paul de Kock député au lieu de M. Barthélemy Saint-Hilaire, tu aurais peut-être été content?

M. Perrichon. — A coup sûr, si Paul de Kock l'avait voulu, rien ne lui eût été plus facile.

M. Bassecourt. — Il est vrai que les lettres de l'un n'auraient pas été beaucoup plus drôles que celles de l'autre. Seulement c'eût été un autre genre.

M. Perrichon. — Enfin, je suis comme ça, ce n'est pas à mon âge que je me referai. Je tiens beaucoup à l'opinion des autres; je suis forcé de l'avouer, ça m'entraîne et ça m'influence. Ainsi, tenez, le premier jour je passe devant ce tableau que vous voyez là, et autour duquel il y a beaucoup de monde, n° 84 : *Portrait de mon grand-père,* par *Bastien Lepage.* Je ne vous le cacherai pas, je me suis dit : Voici un bonhomme qui n'est pas beau, pas bien mis, il a un mouchoir à tabac qui n'est pas distingué et une tabatière de douze sous en corne.

M. Oscar. — Ce n'est pas un homme chic.

M. Perrichon. — Et, ma foi, sans plus y faire attention, je suis passé.

M. Oscar. — Mais voilà que vous avez entendu dire de tous les côtés : Hum! cette peinture est tout à fait remarquable, le dessin est d'une sincérité, d'une justesse bien rares. Les mains sont peintes avec une certitude de formes à laquelle on arrive rarement. Le modelé fait en plein air, en pleine lumière, sans l'opposition des lumières et des ombres, est d'une précision extraordinaire et fait saillie. En avant, il n'y a rien et ça tourne, comme on dit dans les ateliers. Le paysage sacrifié à propos est à son plan, et l'ajustement est d'une simplicité et d'une sobriété qui a fait valoir on ne peut mieux les chairs.

M. Perrichon. — C'est ça même; et maintenant voilà que j'ai bien regardé la chose, et je suis tout à fait de l'avis des autres; je trouve ça très-bien, et si j'avais encore mon père, je demanderais tout de suite à M. Bastien Lepage de lui faire son portrait.

Madame Perrichon. — Eh bien, et le tien, mon ami?

M. Perrichon. — Le mien, je le lui demanderai aussi, mais plus tard, quand je serai un peu plus vieux. Ce qu'il fait le mieux, il me semble, ce sont les rides. J'en aurai dans quelques années.

Madame Perrichon. — Et on dit que les femmes sont coquettes!

Irma. — Monsieur Oscar, voici, à côté, un tableau de M. *Alma Tadema,* n° 19; c'est bien étrange. On ne sait si c'est beau ou si ça ne l'est pas, si c'est taillé dans le marbre...

M. Bassecourt. — Ou dans le fromage blanc.

Irma. — Si cela a du style ou si ça n'en a pas.

M. Oscar. — Dans tous les cas, beaucoup de talent, beaucoup d'adresse. Un semblant d'érudition, une contrefaçon de style, pas beaucoup de goût. Cela a un grand succès... en Angleterre.

SCÈNE X.

LES MÊMES.

M. Perrichon. — Ah! voici un charmant petit tableau. 1523, *Une Alerte,* de *Protais.*

M. Bassecourt. — Après *Billet,* ça arrive quelquefois.

M. Perrichon. — A l'ordre, monsieur Bassecourt. Ce tableau-là est charmant, il a de l'effet; le paysage est bien exécuté, à mon avis, et les figures très-réussies. L'ensemble me rappelle celui de l'année dernière, tout un régiment couché sur l'herbe, dans le même bois peut-être que celui qui est ici présent, le colonel seul, éveillé, vigilant et attentif. Cela m'est resté dans le souvenir. Dans le tableau de cette année, la sieste est terminée, les soldats sont debout, comme le colonel. On s'apprête au combat, c'est une alerte, on annonce l'ennemi.

Irma. — Pauvres gens!

Madame Perrichon. — Moi, j'ignore si ce peintre-là est un grand peintre. Je ne m'y connais pas; mais toutes les fois que j'ai vu quelque chose de lui... eh bien, je ne sais si c'est l'exécution, si c'est le sujet, mais toujours ça m'a touchée, et ça m'a dit quelque chose.

M. Perrichon. — Allons, je le mets comme l'autre sur mon carnet d'échéances.

Irma. — Voyez donc quelle délicieuse petite fillette, ici, au n° 473; c'est de *M. Cot :* Mademoiselle H...; est-elle gentille! Si j'avais une petite fille, je serais ravie de l'avoir ainsi.

Monsieur Oscar, n'est-ce pas le même *M. Cot* qui avait fait l'an dernier le charmant tableau : *Jeunesse?* Si je me rappelle bien, deux jeunes gens.... un jeune homme et une jeune fille...

M. Bassecourt... *se balançant.* — Certainement, j'ai bon souvenir; *M. Cot* voulait montrer sans doute que l'amour est une balançoire.

M. Oscar. — Parlez pour vous, monsieur Bassecourt.

Madame Perrichon. — Ces vieux garçons, tous les mêmes!

M. Oscar. — Amour, lien des âmes, coloration de la vie, ligne sublime, excuse sublime de la matière; amour, toi qui règnes sur ceux qui ont la croyance et la foi dans le beau et dans le bien, pardonne à ce mécréant qui te méconnaît, parce que tu l'as dédaigné.

M. Bassecourt. — Merci! Voilà une phrase qui est modelée dans la pâte.

Ces Dames. — Charmant, charmant!

M. Bassecourt. — Si j'étais peintre, je ferais un tableau allégorique : *l'Amour épousant la Dot.*

M. Perrichon. — Ça ne serait pas déjà si bête. Un peu de l'un, un peu de l'autre, il faut cela. Le proverbe dit : La beauté passe, la laideur reste. Ce n'est pas pour la dot que je dis cela, car une dot de quatre cent mille francs, par exemple, n'a jamais passé pour avoir rien de laid.

IRMA. — Tenez, monsieur Bassecourt, voici qui vaut mieux que vous, permettez-moi de vous le dire. Au n° 363, *Basse-cour au Château*. C'est fin, charmant et coquet; quels jolis petits bébés près du pigeonnier! Et ces petites dames si fraîches, si bien mises; les délicieux canards! Oh! papa, comme je trouve ce petit tableau aimable et d'une jolie couleur! Si tu m'achetais cela? c'est de *M. Charnay*.

M. PERRICHON. — Nous verrons. Qu'en dites-vous, monsieur Oscar?

M. OSCAR. — Vous pouvez y aller; achetez sans crainte.

IRMA. — J'étais bien sûre que M. Oscar serait de mon avis.

M. OSCAR. — Puissiez-vous, Mademoiselle, être toujours du mien!

MADAME PERRICHON, *à part.* — Ce jeune homme est bien.

M. OSCAR. — Monsieur Perrichon, permettez-moi de vous signaler ce tableau de *M. Beyle* notamment, *Combat de tortues*. Suivez-moi ce garçon-là; un progrès étonnant de la couleur, de l'harmonie, de la solidité, faisant les étoffes et les accessoires d'une façon remarquable.

M. BASSECOURT. — Et les têtes?

M. PERRICHON. — Les têtes aussi. Je pointe *M. Beyle,* j'irai le voir demain.

MADAME PERRICHON. — Ah! par exemple, voici de la peinture qui n'est pas faite à la crème, 939 : *Première coquetterie,* par *M. Huas,* comme celle de *M. Haunneru*.

M. BASSECOURT. — C'est plutôt fait à la sauce.

M. OSCAR. — Et la sauce n'est pas mauvaise; cette petite fille a trouvé un joli morceau d'étoffe jaune, de cette belle étoffe *Regnault,* que ce grand artiste a su si bien mettre à la mode, et elle se plaît à l'essayer, ce qui vraiment ne lui va pas trop mal. Monsieur Perrichon, il faut pointer M. Huas, je ne vous dis que cela, et puisque vous ne voulez pas encore votre portrait par *M. Bastien Lepage,* à votre place, je me le ferais faire par *M. Huas.* C'est de lui, au numéro 938, un bon portrait de M. Couder, le peintre de fleurs.

M. BASSECOURT. — Et puis c'est un garçon aimable, complaisant, et si vous ne voulez pas de rides, il ne vous en fera pas.

M. PERRICHON. — Pourquoi me dites-vous cela, puisque vous savez bien que je n'en ai pas? Après ça, j'en aurai peut-être. Je prends toujours l'adresse de M. Huas.

M. OSCAR. — S'il avait eu à faire le portrait de Mademoiselle Irma, quel joli portrait!

IRMA. — Monsieur Oscar, je vous en prie...

M. PERRICHON. — M. Oscar est dans le vrai; tu as beau baisser les yeux et prendre la teinte du coquelicot, c'est comme ça.

SCÈNE XI.

M. PERRICHON, M. OSCAR, M. BASSECOURT, MADEMOISELLE IRMA.

M. PERRICHON. — Il faut dire que les Anglais, quand ils s'y mettent, ne se privent pas de faire de jolie peinture, et d'une belle couleur. Regardez-moi plutôt ce tableau, au numéro 271, *Zoological Garden*. Comment se fait-il donc que sous ce ciel gris, brumeux, ils rencontrent des tons aussi éclatants, aussi vigoureux; ces rouges étincelants, ces bleus et ces verts, et ces nacrés qui chatoient sans se heurter, et se fondent dans une harmonie chaude et vivante? C'est signé *John Lewis Brown.*

Du reste, il n'est pas besoin de voir la signature pour savoir qu'il est Anglais. Cela me rappelle des tableaux de *M. Bonnington,* un Anglais aussi celui-là, que j'ai vu figurer dans de grandes ventes à sensation.

M. OSCAR. — Cher Monsieur, tout cela est vrai. Seulement, suivant la formule de M. Bassecourt, s'il s'appelle *M. John Lewis Brown,* c'est du chic, car il est Français et des meilleurs, et s'est donné très-jeune la satisfaction de naître à Bordeaux.

M. PERRICHON. — Décidément, à notre époque, tout est bouleversé, on ne peut plus croire à rien. Un Monsieur qui s'appelle John, qui s'appelle Brown, et qui n'est pas Anglais! Voici qui renverse toutes mes idées.

M. BASSECOURT. — Monsieur Perrichon, il faut savoir s'habituer à tout. Il y a bien aussi *M. Washington,* un coloriste aussi, et dont les chevaux trottent vaillamment sur les traces de *M. Lewis Brown.* Eh bien, son nom, à celui-là, devrait lui faire un devoir d'être Américain. Pas du tout, il est né à Marseille.

M. OSCAR. — Troun de l'air!

M. PERRICHON. — Eh bien, maintenant, c'est une leçon, je ne parlerai plus qu'avec le livret.

IRMA. — Quelle charmante et pensive petite *Bretonne* que celle-ci, au numéro 1789, de *M. Vidal!* Monsieur Oscar, est-ce le même *M. Vidal,* ce maître charmant qui fait de si délicieux et délicats dessins au pastel?

M. OSCAR. — Mais certainement.

IRMA. — Comment s'y prend-il donc pour exécuter des dessins si suaves, si vaporeux, qui semblent colorés avec la poussière des ailes d'un papillon ou le pollen des fleurs? Un portrait réussi de Vidal, c'est un rêve.

M. OSCAR. — Comment il s'y prend, c'est un secret, et qu'il garde depuis bien longtemps. Il y a une vingtaine d'années que des maisons rivales ont essayé ce genre-là, personne n'a pu réussir. Il ne cédera jamais son fonds à personne.

IRMA. — Quel dommage !

M. BASSECOURT. — Dites donc, Monsieur Perrichon, vous savez que Mademoiselle votre fille mord à la peinture ?

M. PERRICHON. — Où est le mal ? Ce jeune homme est assez bien tourné, il est dans le mouvement. Il m'a dit avoir fait une douzaine d'huîtres, façon *Vollon*, et j'ai rencontré tout à l'heure un critique influent qui m'a déclaré que c'était un homme d'avenir, qui n'avait pas son pareil pour les velours et les satins. Je ne dis rien ; je regarde, j'observe. J'ai bien pris pour Henriette un banquier, il n'y a pas de raison pour que je ne place pas le reste de mon argent sur Irma chez un peintre. Qui sait ? Je vous ai fait part de mes observations, peut-être est-ce plus sûr.

Encore quelques tableaux à regarder par-ci, par-là, et nous irons faire un petit tour à la sculpture. Monsieur Oscar, je vous serai reconnaissant de vouloir bien prendre un double de tous ceux que nous avons pointés ensemble, en y ajoutant ceux que vous penserez devoir y mettre en plus, et vous aurez la bonté de me les apporter chez moi.

IRMA. — Vous n'oublierez pas, monsieur Oscar ?

M. OSCAR. — Jamais, Mademoiselle.

M. BASSECOURT. — Allons bon, en voilà un que nous n'avons pas encore vu, et il en vaut la peine, 1356 : le *Cheval de Troie*, par *M. Motte*. Quand on pense que maintenant il n'y a plus que des champs (*campos ubi Troja fuit*), là où l'auteur a reproduit l'aspect précieux de cette ville. Oh ! les Troyens, les Troyens ! quelle civilisation ! Dire que tout cela a été détruit et saccagé par ces canailles de Grecs. Voici le Palais-Royal, le Garde-Meuble, voici le chemin de fer, le chemin de ceinture qui passe au bas des fortifications, voici la gare des voyageurs, voici à gauche la salle d'attente, et tout cela est éclairé au gaz. Voici le cheval de bois qui est en fer. Il a fallu une grue à vapeur pour l'amener où il est. Seulement il fallait que ces pauvres Troyens fussent bien stupides pour que les préposés à l'octroi n'aient pas eu l'attention de regarder s'il n'y avait pas quelque chose à déclarer dans la machine. Du reste, ce tableau est fait avec beaucoup de talent et de soin. M. Motte est un savant, un peintre érudit, un élève de M. Gérôme. Ça ne m'étonne plus que son maître ait eu la grande médaille cette année.

M. OSCAR. — Avant de descendre, Mesdames, regardons le pastel de *mademoiselle Éva Gonzalès*, au numéro 2180, *la Nichée*. C'est étrange, c'est original et c'est charmant. Élève de Chaplin et de Manet, dit le livret. Il faut être bien jolie femme et avoir bien de l'esprit pour oser cette excentricité ! Ces deux messieurs doivent hurler d'être ainsi accouplés.

M. Bassecourt. — Il faut dire que la peinture de cette demoiselle est l'excuse de la peinture de M. Manet.

M. Perrichon. — Bassecourt, mon ami, n'insistons pas, je vous prie. Tiens, voilà un *Vidal* que je n'avais pas vu. 1788, *Marabouts dans la vallée de Constantine*. Celui-là est très-joli aussi ; mais est-ce étonnant comme cet artiste-là varie sa manière !

M. Oscar. — Ce n'est pas étonnant, puisque ce n'est pas le même ; le nom, du reste, semble porter bonheur.

Le *Bazar aux huiles,* 89, de M. *Baugnies,* frappe évidemment par un réel accent de vérité, et par son caractère observé : un peu plus de souplesse dans le modelé des figures, un peu plus d'éclat dans les lumières, et c'est un fort bon tableau. Je parierais que M. *Baugnies* a fait en personne son pèlerinage au Caire ; et son *Café chez un cheik,* au numéro 90, il est clair pour moi qu'il y a été prendre plus d'une demi-tasse.

M. Bassecourt. — Ce café ne manque pas de *cheik*.

M. Perrichon. — Monsieur Bassecourt, voulez-vous bientôt finir ?

M. Bassecourt. — Oh oui ! Il me semble qu'il serait bientôt temps de descendre à la sculpture.

Allons, un dernier coup d'œil à ce bon M. *Thiers,* 902, par M. *Healy*.

M. Perrichon. — C'est très-bien, on dirait qu'il va parler.

M. Bassecourt. — Heureusement, ce n'est pas à craindre. D'ailleurs, nous n'avons plus de temps à lui donner.

M. Perrichon. — Et derrière, quel est cet autre portrait ?

M. Bassecourt. — Sans doute M. Lepetit.

M. Perrichon. — Mais non, 777, vous voyez bien que c'est une baigneuse, par M. *Gauthier*. Une forte baigneuse même.

Allons, Mesdames, à la sculpture.

SCÈNE XII.

M. PERRICHON, M. BASSECOURT, M. OSCAR.

M. PERRICHON. — Enfin, on respire ici! ce n'est pas pour dire, mais cette peinture, à la longue, me porte réellement à la tête. J'ai des notes plein mon livret, et M. Oscar sera assez obligeant pour me communiquer aussi sa liste; car enfin, nous ne sommes pas là pour nous amuser, et les affaires sont les affaires. Parmi tous ceux que j'ai pointés, il faut espérer qu'il y en aura bien quelqu'un par-ci par-là qui se trouvera dans...

M. BASSECOURT. — ... La *dèche,* comme on dit dans le grand monde.

M. PERRICHON. — Et à qui je pourrai rendre un service réel en payant une toile à moitié prix.

M. BASSECOURT. — Perrichon, vous me rappelez le grand pélican blanc.

M. PERRICHON. — Non, mon ami, non; mais je sais dépenser quand il le faut, et d'ailleurs il y a des moments dans la vie où l'on est heureux d'obliger les autres.

M. BASSECOURT. — Obligations à intérêt fixe et avec prime.

M. PERRICHON. — Même quand je ne me connaissais pas du tout en objets d'art, j'ai toujours assez aimé la sculpture.

M. BASSECOURT. — D'abord, il y a des banquettes. On étouffe moins, beaucoup moins que là-haut. On peut fumer et l'on peut s'asseoir.

Je trouve que ça donne tout d'abord beaucoup de prix à la sculpture, et puis, on n'est pas gêné par la couleur.

M. PERRICHON. — Certainement, tout cela est quelque chose; mais il y a aussi le buffet, qui n'est pas positivement à dédaigner.

M. BASSECOURT. — En effet, rien ne creuse comme les arts.

M. OSCAR. — Permettez-moi, monsieur Perrichon, de vous indiquer un motif de plus.

Certainement la mission de la sculpture est haute et belle quand il s'agit d'élever aux grands hommes et aux grandes actions des monuments qui défient l'action du temps et qui se perpétuent avec les âges. Mais il n'est pas à la portée de tout le monde d'être un grand homme, et ce n'est pas encore la mode de s'élever à soi-même une statue dans sa cour et dans son jardin pour son agrément particulier.

Cependant, il est parfaitement admis que l'on peut faire exécuter son buste en marbre ou en bronze, depuis que les peintres, lorsqu'ils ont quelque talent, demandent hardiment dix, quinze, vingt et même jusqu'à cinquante mille francs pour un portrait, que le premier maladroit valet venu peut crever d'un léger coup de balai ou même de plumeau. On a commencé à s'apercevoir qu'un beau marbre, bien pur, bien transparent, faisait à merveille sur une colonne, dans une embrasure de salon, ou sur une console, avec une ceinture de verdure et de fleurs.

Ça ne se casse pas facilement et se crève encore moins; ça coûte moins cher qu'un portrait, c'est tout aussi meublant, et ça donne tout de suite quelque tournure à un salon.

De jolis bronzes bien aménagés sur les cheminées, les tables, les bahuts et les étagères, donnent à un intérieur un caractère riche et artistique.

Je crois que la mode ne saurait prochainement se dispenser d'ajouter l'éclat du marbre et les riches tons du bronze aux couleurs variées de la peinture dans tous les salons qui visent à l'élégance et à la richesse.

Certainement un buste de *Houdon* ou de *Coustou* vaut bien une peinture de Chardin ou de Fragonard.

Qui douterait qu'une nymphe de *Pradier,* une figure de *Jouffroy* ou de *Dubois,* ou un animal de *Barye,* ne prenne aussi bien sa place dans les salles ou les salons d'un hôtel, que les peintures de Messieurs tels et tels qui se vendent à des prix de moitié plus chers.

M. Perrichon. — Certainement, mon ami, je ne dis pas, mais par les temps de révolution, d'émeutes et de pétrole qui courent ou peuvent courir, voyez donc la supériorité de la peinture sur la sculpture! Emportez-moi donc un marbre de cinq cents kilos dans votre malle, ou sur votre voiture. Déménagez donc un bronze que l'on ne peut remuer qu'avec un cabestan!

Quand les temps seront plus calmes, je me lancerai dans les marbres et dans les bronzes tant que vous voudrez, mais jusque-là je préfère encore la peinture.

Ah! par exemple, si je pouvais avoir de ma fille un joli marbre, travaillé comme celui de la *Chloé,* par M. *de Vasselot,* ou comme celui de *la Jeune Fille,* par M. *Franceschi,* je ne dis pas; ça peut encore se déménager au besoin et se fourrer dans une caisse. Mais acheter quelque chose de grand et de lourd, et de meublant, tant qu'on ne saura pas, un jour ou l'autre, si l'on ne sera pas obligé de vendre ou d'aller voyager quelque part, c'est risquer son argent. J'attendrai.

SCÈNE XIII.

M. OSCAR, M. PERRICHON.

M. Oscar. — Vous attendez, cher Monsieur Perrichon, vous le pouvez ; mais quant à moi, je ne saurais plus attendre. Nous sommes au milieu de la verdure et des fleurs ; permettez-moi de saisir cette occasion. Votre fille est adorable.

M. Perrichon, *finement*. — Mon Henriette ! oh ! oui !

M. Oscar. — Oh ! non ! mademoiselle Irma ! Permettez-moi d'esquisser vivement la situation et de vous peindre ce que j'éprouve.

M. Perrichon. — Peignez, jeune homme, peignez.

M. Oscar. — Être le mari de mademoiselle Irma serait mon vœu le plus cher. C'est votre consentement que je voudrais obtenir.

M. Perrichon. — Jeune homme, je ne vous l'envoie pas dire, vous m'allez, je ne vous le cache pas, et la peinture a de l'avenir. Mais adressez-vous à ma femme. Les femmes, vous savez...

M. Oscar, *soupirant*. — Il n'y a que ça, comme dit Duprat.

(*M. Perrichon s'éloigne pour voir une nymphe couchée.*)

SCÈNE XIV.

M. OSCAR, MADAME PERRICHON.

M. Oscar. — Madame Perrichon, vous avez pu lire dans mes traits tout le trouble de mon cœur. (*A part*. Est-ce assez touché ?) J'aime votre fille Irma depuis plusieurs mois. La pensée ne me quitte plus. Voulez-vous qu'elle soit ma femme? Oh! Madame, j'attends en tremblant votre réponse.

MADAME PERRICHON. — Enfant! je le savais; on ne trompe pas les yeux d'une mère. Je le voudrais, mais M. Perrichon doit décider avant tout.

M. OSCAR, *lui baisant la main.* — Oh! Madame!

SCÈNE XV.

M. OSCAR , MADEMOISELLE IRMA.

M. OSCAR. — Mademoiselle Irma, je n'ai pas besoin de vous le dire, vous le savez, vous avez pu lire dans mes traits tout le trouble de mon cœur; je vous aime. Voulez-vous être ma femme? j'attends en tremblant votre réponse.

MADEMOISELLE IRMA, *rougissant.* — Monsieur Oscar, je le voudrais; demandez à papa et à maman.

M. OSCAR. — Alors, chère Irma, il n'y a plus qu'à demander le consentement de M. le Maire.

SCÈNE XVI.

M. ET MADAME PERRICHON. — Dans nos bras! mon cher gendre, dans nos bras!

(*Embrassement général derrière le Discobole de M. Le Bourg.*)

M. BASSECOURT. — Allons, bon! il n'y a rien pour moi; on oublie donc les amis, on n'embrasse pas ce bon petit père Bassecourt? (*Chantant à la cantonade :*)

> Encore un croûton de casé,
> V'là l' vitrier qui passe.

V'lan! la dot est dans le sac!

M. PERRICHON *à M. Bassecourt.* — Vous dites?

M. BASSECOURT. — Je dis que je serai de la noce.

M. OSCAR. — Parbleu!

LE GARDIEN. — Allons! Messieurs, on ferme.

LES ARTS.

On parlait un jour devant le sculpteur Ferat, dont l'accent méridional réjouissait les ateliers parisiens, du caractère des artistes en général.

— Ceux qui disent qu'ils ont du talent, c'est qu'ils n'ont pas de talent, s'écria-t-il ; ceux qui disent qu'ils n'ont pas de talent, c'est qu'ils en ont, et beaucoup !

Puis il ajoutait, de l'air le plus simple et le plus résigné :

— Quant à moi, je sais bien que je n'ai pas de talent !

La phrase de cet excellent Ferat, soulignée par son timbre avignonnais, eut jadis un succès fou ; — elle est restée légendaire.

Ce qui ést vrai, c'ést que tous les artistes, sauf de rares exceptions, retournent dans leur for intérieur cette même pensée illustrée par Ferat.

Bon nombre ne se gênent pas pour l'exprimer carrément; les autres prennent la peine, comme lui, de l'envelopper de petites précautions oratoires qui embaument la violette.

Ce qui est vrai aussi, c'est que sans cette petite vanité qui prête à rire aux banquiers, bureaucrates et commissionnaires en marchandises, sans cet orgueil, parfois naïf, et cette croyance en soi, l'artiste ne saurait exister.

Il faut que l'artiste croie en lui et à son œuvre avant de croire à l'œuvre du

voisin. Les chocolatiers écrivent bien sur tous les murs : Le meilleur chocolat est le chocolat... Perron ! Pourquoi les artistes ne jouiraient-ils pas du même privilége que les chocolatiers ?

Demandez à Courbet ce qu'il pense de Chaplin, il lèvera les épaules; demandez à Chaplin ce qu'il pense de Courbet, il rira certainement. Demandez à Meissonier ce qu'il pense de Courbet et de Chaplin, il ne prendra peut-être même pas la peine de vous répondre.

Reste le public qui juge en dernier ressort, qui se soucie peu de l'opinion personnelle de chacun, et répartit son approbation aux uns comme aux autres suivant l'impression que l'œuvre de chacun lui produit.

Mais demandez aussi à la douce Revalescière ce qu'elle pense de l'Eau de mélisse des Carmes, et à l'Eau de mélisse des Carmes ce qu'elle pense de la douce Revalescière.

Questionnez les Biétry sur les Cuthbert, les Huret sur les Fichet, M. Naquet sur M. de Broglie et M. Rouher sur M. Gambetta.

Il est fort probable qu'ils n'ont ou n'avaient pas plus d'indulgence les uns pour les autres que M. Delacroix n'en professait pour M. Ingres, et M. Ingres pour M. Delacroix. .

Et cependant M. Ingres et M. Delacroix, malgré les dénégations dont ils

frappaient réciproquement leurs œuvres, n'en sont pas moins restés les deux coryphées de l'époque.

*   *
*

Et cependant il existe dans cette vanité, pour ainsi dire tutélaire, d'étranges anomalies.

Cette vanité, dont le foyer de concentration réside tout d'abord dans la spécialité de chacun, s'épanche volontiers au dehors.

Mais l'opinion publique proteste en parquant les gens dans leur spécialité, et leur faisant pour ainsi dire défense d'en sortir.

De l'avis de quelques amateurs et suivant l'avis d'Eugène Delacroix, il faut le dire, M. Ingres était un violoniste distingué, et ses morceaux de violon l'emportaient de beaucoup sur ses morceaux de peinture.

M. Ingres, dit-on, s'affligeait profondément de ne pouvoir établir cette supériorité. Il n'en est pas moins mort musicien inconnu, de même que M. Glais-Bizoin mourra auteur dramatique incompris.

Géricault tenait plus à sa réputation de sportsman distingué qu'à celle de grand peintre.

Horace Vernet se montrait plus fier et plus heureux d'être colonel de la

garde nationale, chamarré de croix à la tête de sa légion, que peintre dans son atelier.

David, lui aussi, s'applaudissait plus de sa politique que de sa peinture.

Et jusqu'à Rubens qui semblait attacher plus de valeur à sa diplomatie qu'à ses tableaux.

Ces hommes étaient-ils sincères ?

La galerie n'en prend nul souci.

※ ※
※

Le public contemporain et celui de la postérité n'attachent point d'importance à ces prétentions qui, bien au fond, ne sont peut-être pas prises davantage au sérieux par leurs auteurs. Il exagère même cette habitude invétérée de parquer les gens, et ne leur permet pas de sortir de la spécialité qui les a signalés tout d'abord.

Il fallut des prodiges d'esprit à M. Caron de Beaumarchais, qui s'était fait une bonne réputation d'horloger, pour arriver à conquérir, de son temps, celle à laquelle il avait droit comme auteur dramatique.

Et pour bien des gens, sous Louis XIV et malgré la protection du maître, Molière est resté longtemps moins écrivain que tapissier.

* ** *

L'opinion met donc une barrière pour ainsi dire infranchissable entre les prétentions de ceux qui voudraient abandonner les spécialités dans lesquelles ils se sont fait connaître.

Je ne connais qu'un homme de nos jours qui ait triomphé de ces barrières implacables : c'était un négociant et voyageur émérite, M. de Waldeck, qui a fini, malgré ses antécédents, par percer comme peintre.

Mais il y a mis une persévérance qui n'est pas à la portée de tous, puisque sa notoriété de peintre ne lui est venue qu'à l'âge de cent trois ans, et au moment où j'écris, il en a tout au plus cent neuf.

LES VARIATIONS.

Souvent femme varie,
Bien fol est qui s'y fie!

écrivait jadis François Ier, de chevaleresque mémoire. Les femmes
varient, c'est vrai! et les hommes
donc!

L'histoire des variations, seulement depuis vingt-cinq ans, rem-
plirait des volumes, et c'est le
triomphe du grand Bossuet d'avoir
pu condenser en un seul la nomenclature des variations subies ou
prêchées par l'homme, depuis l'antiquité jusqu'à ses jours.

En ce moment, où le Salon de l'Exposition de peinture vient de s'ouvrir,
et où l'attention se porte peut-être plus particulièrement sur les œuvres
artistiques, il n'est pas sans intérêt d'examiner à quel point le goût a varié

chez le soi-disant amateur de peinture, dans la période de vingt-cinq ans dont nous avons parlé.

Variation du goût, ou peut-être de l'engouement indiscutable, puisqu'elle a pour critérium l'écu, ce maître suprême de l'époque.

Nous mettons sous les yeux du public l'autographe suivant du peintre illustre, Eugène Delacroix.

Ainsi c'était le 15 janvier, jour de terme. Ce bon Eugène Delacroix s'était peut-être trouvé pressé d'argent, les couleurs étaient chères, les toiles ne se donnaient pas pour rien. Bref, il avait été voir M. Thomas, et M. Thomas, qui est un brave garçon, lui remit trois billets de cent francs, recevant en échange le tableau de *Saint Sébastien*, plus une bonne et amicale poignée de main.

Or, quel est donc ce Thomas? Thomas, malgré son nom d'incrédule mémoire, est un homme de foi doublé d'un homme d'esprit et de goût.

Alors que personne ne croyait à Delacroix, il y croyait, lui. On avait beau lui dire : Mais, Thomas, mon ami, voyez donc ce que vous achetez, voyez ces croûtes, *vide pedes, vide manus,* ces mains, ces pieds, voyez comme c'est tourné, bistourné, cassé. *Noli esse incredulus;* répétait en haussant les épaules le bon Thomas. Et quand Delacroix lui apportait un petit tableau, jamais il ne le laissait partir.

Or, nous avons entre les mains une série de reçus signés Eugène Delacroix, et toujours adressés à M. Thomas. Le premier de ces reçus, daté du 31 décembre 1848 (la veille des étrennes!) est de cent francs pour un *Christ au jardin des Oliviers,* et le dernier est de douze cents francs pour un tableau représentant des Turcs et des Grecs. Il est daté du 7 mars 1856. Il y avait déjà de la hausse.

*   *

Or, quelle est la moralité de tout ceci? C'est que Thomas, dont on riait, Thomas, le seul, le vrai croyant, Thomas, à qui l'on n'eût pas donné dix francs du tableau qu'il avait acheté cent francs, a vu peu à peu la maladie étrange et absurde dont il paraissait atteint, aux yeux de ses confrères et amis, s'emparer du public, des amateurs et des acheteurs.

C'est que le tableau du *Saint Sébastien,* notamment, dont nous venons de donner le reçu autographe pour la somme de *trois cents francs,* s'est vendu officiellement et publiquement, à la vente de M. Laurent Richard, le 7 avril 1873, pour la somme de *trente et un mille cinq cents francs!*

Une petite fortune.

C'est que tous les autres tableaux ont suivi la même phase; c'est que, si le bon M. Thomas n'eût pas été un simple marchand de tableaux qui achetait les œuvres qu'il appréciait pour les revendre peu après avec un léger bénéfice pour pouvoir en acheter d'autres, et eût été un collectionneur comme il y en a tant, il serait tout bonnement millionnaire à l'heure qu'il est, rien que pour avoir fait ce qui était alors réputé folie et sottise.

Et notez ceci, c'est que parmi ceux qui achètent maintenant les Delacroix des prix insensés, puisque dernièrement l'un d'eux a été vendu soixante mille francs, un autre cinquante mille francs, il en est certainement qui ont figuré jadis au nombre de ceux qui levaient les épaules en voyant les chevaux bizarres ou les mains fantastiques de ces mêmes tableaux, et eussent refusé de les payer trois cents francs, comme l'audacieux M. Thomas.

Heureux celui qui, comme M. Adolphe Moreau, homme de grand goût, lui aussi, est assez riche pour conserver vingt et un Delacroix; parmi lesquels la fameuse *Barque,* dont il a refusé

Deux cent mille francs !

et qu'il a payée jadis trois mille.

M. Adolphe Moreau nous disait dernièrement encore que dans son stock Delacroix, il avait un jour pris celui qu'il avait jugé notablement inférieur, et que les vingt-neuf mille francs reçus en échange en vente publique l'avaient largement couvert de la dépense occasionnée pour l'achat des vingt et un autres.

Alors que, sauf par un petit, bien petit nombre de précurseurs, Eugène Delacroix était dédaigné, Rousseau, le grand paysagiste, était mis à la porte de l'Exposition et refusé impitoyablement par le jury; il en était de même de Jules Dupré; et les acheteurs étaient aussi loin de faire queue à leur porte qu'à celle de leur confrère Eugène Delacroix.

Eh bien, à cette même vente de M. Laurent Richard, nous avons vu un Rousseau se vendre soixante mille francs et un Dupré quarante mille. Variations ! variations !

Plaignez-vous donc, Messieurs les peintres qui avez été refusés au Salon de cette année. Plaignez-vous donc : Delacroix, Rousseau, Dupré et bien d'autres ont été refusés comme vous, et maintenant, s'ils vivaient, ce seraient eux qui refuseraient les autres !

Le vent tournera comme il a tourné.

*
* *

Du reste, il faut le dire, parmi ceux que l'amour et l'engouement de la peinture a saisis depuis quelque temps, il en est bien peu qui sachent reconnaître si une œuvre vaut ou si elle ne vaut pas, quelles sont les raisons pour lesquelles la valeur existe ou n'existe en rien. Les gens comme M. Thomas, qui s'est dévoué par conviction à acheter les premiers Delacroix, comme M. Paul Périer, qui achetait les premiers Meissonier et les premiers Rousseau, comme M. Duchatel, qui achetait les premiers Ingres, comme M. Saint-Remy, qui achetait les premiers Diaz, et M. Adolphe Moreau, qui achetait les premiers Rosa Bonheur; ces gens-là sont rares.

Les autres suivent de loin, et à la façon moutonnière, ils répètent en chœur au bout d'un certain temps :

Ohé! Delacroix!

Comme leurs compatriotes ou eux-mêmes répètent :

Ohé! Lambert!

Variation. Le vent a tourné; pourquoi? On n'en sait au juste rien.

* *

Il faut dire aussi que la spéculation s'en mêle, et que les mêmes amateurs qui jadis auraient carrément refusé d'acheter un Delacroix trois cents francs parce qu'ils ne savaient s'ils ne le revendraient pas un jour deux cents, s'empressent maintenant d'acheter un tableau trente mille francs parce qu'ils ont l'espoir de le revendre quarante mille.

C'étaient ceux-là mêmes qui achetaient jadis des actions du Crédit mobilier à dix-huit cents francs pour les revendre deux mille, et qui les ont revendues quatre cents francs.

Il n'en sera pas de même assurément pour les Delacroix et les Rousseau; mais il y a cependant l'article variation sur lequel l'homme prudent doit insister.

* *

L'école française du dix-huitième siècle, si recherchée, si en honneur aujourd'hui, se vendait si peu sous le règne des pontifes de l'Empire et de la Restauration, alors que les Girodet, qui se vendent aujourd'hui soixante-quinze francs, se vendaient dix mille francs, que les Greuze, les Fragonard, les Pater, les Watteau, les Boucher, les Chardin, les Prudhon même, étaient considérés comme sans valeur, et que les rares Thomas de l'époque ont pu les amasser sans presque délier les cordons de leur bourse.

Qui ne connaît la collection de Fragonard appartenant à M. Walferdin, une véritable Californie acquise pour quelque morceau de pain, au milieu des haussements d'épaules des sceptiques et des incrédules?

Pour Eugène Delacroix, et Rousseau, et Dupré, et Troyon, qui n'existent plus, le tableau des empressés à acheter pour des sommes folles ce qu'ils refusaient d'acheter jadis pour une misère, eût été des plus curieux.

*   *
        *

Il existe encore un de ceux pour lesquels l'inattention a été la même jadis et qui ont la satisfaction de voir la variation s'accuser en leur présence. J'ai nommé cet excellent homme de talent que tout le monde apprécie actuellement sous le nom du père Corot.

Jadis le père Corot avait exactement la même palette. Il peignait avec le même air qu'il sait faire circuler dans ses toiles. La transparence de ses eaux était tout à fait pareille. Ses arbres s'échevelaient de la même façon, et laissaient entrevoir les mêmes collines lointaines dans les mêmes horizons fins, pistachés de bleu tendre.

Eh bien, il est resté quinze années sans pouvoir vendre une toile. Peut-être ne connaissait-il pas le bon M. Thomas.

Un beau jour, on s'avisa d'en acheter une, puis une autre. Ça se vendait cinquante francs, cent francs, ça se vendait rien du tout, ça se remuait à la pelle, on se les jetait à la figure.

Pan! un beau jour le vent tourne. On s'aperçoit que le vent circule dans les feuilles, sur les terrains, dans les lointains harmonieux :

Comme on criait : Ohé, Lambert!

Comme on commençait à crier : Ohé, Delacroix!

On se mit à crier : Ohé, Corot!

Et tous de répéter : Ohé, Corot! Corot *for ever!* Chacun veut avoir un Corot dans sa galerie... Vive Corot!

On se précipite chez lui; ce qu'on ne voulait pas pour cent francs jadis, on le lui achète plusieurs mille francs. La moindre raclure de sa palette a du prix.

*   *
        *

Le bon et spirituel vieillard — il a soixante-dix-huit ans — rit le premier des gens qui s'aperçoivent enfin qu'il existait, après l'avoir laissé atteindre la soixantaine sans daigner seulement le regarder.

On fait queue dans son antichambre, on prend des numéros dans son escalier.

Il vend maintenant le plus cher qu'il peut, il fait avec l'argent qu'il gagne le plus de bien qu'il est possible de faire.

Ohé! Corot!

* * *

Eh bien! la peinture du père Corot est-elle meilleure aujourd'hui qu'elle n'était il y a vingt ans? Ses terrains sont-ils plus fermes, ses branchages mieux construits, ses premiers plans plus accusés? Point du tout.

Eh bien! la peinture de M. Eugène Delacroix est-elle meilleure aujourd'hu qu'alors qu'il la faisait? Les mains ont-elles plus de dessin, les fonds plus de légèreté, les draperies plus d'éclat, les tons plus d'harmonie? Nullement. Les défauts et les qualités ont persisté à être exactement les mêmes. Seulement, il y a eu variation, le vent a tourné.

En France, dans le domaine de la politique, comme dans celui de l'art quel qu'il soit, il faut savoir se méfier du vent.

LES ARTISTES PENDANT LA GUERRE.

On me pardonnera, je l'espère, de donner en ce recueil une place aussi étendue aux artistes, parmi lesquels j'ai vécu, que je connais, au milieu desquels j'ai tant de camarades et d'amis.

Il n'est pas de comédie dans laquelle la note émue ne puisse trouver sa place, pas de gaietés au milieu desquelles la fatalité humaine n'arrive à glisser quelques larmes.

* * *

Nous tous, qui manions sans cesse le pinceau, l'ébauchoir ou le crayon, nous possédons à coup sûr nos ridicules, nos prétentions et nos faiblesses; mais nous avons heureusement pu constater aussi, aux époques les plus douloureuses, que bon nombre d'entre nous ont eu leur abnégation, leur héroïsme et leur grandeur.

Puissions-nous rappeler par ces quelques lignes que les artistes, outre qu'ils sont les intelligences qui profitent le plus comme têtes de colonne à la gloire du goût français et parisien, au triomphe artistique des ouvriers du pays sur tous les autres du monde entier, sont aussi ceux qui tiennent à honneur de donner l'exemple de tous les dévouements, y compris celui de leur vie.

**

Et ils ont en outre cette supériorité sur bien d'autres, c'est, dans les temps troublés et malheureux, de ne pas demander à être députés, ni préfets, ni ministres, et de ne pas prétendre à gouverner la France.

**

Ceci posé, je ferai comme à la Chambre, et je demanderai la parole comme pour un fait personnel, me bornant à transcrire ici ce que j'écrivais dans mes chroniques du journal le Soir, au moment même où les événements se passaient, et où chacun de nous y avait sa part.

Voici ce que j'y trouve à la date du 31 octobre 1870 :

Les absents sont rares dans le clan des artistes, qui, à tout prendre, sont une des gloires et l'un des rayonnements de la patrie française.

Bien peu manquent à l'appel, et si quelques-uns font défaut, combien sont revenus en toute hâte, et au premier coup de canon, pour prendre leur part de responsabilité, de garde nationale et du reste!

Henri Regnault était à Tanger, il en est accouru au galop; de même, Baudry qui était à Rome, Toulmouche et Lambert qui étaient à Nantes, et Meissonier qui était à Poissy.

Une véritable bande est revenue d'Étretat : en tête, Vibert, Landelle, Faustin-Besson, Huas, Berne-Bellecour, Philippe Rousseau, Ch. Detaille, A. de Vasselot et bien d'autres. Les paysagistes de Fontainebleau ont opéré à l'envi leur mouvement de concentration sur Paris, comme les coureurs d'intérieur normands ou bretons.

Tout cela a revêtu à qui mieux mieux les costumes les plus fantaisistes et les plus variés, qui dans la mobile, qui dans les francs-tireurs, les tirailleurs de n'importe quoi, ou dans la garde civique.

Chacun fait ce qu'il peut et ce qu'il doit. Tout, je crois, sauf de la peinture, de la sculpture, de la gravure et de l'architecture, etc., etc. Autre temps, autre besogne. Et la misère, hélas! se met çà et là de la partie.

Hier matin, deux vigoureux gardes nationaux montaient la garde à la porte d'une boucherie du quartier des Martyrs.

Il y avait là une queue de bonnes femmes, de portières, de ménagères de toute sorte, à cabas, à panier, à bonnet, à chapeau; tout cela piaillait, se bousculait, se disputait pour obtenir du sacrificateur quelque portion réglementaire de victime.

Les deux gardes nationaux contenaient les fortes, soutenaient les faibles, ramenaient les égarées à l'aide de quelques bonnes paroles. Tout cela avec le calme et la sérénité du devoir rempli.

Nous nous sommes approchés; l'un était Ch. Marchal, le peintre charmant du *Choral de Luther,* et celui qui a découvert les Alsaciennes; l'autre était Stevens, l'élégant et fin Stevens que chacun sait.

Tous deux, une fois la besogne finie et la dernière commère disparue, elle et son cabas, se sont éloignés joyeusement, pourvus d'une côtelette loyalement conquise à la pointe de la baïonnette; c'était le prix et la récompense de leur station par ordre à la porte de la boucherie.

* * *

L'autre jour, un pochard séditieux était mené au poste par quatre hommes et un caporal; parmi les hommes deux décorés : l'un était Baudry, l'autre Sardou.
— Des vieux troupiers comme ça arrêter un ami! c'est pas riche! disait le pochard. Allons plutôt prendre quelque chose ensemble.
Tous deux étaient inflexibles.

* * *

Mais il ne faut pas croire que les artistes parisiens, quels qu'ils soient, ne prennent pas bravement et courageusement leur devoir au sérieux.

Ils comptent déjà plusieurs victimes, noblement frappées au premier rang.

Une compagnie de cent quinze hommes s'est formée sous les ordres de MM. Dumas-Sauvage, et sous le nom de *Tirailleurs de la Seine.* Dans cette compagnie se trouvent, outre quelques avocats de talent, des commerçants, un certain nombre d'artistes : Vibert, le peintre vivant et spirituel du *Gulliver couché,* qui a eu tant de succès à l'Exposition dernière; Berne-Bellecour, son beau-frère, qui a conquis la réputation de peintre depuis deux ans; Tissot, l'auteur de tant de peintures fines et originales; Eugène Leroux, à qui l'on doit la *Naissance bretonne* qui lui a fait sa réputation à l'avant-dernier Salon.

Le graveur Jacquemart, décoré tout récemment.

Louis Leloir, un peintre de talent.

Le sculpteur Jacquet, et Cuvelier, ce fin modeleur et ciseleur qui a su donner aux animaux toute la finesse que Meissonier a introduite dans la peinture.

Un architecte nommé Vanier, et quelques autres jeunes gens de l'École des beaux-arts.

Tout cela forme une compagnie de soldats gais, joyeux, pleins d'entrain, de bonne humeur et d'énergie.

Nous pourrons rendre quelques services aussi, se sont-ils dit. Nous saurons voir, raconter, éclairer en un mot, en examinant les positions, les décrivant, les dessinant au besoin, tout en faisant vivement le coup de feu, quand la chose se rencontrera.

Chaque jour, une partie de la compagnie fait une reconnaissance ou à droite ou à gauche, et plusieurs fois déjà les hommes ont eu maille à partir avec les postes avancés ennemis.

* * *

L'autre jour, c'était à l'affaire de la Malmaison. La compagnie est avertie le matin qu'il faut marcher. Parfait! Soixante hommes sont commandés.

Diable! diable! Voilà des régiments, des bataillons! Eh, eh! des canons, des caissons! une soixantaine au moins. Ça va donc chauffer! Allons-y le plus gaiement possible.

Ainsi me raconte l'un d'eux :

La trompette, les tambours, les fanfares! allons! Nous marchons, nous marchons. On nous met tout à fait en avant, c'est nous qui nous trouvons en tête de la colonne.

Après avoir longtemps marché, quelques coups de fusil tirés de loin nous annoncent l'ennemi. Nous gravissons un coteau, nous descendons en bon ordre un petit vallon, et nous regrimpons la crête du coteau suivant.

Pour le coup, les voilà à plusieurs centaines de mètres de distance. Immédiatement, avec quatre-vingts enfants perdus de la ligne, nous sommes déployés en tirailleurs, et prenant nos distances, nous nous mettons dans les vignes, à genoux, couchés, blottis à notre guise, ouvrant le feu sur tout notre front.

* * *

Un corps important de Prussiens sort du bois qui nous fait face et se met en ligne, faisant sur nous un feu d'enfer.

Les balles sifflent, bondissent autour de nous; les soldats et mobiles, placés assez loin en arrière, ripostent comme nous. Nous tirons de notre mieux et dans le tas, mais nous ne pouvons nous rendre compte du résultat sur cette longue tache noire qui se voile à chaque instant d'éclairs et de fumée.

Un officier vient nous dire de cesser notre feu, nos mitrailleuses sont arrivées, et la fumée de nos chassepots empêche de bien juger les coups. Nous cessons donc de tirer, et les mitrailleuses remplissent leur rôle. Par-dessus notre tête volent des nuées de mitraille. Les Prussiens ripostent.

Pendant une longue et terrible demi-heure, nous ne tirons pas, suivant religieusement la consigne; mais quelle situation désagréable! Les balles frappent la terre, comme une épouvantable grêle, le sol semble bouillonner, des détonations nous assourdissent, des cris rauques se mêlent au bruit des détonations.

Une balle frappe mon fusil, la hausse est brisée, le coup part en ce moment : je le dirigeais sur un casque qu'éclairait un rayon, au milieu d'un effet de lumière saisissant de couleur.

Au moment même, un coup violent sur la hanche et sur la cuisse droite.

Je remue encore tout cela, c'est douloureux, mais rien de cassé. Bonne affaire! En ce moment, la trompette sonne la retraite, nous nous levons, nous nous replions en arrière. Arrivés au point de ralliement, nous nous comptons, il en manque beaucoup à l'appel.

Nous retournons en avant. Dans les vignes, impossible de voir à longue distance. Nous ramenons sous le feu ceux que nous pouvons trouver.

Le pauvre Cuvelier, le sculpteur, est frappé d'une balle en pleine poitrine, mort sur le coup.

L'un de nous a vu Eugène Leroux, il avait reçu une balle à la hanche, une autre à la jambe gauche; il était tombé, ne pouvait marcher. Nous ne le retrouvons plus.

Vanier, l'architecte, a reçu un éclat d'obus en pleine poitrine, et une balle dans les reins.

Vibert, deux fortes contusions à la hanche et à la cuisse.

Les enfants perdus, mis en avant comme nous, ont aussi quelques blessés.

Nous revenons en bon ordre, et l'on nous fait force compliments, mais les oreilles me tintent encore des coups de canon et de mitrailleuse, et je vois encore les bouillonnements du sol, sous les crépitations incessantes de la mitraille et des balles.

* * *

Tel fut le récit de notre camarade et ami.

Ajoutons qu'eux et leurs braves compagnons et officiers ont été mis à l'ordre du jour par leur général et le commandant en chef de l'armée de Paris.

* * *

Bravo, Messieurs les artistes! Je suis sûr, disait l'un d'eux, que si Robert Fleury fils, si Cabanel, si quelques autres que je connais et qui sont partis, eussent pu deviner ce qu'il y avait à faire ici, ils se seraient certes empressés de revenir.

Ce qui est certain, c'est que beaucoup d'artistes y sont, à Paris, tout disposés à faire de leur mieux.

Une simple remarque. Il faut avouer qu'un pays est bien riche, et peut-être bien prodigue, lorsque des généraux envoient insoucieusement en avant et comme enfants perdus, des hommes tels que ceux que nous venons de nommer, qui brillent dans le faisceau parisien par l'éclat de l'esprit et du talent.

Certes, la vie est aussi précieuse à un homme qu'à un autre, mais quelque effort que l'on puisse faire pour arriver aux idées d'égalité parfaite, il est impossible de ne pas préférer la vie de Félicien David, de Gounod, de Meissonier ou de Jacquemart, ou de Vibert, ou de Cuvelier, à celle du premier roulier venu, du premier vendeur de contre-marques, ouvreur de portières ou coureur de *manezingues,* quelque purs que soient, du reste, ses sentiments patriotiques.

Si c'est un tort, je l'avoue en toute humilité.

* * *

Nous fûmes tous des plus impressionnés à la nouvelle de ces événements. En regardant autour de nous, nous nous disions avec effroi que certaines morts survenues sans profit appréciable pour le pays, seraient un deuil irréparable pour l'art et le monde entier.

C'est pénétré de cette pensée que nous fîmes paraître, en tête du journal, dans le numéro du 20 novembre 1870, la requête suivante :

REQUÊTE A M. JULES SIMON,

MEMBRE DE L'INSTITUT,
MINISTRE DE L'INSTRUCTION PUBLIQUE ET DES BEAUX-ARTS.

S'il y a l'art de la guerre, — que nous avons, hélas! quelque peu négligé, à en croire les événements actuels, — il y a aussi les arts de la paix, dans lesquels nous comptons certains noms qui sont encore, Dieu merci, la gloire et l'honneur français.

Or, n'existe-t-il point une loi de 1832 qui exempte de la conscription et de tout service militaire le citoyen doué d'assez d'art et d'assez de talent pour conquérir le grand prix de Rome, en peinture, en sculpture ou en musique, ou même en architecture?

Ainsi que fleurit encore une loi datant du premier Empire, s'il vous plaît, décrétant les mêmes exemptions au profit des prix d'honneur universitaires, sciences et lettres?

Dans le cas qui nous occupe aujourd'hui, il s'agit d'un homme qui a obtenu tout d'abord le grand prix de Rome comme peintre, qui a été nommé chevalier, puis officier de la Légion d'honneur, puis membre de l'Institut.

Il s'agit de J. Baudry, dont la vie a été tellement absorbée par les travaux nombreux auxquels il doit son renom et son succès, qu'il n'a même pas trouvé le temps de se marier.

Il s'ensuit que J. Baudry se trouve, en qualité de célibataire non encore âgé de quarante-cinq ans, dans le cas de marcher au feu, comme faisant partie des bataillons de guerre de la garde civique, et qu'il vient d'être définitivement appelé.

Il est évident que la mort de J. Baudry ou de quelque autre grand artiste comme lui, tué par une sotte balle prussienne, tirée du fusil du premier mangeur de choucroute venu, serait un deuil pour tous, et une défaite infligée à l'art français, — comme aux autres.

Préservons-nous donc au moins de ces défaites-là.

De même que l'on s'efforce de protéger nos objets d'art et nos monuments célèbres contre les bombes ou les balles ennemies, ne faudrait-il pas aussi travailler à protéger ceux qui les font?

Le soldat stupide qui tua jadis Archimède, à Syracuse, n'a-t-il pas retardé le génie humain de plusieurs siècles peut-être?

La balle qui a frappé Jean Goujon, à la fontaine des Innocents, n'a-t-elle pas privé la France et tout le monde intelligent de plusieurs chefs-d'œuvre?

Vite! vite! Monsieur Jules Simon, vous qui présidez à la fois et à l'instruction publique et aux beaux-arts, vite, un bon petit décret qui pare à ces fautes des réglementations et lois nouvelles.

Ou bien une inflexible réquisition qui confine dans l'atelier ou le cabinet de travail, pour œuvres de leur spécialité, Jules Baudry, Henri Regnault, qui se trouve, à peu de chose près, dans le même cas, et les quelques hommes de science ou d'art, rares et précieux à tous, et dont l'éclat de la France a besoin.

Mais surtout ne dites pas à Baudry que la proposition vient de moi, il m'en voudrait.

A. BERTALL.

Naturellement, M. Jules Simon ne répondit pas. La fatalité, heureusement, épargna Baudry, qui persista malgré tout à continuer, dans les bataillons de marche, son métier de simple fantassin.

Mais on sait la mort cruelle de ce charmant et regretté Henri Regnault. En relisant plus tard notre requête, il nous semblait que nous eussions demandé au ministre sa grâce par avance, et qu'il nous l'avait refusée.

(Le Soir du 28 janvier 1871.)

Il nous arrive une nouvelle qui nous met au cœur une douleur profonde.

A l'attaque de Buzenval, la deuxième compagnie du 69e bataillon a été fort éprouvée. Henri Regnault, le peintre charmant, le brillant et chaud coloriste auquel on doit le portrait équestre de Prim et la toile étincelante de *Salomé*, Henri Regnault n'a point reparu.

L'idée qu'il a pu succomber sous une balle barbare, oui, barbare est le mot, car jadis on épargnait jusqu'à la simple maison de Pindare le poëte, cette idée ne saurait nous pénétrer dans l'esprit.

Il y a des hommes que Dieu semble créer d'un rayon de soleil et de lumière, pour éclairer et réjouir ceux qu'assombrissent au jour le jour la suffisance, la vanité et la bêtise humaines. Ces hommes-là appartiennent à l'humanité entière, aux gens de cœur, d'âme et de goût qui naissent partout, et partout protestent contre toutes les brutalités et les barbaries qu'enfantent les débauches de la politique.

Ces hommes-flambeaux devraient être hors la loi sauvage qui semble maintenant régler les rapports des peuples. La mort de Henri Regnault, à laquelle nous nous refusons à croire, serait une douleur pour les quelques esprits délicats qui existent en Allemagne, comme le serait la mort de Knauss, ou de Kaulbach, ou de Richter, pour ceux de la France.

Henri Regnault, charmant, merveilleusement doué, jeune, — il n'a pas vingt-sept ans, — en possession d'un succès récent qui promet un nouvel et brillant maître à l'art moderne, est un de ces joyaux précieux qui forment la parure des peuples. Les peuples se doivent à eux-mêmes de ne pas en être prodigues.

* * *

La pourriture emporte et dissout les tueurs et les massacreurs d'hommes ; il reste d'eux à peine l'exécration et l'effroi qu'ils ont répandus sur les campagnes et les villes.

Les savants, les artistes, les poëtes laissent autre chose. Ce qu'ils lèguent c'est leur âme, leur génie, leur souffle. Par eux l'humanité se console, et trouve quelque repos et adoucissement dans ses souffrances ; ils sont la vie, les autres sont la mort.

Si Meyerheim, Knauss, Brendel, Schenk, Schreyer, qu'il a connus, et auxquels il a serré la main comme nous à Paris, en applaudissant à leur œuvre, apprennent la triste nouvelle, ils en pleureront, je l'espère, des larmes de sang.

La mort de Raphaël, ou de Michel Ange, ou de Rubens, ou de Rembrandt, ou de Kant, ou de Humboldt, ou de Corneille, ou de Fulton, ou de Newton, ou d'Arago, à vingt ans, avant d'avoir dit leur mot à la patrie humaine, eût été une plus grave perte pour l'humanité que mille batailles où l'on aurait semé les cadavres de landgraves, de margraves, de ducs et d'électeurs, de généraux, d'officiers et de soldats par centaines de mille.

Qui sait combien de génies la férocité des guerres a supprimés dans leur vingtième année ! Nous allons répéter ce que nous avons dit : Puisque vous blindez vos chefs-d'œuvre, blindez aussi ceux qui les font.

Mais espérons que tout ce charme, tout ce talent ne sont pas perdus pour nous et pour tous, et que notre Henri Regnault est prisonnier, et que toute cette appréhension que nous avons pour lui n'est qu'un cruel et mauvais rêve.

*
* *

C'était, hélas ! on le sait maintenant, une cruelle réalité.

*
* *

Lorsque le rêve absurde et sanglant de la Commune vint planer sur Paris, nombre d'artistes, après avoir fait contre l'ennemi leur devoir, avaient quitté la ville pour aller retrouver au dehors ceux dont ils avaient été séparés si longtemps. Mais il en était resté cependant parmi nous un bon nombre que leurs familles et leurs intérêts y maintenaient malgré tout.

*
* *

Nous connaissions tous G. Courbet, nous le considérions comme un grand et gros enfant à la tête faible, à la vanité forte, une sorte d'arbre noueux et inconscient sur lequel poussait naturellement le talent, comme les pommes poussent sur le pommier.

Nous savions tous qu'il avait ce que l'on appelle à l'atelier, son *araignée dans le plafond,* ou son *écrevisse dans la tourte.*

Or, depuis longtemps, cette araignée ou cette écrevisse lui avait inspiré la manie de *se poser en ennemi de la colonne.*

Quelques années auparavant, à Bruxelles, il avait agité la question dans une de ces brasseries où il rayonnait comme coloriste et comme orateur.

On se rappelle ce poëte fantaisiste qui s'était posé comme ennemi intime de Casimir Delavigne, et même de son souvenir.

Au moment où l'on inaugurait au Havre la statue de l'auteur de *Louis XI* et des *Vêpres siciliennes,* il s'était présenté dans la réunion enthousiaste qui présidait à la cérémonie, et, demandant la parole, avait ainsi commencé :

> Habitants du Havre, Havrais,
> J'accours de Paris tout exprès
> Pour démolir cette statue.
> Il est des morts qu'il faut qu'on tue!...

Édifiés par ce commencement, les Havrais ne le laissèrent pas continuer, et on le poussa immédiatement à la porte.

Cette manie d'iconoclaste s'était donc emparée de Courbet. Il faut absolument démolir la colonne et le petit bonhomme qui est dessus, disait-il en vidant son dixième verre.

— Voyons, Courbet, mon gros, disait un interlocuteur, c'est au bonhomme que vous en voulez, démolissez le bonhomme, mais laissez la colonne.

— Oui ! eh bien, qu'est-ce qu'on mettra dessus?

— Dame ! je ne sais pas. C'est rue de la Paix, n'est-ce pas? Le bonhomme représentait la guerre, tu n'en veux pas. Très-bien. Représentons la Paix. Qu'est-ce qui représente la paix? Ne sont-ce point les arts?

— Parfaitement.

— Eh bien, alors, on pourrait mettre la statue de l'art là-haut, au quinzième au-dessus de l'entre-sol. Ou bien, par exemple, un artiste célèbre qui personnifierait l'art; toi, par exemple, là-haut en bronze, est-ce que tu crois que tu ne ferais pas bon effet?

— Mon ami, c'est peut-être aller trop loin, dit Courbet.

Et il devint rêveur.

* * *

Bref, nous étions tous au courant de cette manie, et lorsque, le lundi 10 avril 1871, les artistes furent convoqués, salle de l'École de médecine, à une réunion présidée par M. Courbet et destinée à organiser la république des arts, nous nous y sommes rendus un certain nombre, décidés à troubler les agissements de son *araignée,* et à jeter quelque perturbation dans ses toiles.

Nous nous sommes trouvés vis-à-vis d'un projet d'organisation artistique préparé à l'avance, et qui concluait à la nomination de quarante-sept membres des diverses classes d'artistes, chargés de tout réglementer et tout organiser.

Bien que l'assemblée fût composée en grande partie de gens étrangers à l'art proprement dit, et d'ouvriers recrutés çà et là parmi les professions qui s'en rapprochent, on procéda à la discussion et aux votes nécessaires.

Les quarante-sept membres présentés sur une liste passèrent d'un commun accord, et voici comment nous rendions compte de cette séance dans le numéro du 18 avril :

Ces quarante-sept membres seraient élus tous les ans, et le tiers seulement des membres sortants pourrait être réélu, afin d'éviter la perpétuation de certains groupes hostiles au progrès. Cette mesure a paru excellente et fut votée à une grande majorité.

Sur l'observation faite par un membre que 47 n'était pas divisible par 3 et que le tiers exact n'existant pas, on ne pouvait sans danger conserver un fragment de délégué en éliminant les autres fragments, les artistes consultés se sont ralliés à l'opinion du bureau, qui a décidé qu'en raison des circonstances, le tiers de 47 serait de 15.

N'y a-t-il pas là, sous prétexte de révolution artistique, une révolution mathématique des plus graves?

* * *

Une conquête importante acquise par le vote est celle-ci : on a déclaré que les femmes étaient assimilées aux hommes, à la fois électeurs et éligibles. Ainsi les citoyennes Jacquemart et Rosa Bonheur, et *tutti quanti*, pourront dorénavant voter et siéger comme le premier rapin venu.

Il sera désormais acquis que les citoyennes peintres, sculpteurs, graveurs, architectes, ont fait leur trouée dans les lignes artistiques. A quand la trouée dans les lignes politiques?

Tout se tient, me disait un voisin. S'il est convenu désormais que les citoyennes peuvent avoir autant de mérite qu'un citoyen pour juger un objet d'art ou déterminer l'usage et la réglementation de tel monument, de telle association, de tels fonds, pourquoi une citoyenne ne serait-elle pas appelée de même à confectionner les lois et à participer aux réglementations qui doivent les régir dans la société?

Rien à répondre. La trouée est faite. C'est la première.

* * *

Il s'est produit un incident des plus graves. Un membre ayant demandé si la société communale des artistes réunis avait pour mission la conservation de tous les monuments artistiques ou autres appartenant à Paris, le bureau et le suffrage universel consultés ont répondu affirmativement.

Le membre ayant demandé si l'Arc de Triomphe, le Louvre, la colonne Vendôme, étaient rangés au nombre des monuments et devaient être conservés, le bureau et le suffrage universel ont dit oui presque à l'unanimité.

Voilà donc la Commune de Paris qui a, hier matin, décrété la destruction de la colonne Vendôme, en contradiction flagrante avec la Commune des arts déléguée et autorisée par la Commune de Paris, et qui s'y oppose. Un État dans l'État.

Et la raison est à la Commune des artistes, car si son avis n'était pas suivi, en admettant la possibilité, pour chaque parti se succédant au pouvoir, de détruire les monuments produits dans le passé par le parti contraire, au bout de cent ans Paris n'aurait plus un monument debout, ce qui est à considérer — quand ce ne serait qu'au point de vue pittoresque.

Un artiste délégué de la Commune, qui prenait la parole dans les moments de danger, et qui, nous a-t-on dit, est graveur sur pierre et se nomme Chabert, a eu du succès en acceptant carrément les choses et déclarant que ceux qui voudraient détruire le monument artistique de la colonne Vendôme sont aussi coupables que les Vandales de Versailles lançant leurs obus et leurs boulets sur le monument artistique qui a nom l'Arc de triomphe de l'Étoile. (*Sensation.*)

***

Ainsi, sur notre initiative, les artistes réunis, additionnés d'un certain nombre qui se faisaient passer pour tels, décidèrent, en séance publique, la conservation des monuments artistiques de Paris, notamment la colonne Vendôme, et quarante-sept membres furent désignés pour veiller à cette conservation. Or, vous savez ce qui arriva par la suite.

Malgré ces décisions, arrêtées en séance officiellement provoquée et reconnue par la Commune, on procéda néanmoins aux préparatifs nécessaires au *déboulonnage* et à la destruction de la colonne.

C'est alors que le vendredi 5 mai 1871, désolé de voir, malgré tous nos efforts, s'accomplir ce vandalisme, en présence même d'autres Vandales ennemis qui applaudissaient, et c'était leur rôle, je fis paraître, non pas dans *le Soir,* que la Commune venait de supprimer, mais dans *l'Étoile,* qui s'efforçait de le remplacer, et qui fut également supprimée huit jours après, la protestation qui suit :

MONSIEUR LE RÉDACTEUR,

Je viens de voir élever autour de la colonne Vendôme certains échafaudages que l'on m'assure destinés aux ouvriers qui vont procéder à la démolition de ladite colonne.

Je tiens, à ce propos, à rappeler ce qui s'est passé à la réunion des artistes convoqués à l'École de médecine, le lundi 10 avril 1871.

Cette réunion a été jugée suffisante par la Commune pour nommer, au suffrage universel, un président, le citoyen Courbet, deux assesseurs et quarante-sept membres chargés de réglementer tout ce qui se rattache à l'organisation artistique, à la conservation des collections, musées, monuments, etc.

Le règlement préparé par les soins d'une commission, et rédigé *à priori*, a été publiquement et officiellement discuté, article par article, et voté par le suffrage universel direct de ces artistes réunis. Il a été consacré par l'insertion à l'*Officiel de la Commune,* et par conséquent approuvé par elle.

Or, sur la proposition d'un d'entre nous, il a été voté à la presque unanimité des voix que tous les monuments de Paris, ayant un caractère artistique quelconque, notamment la *colonne Vendôme*, et l'*Arc de Triomphe*, seraient conservés, et que les artistes délégués seraient chargés de veiller à leur conservation.

Je ne suis pas de ceux qui considèrent la colonne Vendôme comme un objet d'art de qualité supérieure. Cette imitation de la colonne Trajane n'est pas sensiblement supérieure à la colonne de Juillet.

Toutes deux sont des monuments médiocres, mais on ne saurait sans injustice leur refuser la qualité de monuments et d'objets d'art.

Où en serions-nous tous, hélas! à partir du citoyen président Courbet jusqu'au dernier d'entre nous, si les œuvres médiocres ou même mauvaises n'avaient plus le droit de vie, et si chaque parti arrivant au pouvoir supprimait les objets d'art et monuments qui lui déplaisent?

La résolution de conserver le monument en question ayant été votée par les mêmes hommes qui ont nommé Courbet et les autres délégués, approuvés par la Commune, ainsi que doivent l'établir les procès-verbaux, il est évident que si, en dehors de leur action et malgré le vote acquis, on procède à la démolition du monument que l'on a décidé devoir conserver, les quarante-sept délégués artistes doivent officiellement protester et s'opposer à la démolition; car sans cela ils se trouvent moralement et matériellement responsables.

Agréez mes salutations empressées.

BERTALL.

5 mai 1871.

D'autres sans doute protestèrent comme votre serviteur, rien n'y fit.

Je n'ai pas eu la satisfaction d'avoir mieux réussi que pour Baudry et notre cher Henri Regnault.

La colonne tomba.

Maintenant on la reconstruit, mais on ne rendra pas la vie à celui qui devait être un des plus grands artistes de notre temps.

LE TRAVAIL.

Tout autour des murs de Paris et dans les quartiers à fabriques, les longues cheminées se couronnent de ces panaches noirs de fumée, qui appellent les ouvriers au travail.

Le travail !

Grande et sainte chose ! la seule vraie ! Seule consolation, seul refuge : le travail de la pensée qui élève l'esprit, ou le travail manuel qui l'apaise ; le travail qui améliore, qui produit et qui rend prospère.

La révolution de 1848 s'est faite au nom du travail : « Le travail, c'est la liberté ! » disait-on et chantait-on sur tous les airs possibles. Le droit au travail était ce qu'on prétendait réclamer avec toutes les énergies.

La révolution de 1871 n'y a pas mis tant de façons. Ce qu'on voulait, ce n'était plus le droit au travail, c'était plutôt le droit à ne rien faire.

Il y a longtemps que notre ami Alphonse Karr appelait les classes soi-disant laborieuses, les classes qui demandent à ne pas travailler.

Les derniers événements lui ont donné cruellement raison. Nous avons tous vu durant le siége de Paris par les Prussiens, nombre d'ouvriers aimant mieux gagner trente sous à boire du petit bleu, jouer au bouchon, fumer des pipes tout le jour, que cinq ou six francs à travailler de leur état.

Tout le monde se rappelle le décret du pauvre général Clément Thomas, qui autorisait la réquisition des cordonniers dans la garde nationale, car on ne pouvait recruter assez d'ouvriers pour confectionner les souliers néces- saires à la troupe.

Il fallait forcer les gens à gagner six francs en travaillant, alors qu'ils pré- féraient dépenser trente sous à ne rien faire.

* * *

J'ai sous les yeux, en ce moment, un des livres les plus intéressants que l'on puisse lire sur la question ouvrière à Paris.

Ce livre est intitulé LE SUBLIME. Il est écrit simplement. Les phrases sont taillées à coups de serpe, noueuses; elles n'ont été touchées ni par lime, ni par rabot, mais elles ont un accent juste et vrai. On comprend que l'auteur est un ouvrier véritable, qu'avant d'avoir pris par hasard, et pour être utile, la plume qu'il tient de sa main robuste et exercée, il a manié le marteau, le pilon, qu'il a forgé, qu'il est devenu forgeron, et ne raconte que ce qu'il a vu et qu'il sait.

Or, voici le résumé que fait l'auteur dans un tableau comparatif :

« Ce tableau, dit-il, résultat de nos observations, est la conséquence du milieu dans lequel nous nous sommes trouvé depuis vingt ans : ce milieu est celui des mécaniciens, des travailleurs dans le fer.

« En général, plus un ouvrier gagne, moins il travaille de journées par semaine.

« Dans la partie du fer, soixante pour cent des travailleurs sont *sublimes*.

« Ces chiffres sont sérieux et consciencieux : que le patron qui occupe de soixante-dix à cent travailleurs fasse des observations pendant une année, s'il renouvelle deux fois son personnel, il arrivera aux mêmes résultats.

« Vous savez ce que c'est que l'ouvrier vrai, l'homme consciencieux, travailleur, intelligent, honorable et honoré.

« Savez-vous ce que c'est qu'un *sublime* ?

« Le *sublime* est un ouvrier qui fait de deux cent à deux cent vingt-cinq jours de travail au plus par année, se *saoûle* une fois au moins par quinzaine.

« Il paye son terme difficilement, mais quand il peut déménager *à la cloche de bois,* il use du procédé.

« S'il est célibataire, il loge dans d'ignobles garnis ; il aime ça, on ne lui fait pas de morale. On ne peut donc pas être un peu ému ?

« S'il est marié, il paye son boulanger, parce qu'il n'y a pas moyen de le *lever ;* son *mastroquet,* jamais.

« Faire un *pouf* est pour lui une gloire.

« *Couler* son patron, c'est plus qu'une habitude, c'est un devoir.

« Le *sublime* dans un atelier est un dissolvant. Il y a là des apprentis, il les protége et les instruit. Quelles bonnes leçons ! Il leur fait chercher des outils impossibles, tels que le marteau a trois pannes. Il les fait battre et boire, les grise au besoin, leur apprend la manière de tirer une *loupe ;* du travail, il ne leur en parle jamais. Au lieu de devenir ouvrier, l'enfant devient *sublime ;* chacun sait combien ce qui est mauvais se développe mieux que le bon chez les jeunes natures, qui ont souvent dans leur famille des exemples fâcheux.

« Aussi les résultats sont certains.

« Sur cent apprentis, nous défions qu'on nous en montre dans la mécanique, à Paris, plus de vingt qui ne soient pas des *sublimes* de la plus belle espèce. »

Ainsi parle l'auteur du livre, et il parle évidemment *de visu.*

Quelles générations de jeunes ouvriers se préparent donc pour l'avenir !

L'auteur propose quelques remèdes qu'il espère favorables pour obvier à cette épidémie désastreuse. Ces remèdes seront-ils suffisants ?

***

Des hommes de bien, comme lui, ont essayé de rompre le courant dans lequel sont entraînés les jeunes apprentis, qu'ils veulent enlever dans l'avenir à l'armée de la paresse, de la débauche et de l'ivrognerie, à cette armée qui tue, détruit et incendie.

J'en ai connu un, entre autres, esprit profond, âme ardente, noble cœur. Il vient, dans ces derniers et tristes jours, de payer de sa vie son dévouement et sa vertu.

Il s'appelait Planchat, — un martyr.

J'ai été au collége jadis avec lui, ici, à Paris. Il y a fait de sérieuses études. Un beau jour, Planchat, qui n'en avait jamais rien laissé voir, est venu à mal tourner, comme dirait le citoyen Félix Pyat ; il s'est fait prêtre.

Mais il faut le dire, ce n'était point un homme à faire du mal à personne. Il avait un peu de fortune, il distribuait tout en bonnes œuvres, soignait les malades, visitait les pauvres, — il était souvent plus pauvre que ceux qu'il visitait, — mais de braves gens lui venaient en aide, et lui permettaient de se retourner.

L'œuvre à laquelle il s'était consacré surtout était celle des jeunes apprentis. Il connaissait la plaie, il voulait essayer de la guérir.

Boulevard de Charonne, rue des Bois, il avait réussi à monter et diriger une maison, où il faisait venir les apprentis et les ouvriers le dimanche ; la maison s'appelait le Patronage des apprentis de Sainte-Anne.

Les enfants et ouvriers trouvaient là un excellent accueil, des secours au besoin, de bons livres, des leçons utiles, des jeux de toute sorte, des gymnastiques, des billards, des quilles, des tonneaux, des boules, etc.

Ils passaient là gaiement leur journée, évitant les barrières, le vin, l'eau-de-vie, les débauches de toute sorte, et le lendemain pouvaient reparaître à l'atelier sains, reposés, dispos.

Il va sans dire que les *sublimes* ne connaissaient guère la route de Sainte-Anne.

— Dans le quartier, on a l'air de m'aimer, me disait-il avec un bon sourire, on m'appelle *calotin,* mais on me pardonne de l'être.

Quand les derniers moments de la Commune arrivèrent, un certain jour des gardes nationaux vinrent arrêter le misérable qui faisait tout ce mal.

On eut beau réclamer près de Raoul Rigault, rien n'y fit. Toute la prêtraille y passera, répondit-il.

On conduisit l'excellent homme à Belleville. On le fusilla rue Haxo. Il montra dans sa mort le courage de sa vie.

Ce sont sans nul doute des *sublimes* qui l'ont fusillé. Son mode d'éducation pour les jeunes apprentis ne pouvait leur convenir.

LES CARRIÈRES DES FEMMES.

Nous avons consulté plusieurs femmes à ce sujet, et, dans notre impartialité, nous consignons ici, en partie, ce qu'elles nous ont répondu.

Le sexe le plus fort, mais le plus disgracieux, il faut le dire, a fait les lois, les règlements et consacré les coutumes.

Aussi les hommes n'ont pas manqué de se distribuer généreusement la part du lion.

Jadis la femme était une chose; la morale du Christ l'a faite une personne. Mais les hommes qui ont appliqué à leur guise cette morale dans les conventions et dans les lois, ont laissé avec une per-

sistance continue la femme se traîner à leur suite dans une situation inférieure et quasi domestique.

Notamment en France, ce pays de la galanterie et des concessions amoureuses, il a été cependant rédigé et promulgué une loi salique dont l'esprit
était de constater officiellement, dès les premières assises de l'état social,
l'infériorité flagrante de la femme, en proclamant son incapacité à tenir le
sceptre et à commander sur cette terre qui avait nourri les rois fainéants.

Les lois, coutumes et règlements qui déterminent les rapports des hommes
avec les femmes, ont suivi le mouvement indiqué par cette première et
injurieuse précaution.

☀ ☀ ☀

Cependant, d'autre part, certains règnes, comme celui d'Isabelle la
Catholique, celui de la grande Catherine de Russie, de la grande Élisabeth
d'Angleterre, ont laissé s'accréditer, parmi quelques esprits, cette pensée
que les rois en jupon pouvaient parfois se montrer supérieurs aux rois en
frac ou en pourpoint doré.

De notre temps, le règne de la reine Victoria ne nous paraît pas, pour
notre part, inférieur à celui de son père, à celui de son aïeul, à celui de
Louis-Philippe, à celui de Napoléon III.

Et l'on voit chaque jour la boutiquière assidue, dont l'intelligence surveille

tous les détails et les commis d'un vaste magasin, ne pas sembler inférieure
au boutiquier dont l'activité se dépense le soir en discours de café, en parties
de billard ou de piquet.

L'éducation et l'instruction de la femme sont entourées d'ambages et de difficultés sans nombre.

Lorsque, faisant litière de certains préjugés, par un effort de génie ou de volonté, elle franchit ces difficultés ou les tourne, il lui arrive d'écrire comme madame de Sévigné, madame de Staël, madame Sand ou madame de Girardin;

De peindre comme madame Vigée Lebrun, mademoiselle Jacquemart ou mademoiselle Rosa Bonheur.

Mais aussi, le plus souvent, pour faire excuser auprès des hommes cette outrecuidance qui les conduit à marcher dans les terrains qui leur sont réservés, elles font des concessions qui consistent à s'affubler d'un nom d'homme, ainsi que George Sand et le vicomte de Launay (madame de Girardin), ou d'habits masculins, comme Rosa Bonheur.

Quel homme a mieux compris les grands et divins poètes que Rachel? Quel chanteur a surpassé mesdames Sontag, Malibran, Viardot, Nilsson, Patti?

Voyez quels assauts il faut livrer à l'opinion et aux préjugés de toute sorte pour arriver à ces sommets que les hommes ont déclarés leur partage!

***

Les républiques n'ont pas montré plus de préoccupations galantes que les monarchies. Aux observations faites dans le sens de l'affranchissement de ces esclaves, qu'on appelle souvent nos maîtresses pour leur donner le change, messieurs les républicains répondent que l'impôt du sang étant le plus cruel et le plus lourd, les femmes, qui payent tous les autres excepté celui-là, n'ont pas droit, par cela même, aux avantages politiques, gouvernementaux ou autres, dont par suite les hommes se sont arrogé la propriété.

***

J'ignore quels étaient, dans l'antiquité, les avantages conférés aux Amazones, qui payaient, elles, l'impôt du sang, et savaient vaincre les hommes jusque sur le champ de bataille. L'avantage se bornait-il à se voir couper le sein droit, à titre d'excédant de bagage? Nous ne le croyons guère.

En tout cas, les Amazones ont démontré victorieusement que les femmes pouvaient combattre comme ceux du sexe laid, et savaient même, contrairement aux idées reçues, les terrasser dans les luttes corps à corps.

Si pareille chose était vraie dans ces temps héroïques où l'on ne se servait, à courte portée, que de l'arc, des flèches et du glaive, combien ne pourrait-elle l'être à notre époque où l'on échange la mort à plusieurs kilomètres de distance?

Les femmes meurent tout aussi bravement que les hommes, et la statistique déclare qu'elles vivent plus longtemps.

L'essai qui a réussi jadis pourrait, si on voulait, se tenter encore aujourd'hui et réussir de même.

Messieurs les républicains n'ont donc que de mauvaises raisons à donner lorsqu'ils refusent, en vertu des idées nouvelles, le brevet d'égalité à celles qui sont leurs mères et leurs sœurs.

On m'assure que c'est à cause de leurs femmes.

Il est vrai qu'il en est bon nombre qui savent parfaitement se venger.

* * *

Par suite de la situation créée par les hommes, il ne s'ouvre réellement pour les femmes que deux carrières :

La carrière du mariage et celle du célibat.

Pour réussir dans la première, il faut simplement une dot.

Pour réussir dans la seconde, il est indispensable d'avoir ou du charme, ou de la grâce, ou de la beauté.

PETITE MAMAN.

UN VOLONTAIRE D'UN AN.

— Comment, vous ici, monsieur le marquis, dans ma cuisine?

— On est militaire ou on ne l'est pas, il faut être juste.

BOUILLON DUVAL.

— C'est ma tante qui m'envoie savoir si monsieur a du linge à blanchir
— Déjà blanchisseuse! Dans cinq ou six ans tu repasseras.

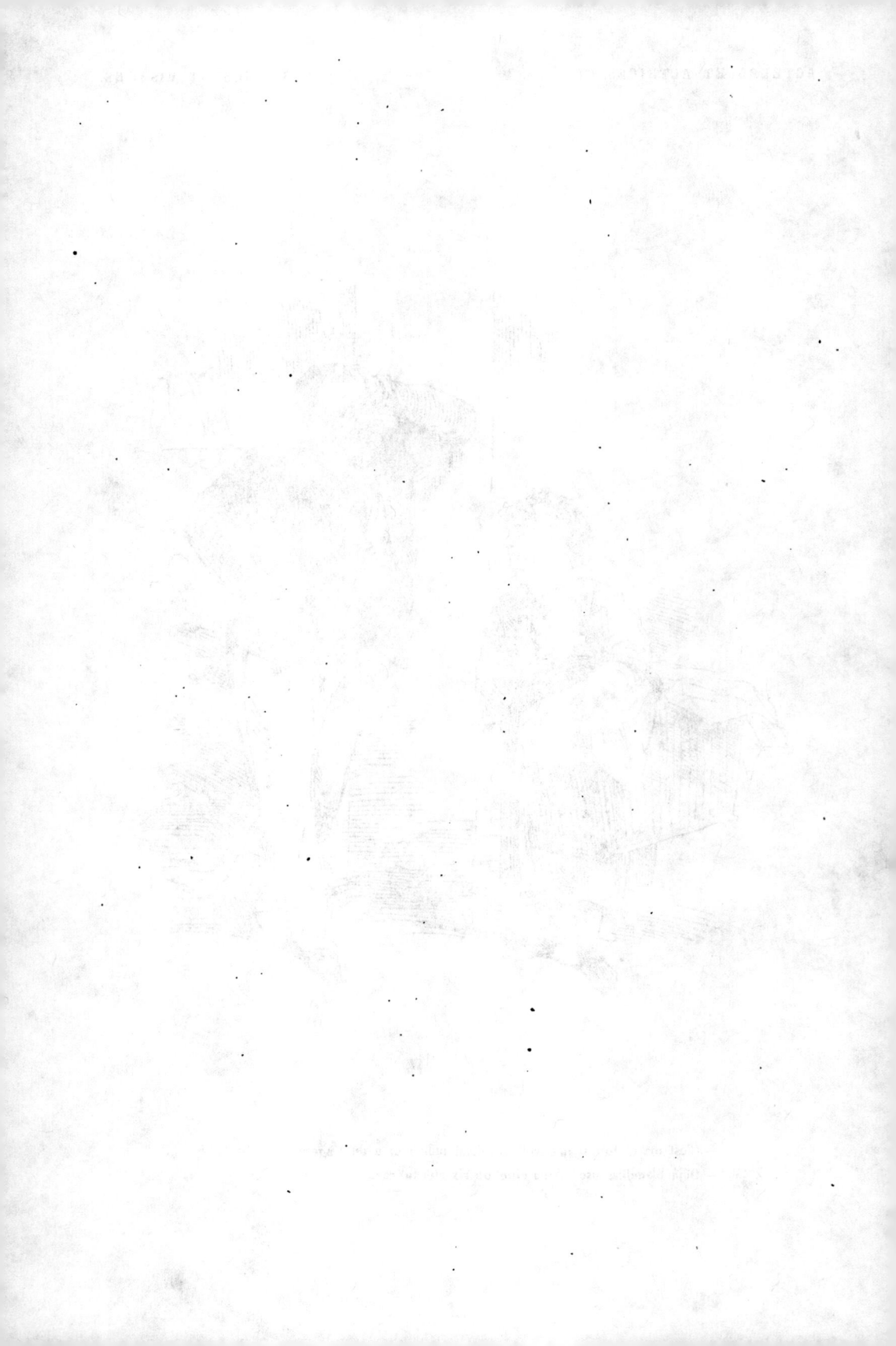

Dépourvues de ces deux condiments, les deux carrières n'offrent le plus souvent que déboires et désagréments de toutes sortes, sans les compensations offertes aux hommes par le mariage et le célibat qui ne sont pas pour eux une carrière. Aussi sont-ils convenus entre eux, et devant l'opinion admise, de ne prendre de ces deux états que ce qui convient à leur plaisir, à leur affection du moment, ou à leur intérêt ou à leur vanité.

Voici du moins ce que prétendent certaines femmes d'expérience.

***

Depuis la plus tendre enfance, dans les familles qui se respectent et qui acceptent les traditions et les coutumes sans l'idée de les modifier et de s'insurger contre elles, la petite fille est dressée, au point de vue du mariage,

à toutes les résignations, à toutes les abnégations et à tous les sacrifices qu'il entraîne, comme aussi à toutes les petites comédies qui le provoquent.

Dans certains milieux, au contraire, la petite fille est préparée à tout, en dehors du mariage. L'aménagement heureusement combiné du célibat deviendra pour elle une fructueuse profession, dont sa famille saura profiter, et qui peut-être saura la conduire à la fortune.

***

Nous avons entendu un mot terrible de cynisme.

C'était un acteur, disparu depuis, et dont la verve comique plaisait à la foule.

Sa petite fille, une charmante petite blonde de trois ou quatre ans, avait grimpé sur ses genoux :

— Qu'elle est gentille, dit un camarade, quels yeux charmants! quelles jolies petites fossettes !

— Mais oui! mais oui! répondit-il en donnant à l'enfant une caressante petite claque, dans une quinzaine d'années, voilà qui nourrira ce bon petit papa !

* *
*

La carrière de célibataire fournit, outre celles qui dédaignent le mariage ou que le mariage dédaigne, la plus grande partie des actrices, des dan-

Un page.

Une nymphe.

seuses, des artistes dramatiques qui touchent soixante francs par mois, et dépensent cent cinquante mille francs par an, les figurantes, mesdames les cocottes et celles qui marchent immédiatement à leur suite.

Les célibataires travaillent pour leur compte, mais en même temps, par leur tyrannie, leurs exigences et leurs insouciantes fantaisies, elles semblent destinées à venger leurs sœurs enrégimentées sous l'autre bannière.

En France, trop souvent, le mariage est une affaire, et la dot y joue presque toujours un rôle trop prépondérant.

En Angleterre, aux États-Unis, il n'en est pas de même. L'homme demande au mariage une compagne plutôt qu'une associée en sous-ordre, une épouse et non une commanditaire.

Aussi, le mariage une fois consommé, arrive-t-il parfois que l'associée réclame et que la commanditaire s'insurge.

*
* *

Les Anglais laissent plus de liberté à leurs filles, les Français à leurs femmes. Lequel des deux peuples est le plus sensé? Demandez aux célibataires.

En Angleterre, comme en Amérique, une jeune fille jouit d'une liberté dont elle use largement pour connaître et se faire connaître. Elle est protégée par les habitudes et par les lois du pays, et lorsqu'un imprévoyant s'engage imprudemment dans la nasse que les *misses,* en quête de maris, tendent au milieu des eaux célibataires, il ne peut s'en tirer que par le mariage ou par une lourde amende.

Il s'ensuit que, dans ces pays protecteurs du sexe faible, l'adage, encore en vigueur en France, est retourné.

*
* *

La mère française dit avec un certain orgueil irréfléchi : Mon coq est lâché, gardez vos poules. La mère anglaise ou américaine dira tout au contraire : Ma poule est lâchée, gardez vos coqs !

Il s'ensuit que les jeunes Anglais, bien et dûment avertis, se tiennent sur la réserve et ne sont pas fâchés de venir, de temps en temps, faire un voyage sur des continents moins rigoureux.

*
* *

En Angleterre et en Amérique, la recherche de la paternité n'est point interdite comme en France, et l'auteur de l'excellente farce de jeunesse qui

consiste à ruiner l'avenir d'une jeune fille abusée, en lui imposant une charge
dont il ne veut point sa part, ne trouve pas dans les mœurs et dans les lois la
sotte gloriole et l'irresponsabilité dont il jouit tranquillement chez nous.

LA PETITE FIFINE.
Débuts. Premier panier.

Parmi ces pauvres filles trompées, il en est que l'abandon conduit à la
misère, au désespoir, au crime.

Il en est aussi qui semblent chargées de venger les autres, et partent de là
pour aller gaiement et crânement dans une toute autre route, se faisant un

LA PETITE FIFINE.
De l'avancement. Second panier.

devoir et une profession de torturer et de pressurer jusqu'aux moelles ceux
que la loi ne saurait plus protéger contre elles, dévorant les héritages, épui-

sant les mineurs, troublant insoucieusement les ménages et les familles, et jetant sans pitié les majeurs et les vieux sur la paille, y mourant quelquefois elles-mêmes à la fin, après avoir fourni cette carrière d'expiation et de vengeance.

* * *

La société comme la morale étant basées sur le respect d'autrui et sur la continuation et la régularité de la famille, le mariage en est un des fondements indispensables. Aussi se marie-t-on quand on le peut et comme l'on peut.

Les uns, et c'est le plus grand nombre, se marient pour avoir une dot et se faire une position. La femme est un accessoire, et s'y résigne.

D'autres se marient pour faire souche et ne pas laisser périr la race qui eut la satisfaction de les produire.

* * *

D'autres, plus désintéressés, se marient parce qu'ils aiment, et parce qu'ils sont aimés ou se croient aimés. Ce sont-là les mariages d'inclination. Ces mariages-là se font, ou quand on est très-jeune, ou quand on est très-vieux. L'expérience établit que, malgré les satisfactions du début, il en est qui tournent mal.

Il en est qui se marient, non parce qu'ils aiment leur femme, mais parce qu'ils aiment les enfants.

Quelques-uns se marient lorsqu'ils sont fatigués, vieillis, malades, pour avoir une sorte de compagnon et de garde-malade, rester au coin du feu, et faire un bezigue chaque soir ou bien un whist avec deux morts.

Le paysan et le pêcheur se marient afin d'avoir, dans leurs enfants, des ouvriers qui ne leur coûtent rien pour leur champ ou pour leur barque.

* * *

Un célibataire convaincu, que nous croyons être Nestor Roqueplan lui-même, disait un jour : Le mariage et le célibat peuvent, au point de vue moral, s'attaquer et se défendre à armes égales : en pratique, le mariage est une bonne chose en province, à la campagne et en Suisse.

D'autres célibataires endurcis ou irrésolus attendent jusqu'au dernier moment une occasion qui ne vient pas, et finissent par mourir en tête à tête avec une femme de ménage qui met le sucre de la dernière tisane dans sa tasse de café au lait.

Il est des célibataires que l'épouvante des responsabilités et des dépenses du ménage arrête invinciblement sur le seuil, malgré les entraînements, irrésistibles pour d'autres, de la passion et du cœur.

* * *

C'est un de ceux-là sans doute qui faisait paraître dans les feuilles publiques l'annonce suivante :

« Un jeune homme, d'un physique agréable et qui désire se marier, voudrait faire la connaissance d'un monsieur âgé et ayant de l'expérience, pour le dissuader de son projet. »

* * *

En somme, la position de célibataire est possible et même gaie, pendant un certain temps, pour les hommes; elle est impossible et attristante pour les femmes, à moins qu'elles n'en tirent leur position et leur profit.

* * *

Il est encore une classe de célibataires, que l'effroi d'existences entrevues au milieu des drames conjugaux, que le besoin de se dévouer, et la surexcitation d'un sentiment poétique et religieux, a vouées au célibat, mais non pas à celui qui apporte dans sa robe toutes les jouissances et toutes les luxueuses folies.

* * *

Ces jeunes filles coupent sans regret leurs longues tresses, emprisonnent leur corps dans les grossiers vêtements de bure, et vont s'asseoir au chevet des blessés, des malades et des agonisants, prêtes à tous les soins les plus douloureux et les plus répugnants, préparées à subir toutes les contagions des repoussantes infirmités, prêtes à la mort.

Celles-là souffrent pour celles qui jouissent, et prient pour celles qui souffrent.

Ce sont les anges de l'humanité, dont elles ont dépouillé tous les appétits et toutes les faiblesses.

LES PIEDS SALES.

Un de nos amis, un peintre de talent, grièvement blessé pendant la guerre, nous a raconté la touchante impression de voyage que voici :

* * *

C'était vers la fin du mois d'octobre 1870, à Saint-Germain, au couvent de la Nativité.

Nous étions cinq dans une grande pièce préparée comme par les mains d'une mère, pour recevoir les blessés.

J'étais étendu, faible du sang que j'avais perdu, de la longue insomnie de deux jours que j'avais subie, et de la fatigue du transport. Je ne dormais ni ne veillais, mais j'avais une perception vague de ce qui se passait autour de moi.

Le soleil brillait à travers les rideaux blancs suspendus aux hautes fenêtres, à travers lesquelles un rayon lumineux venait m'apporter comme un soulagement et un espoir.

La porte s'ouvrit, et je vis entrer péniblement un chasseur de Vincennes ;

bonne figure, brune, énergique, mais les traits profondément altérés par la souffrance.

Le premier pansement avait été fait à la hâte. L'épaule était traversée par une balle ; une autre blessure avait fracassé une partie du bras droit.

C'était une sœur jeune, vingt ans à peine, qui le guidait jusqu'au lit blanc que l'on venait de préparer pour lui. Elle le fit asseoir avec précaution sur la chaise qui se trouvait près de la tête du lit.

— Mon ami, lui dit-elle avec un doux accent que j'entends encore, voici votre lit, vous devez avoir, avant tout, besoin de repos. Le docteur viendra tout à l'heure panser votre pauvre bras.

Le chasseur restait immobile, son front laissait perler de grosses gouttes de sueur.

— Laissez-moi vous aider, dit-elle.

— Non, merci, ma sœur, répondit-il.

Et il ne bougeait pas. Que se passait-il dans son esprit? Je le suivais du regard ; je ne sais quelle impression douloureuse s'était emparée de lui.

Enfin, il sembla saisir tout son courage.

— Ma sœur, dit-il, voici deux mois que je vis nuit et jour dans les tranchées, deux mois que je n'ai pas dormi dans un lit! Que vous dirai-je? Je voudrais vous demander si je ne pourrais avoir un bain de pieds?...

— Certainement, mon ami, et tout de suite.

* * *

La sœur sortit ; un soupir de soulagement s'échappa des lèvres du pauvre garçon.

Peu d'instants après, la petite sœur apparut portant elle-même à grand'-peine un vase brillant de terre vernie contenant de l'eau tiède ; et la vapeur estampait ses mains dont j'apercevais vaguement la silhouette.

La petite sœur attendait, se penchant vers lui pour l'aider.

— Non, je vous en supplie, dit-il.

Et de la main gauche qu'il avait seule libre, il s'efforçait d'enlever les gros lacets de cuir qui retenaient sa chaussure souillée de poussière et de boue.

Quel que fût son courage, la douleur l'emporta. Le mouvement qu'il faisait avait ravivé la douleur et la souffrance de son épaule brisée.

Il fut forcé de se rejeter en arrière ; une pâleur de mort se répandit sur ses traits, et il resta comme évanoui, la tête renversée sur le dossier de son siége.

La sœur s'était agenouillée devant lui. De ses doigts longs et blancs qui m'apparaissaient comme ceux d'une statue détachée d'un tableau du Fiesole, elle dénoua les tresses de cuir, ouvrit les lourdes chaussures, et tira tout doucement chacun des pieds du blessé.

Je vois encore ces pieds, ils n'avaient plus couleur humaine ; la boue des champs, la sueur fangeuse les avait couverts de teintes noirâtres, fauves et brunies de sang.

Elle prit pieusement ces pieds, les posa doucement dans l'eau fumante, et les frotta, comme jadis les femmes de la Bible faisaient pour les pieds poudreux des voyageurs.

C'était un tableau touchant que cette femme délicate et pure, entourée de longs voiles, agenouillée devant cette figure de soldat.

Le sentiment revenait peu à peu.

Les mains du pauvre blessé se joignirent.

— Oh ! ma sœur, dit-il avec un accent que je n'oublierai pas, oh ! ma sœur, pardon !

Et les larmes jaillirent de ses yeux.

*   *   *

J'ai revu dernièrement ce chasseur, maintenant tout à fait guéri.

— Quelles bonnes et saintes créatures, me disait-il, que celles qui nous ont soignés et sauvés !

Mais, je vous le dirai, je n'ai jamais souffert autant ni de la guerre, ni des Prussiens, ni de mes blessures, que lorsque j'ai compris qu'il fallait montrer à cet ange agenouillé devant moi des pieds affreux et noirs à faire fuir un escadron !

LA COMÉDIE DE SOCIÉTÉ

Comme si, dans la société, on ne jouait pas assez la comédie tous les jours!
Mais le succès des comédiennes et des jupons courts au théâtre empêchait sans doute ces dames
de dormir.

MON SUCCÈS DE CET HIVER.

— Cher marquis, vous êtes préposé aux tentures.
Prenez garde un peu à vos doigts et beaucoup
à mes boiseries.

—Moi, je n'ai que ce costume-là, Étoile-du-Matin. Il me va. Je veux l'utiliser.
— Délicieux! délicieux! mais ne craignez-vous pas que pour jouer la pièce de
M. Vercousin, En wagon, ça soit un peu voyant?

L'AMOUR.

—- Je représente une personne excessivement simple, j'ai
bien envie de ne mettre que trois bracelets.

— Heureusement que nous avons ce bon docteur, qui est si
obligeant, et qui accepte les rôles dont ces messieurs ne
se soucient guère.

LA MAITRESSE DE CÉANS!

Était-elle jolie en 1840!
— Bah! qu'ils s'amusent maintenant. Ils s'en-
nuieront tant plus tard!

— Il y a surtout cette scène à la fin du premier acte, scène difficile.
M. Ernest tient à l'étudier consciencieusement aux répétitions. Il
ne faut pas la manquer le jour de la représentation.

LA CRITIQUE DU MARI.

— Au bout du compte, je m'en fiche pas mal, moi, de votre pièce; et si tu crois
que ça m'amuse de te voir embrasser comme ça à tout bout de champ par ce petit
crevé d'Ernest!... J'en ai assez, je te le déclare.

COMÉDIE DE SOCIÉTÉ.

— Charmant! délicieux!! adorable!!! chère baronne. Seulement, ne craignez-vous pas qu'une rivière et des boucles en diamants...? Car enfin, Honorine est femme de chambre.

CÔTÉ DES MARIS.

— Dame! quand on a fait douze lieues dans les terres
labourées pour tuer trois cailles!

LA CRITIQUE.

— Eh bien! par exemple, mon mari aurait jeté de beaux cris
si jamais je m'étais prêtée à de pareilles choses! Maintenant, ça leur va à ces messieurs, c'est leur affaire.

— Mais, mon cher oncle, c'est un rôle dont personne
ne veut. Je me résignerai à le faire pour vous
obliger, mais à condition qu'on m'embrassera dans
la coulisse.

LA GALERIE.

— Cette petite baronne joue comme une véritable
pantoufle. Quand je pense que je vais lui dire
tout à l'heure qu'elle a du talent comme
mademoiselle Mars!

MADEMOISELLE VICTOIRE.

En dehors du mariage qui affranchit les Françaises, ou de l'exploitation du genre de célibat qui les enrichit, la seule carrière réellement fructueuse pour les femmes est la carrière de la cuisine.

Quoi que puissent faire les vigilantes maîtresses de maison, le genre de chorégraphie que l'on appelle vulgairement danse du panier donnera toujours de beaux bénéfices.

Les cuisinières ont renoncé au vieux procédé qui consistait à écrire sur leur livre de dépense :

Un petit pain d'un sou. . . deux sous.

L'affaire a été machinée savamment et combinée de façon plus adroite, mais elle n'a plus le mérite de cette éclatante franchise.

Les marchands, ou sont complaisants ou sont complices.

C'est sur la musique du poids que danse le plus souvent l'anse du panier.

Le poids qui est en moins dans le panier de mademoiselle Victoire, est en plus dans sa propre bourse, ou dans celle du respectable commerçant qui a vendu. C'est alors que l'anse du panier, allégée de ce poids, se livre joyeusement à ces gambades devenues légendaires.

Les primeurs, le gibier et le poisson offrent, par leurs variations mêmes, un champ vaste et que ces demoiselles cultivent avec l'attention la plus soutenue. Le prix n'étant jamais le même à la halle suivant la quotité des arrivages et les irrégularités atmosphériques, rien n'est plus facile que de prélever de temps à autre ou un quart ou même un tiers de la dépense, et le contrôle se trouve tout à fait impraticable.

⁂

Les fraises commencent, elles coûtent deux francs la livre.

— Ce n'est pas exorbitant, prenez-en deux livres, dit Madame.

MADEMOISELLE VICTOIRE.

UN PANIER BIEN LOURD.

— Dame! les paniers, c'est pas comme les danseurs, plus c'est lourd, mieux ça danse.

— Moi, me marier, ma bonne Catherine, non, non; je n'ai pas assez de dot.
Il faut avoir de quoi nourrir ses enfants.

— Très-bien, répond Victoire.

Et elle s'en fait peser une livre trois quarts, si elle y met de la discrétion; une livre et demie, si elle en met moins. Cela fait cinquante centimes ou un franc de gagné, sans compter le sou pour livre.

Et Madame n'y voit que du feu, Monsieur encore moins; on en est quitte pour placer quelques feuilles vertes de plus au fond du panier.

※

Ajoutez à ces profits le vieil impôt du sou pour livre que paye généreusement le marchand, car il lui permet de donner avec libéralité le coup de pouce de la fin aux balances de son comptoir, qui n'imitent que de loin les balances de la justice.

Et vous verrez comment mademoiselle Victoire, ou Catherine, ou Marguerite, arrive, grâce à ces manœuvres, appelées, dans la langue des cuisines, les petits profits, à se constituer quelques rentes sur le grand livre.

※

Une maison dans laquelle Madame compte tous les jours avec sa cuisinière, possède des balances dans sa cuisine et contrôle parfois le poids annoncé; une maison où Madame a parfois la fantaisie de vérifier le prix des denrées et de faire elle-même son marché, une telle maison est une *baraque,* ou bien une *turne,* ou une *boîte.*

Une *boîte,* il n'en faut pas : mademoiselle Victoire va porter son livre de dépense ailleurs.

※

La maison est signalée par les marchands des environs, et l'on ne trouve que des inexpérimentées qui ne savent pas même faire la soupe aux choux, brûlent le rôti et font de la colle double pâte en guise de sauce blanche.

Elles ne savent pas encore la danse du panier, mais elles l'apprennent bien vite, — avant d'apprendre la cuisine.

Aussi Madame, découragée, reprend parfois Victoire, se contentant de veiller à ce que, dans cette danse inévitable, l'anse du panier ne se livre pas au grand écart.

* * *

La statistique, cette indiscrète, assure que sur cent livrets déposés à la caisse d'épargne, cinquante pour le moins appartiennent à des cuisinières.

On n'a donc plus le droit de s'étonner quand on voit l'amour et la tendresse que les pompiers, gens sérieux, ont voués à cette classe heureuse de la société, qui dispose à propos de ces fins premiers bouillons prélevés sur les pot-au-feu, de quelques verres de bon vin puisés dans le sein des vieilles bouteilles, et de bonnes économies bien trébuchantes qu'elles peuvent apporter le cas échéant, avec ou sans la fleur d'oranger, sur l'autel de l'hyménée.

* * *

Il arrive souvent que Victoire épouse le pompier de ses rêves, que lui renonçant à ses pompes et elle à ses paniers, tous deux s'établissent, à l'aide des livrets de la caisse d'épargne, comme propriétaires d'un petit restaurant ou gargote.

Mais la danse du panier n'a plus son action bienfaisante; quelquefois cependant on réussit; mais s'il arrive que les livrets disparaissent un à un dans les dépenses improductives de la maison, cette maison se ferme, le pompier se fait cuisinier, et Victoire, désabusée, rentre dans sa *boîte,* où elle reprend avec une verve plus énergique que jamais la danse interrompue.

POUR LE BON MOTIF.
Dernière conquête de Victoire.

LES DAMES DE LA HALLE.

UNE des particularités des mœurs de la halle, c'est que les femmes y ont toujours tenu le premier rang; ici, point de loi salique; seules elles font les transactions, les ventes, les achats, tous les marchés. Les hommes leur sont soumis et se montrent dociles à leurs volontés.

A la halle, les femmes règnent et gouvernent.

Jamais on n'a dit : *Les hommes de la halle*.

On a toujours dit : *Les dames de la halle*.

Les hommes y sont inférieurs et pour ainsi dire en servage.

Et quand l'occasion de parler se présente, ici, ce n'est point comme partout ailleurs, ce sont elles qui prennent la parole, ce sont elles qui *engueulent*.

Les dames de la halle formèrent longtemps une espèce de corps qui avait ses franchises et ses priviléges.

Dans certaines occasions solennelles, et surtout aux naissance et mariage des princes et princesses, elles allaient féliciter le roi et la reine, offrir quelque merveilleux poisson et des bottes de fleurs.

Elles avaient leur franc parler, composaient elles-mêmes leurs harangues dans le style qui leur était propre, et partout elles étaient toujours bien accueillies et amplement régalées.

Nous retrouvons une vieille chanson, probablement inconnue, et qui fut chantée jadis par une dame de la halle, en 1753, lors du retour à la santé du duc d'Orléans, le père de Philippe-Égalité.

> Monseigneur d'Orléans,
> Vous qui êtes ici céans,
> Vous valez cent fois mieux
> Que tous les dieux ;
> A commencer par Jupiter,
> Et son p'tit frère, qui est dans l'enfer ;
> Et c't'y-là qui s'tient sous les iaux
> Pour faire enrager nos batiaux ;
> Et c'grand fabriqueux de combats,
> Qui met tant d'pauvr's chrétiens à bas.
> C't'y-là qu'a d'zailes au talon,
> C'est un fripon.
> Monsieur Phœbus
> Ne nous donne que des rébus.
> Et ce p'tit gueux de dieu, biau comme le jour,
> Nommé l'Amour.
> Ah ! c'est un p'tit chien d'animal,
> Qui ne nous donne que du mal.
> Mamzell' Junon,
> C'est un' guenon.
> Mamzell' Pallas,
> On n'en veut pas.
> Que dire de mad'moiselle Vénus
> Qui se donne aux premiers venus ?
> Quand tous ces dieux sont rassemblés,
> Ça fait des cieux bien mal meublés.
> Pour qu'ça soit beau, brillant et bon,
> Faudrait à leur tête un Bourbon.
> Comme vous, Monseigneur ; car t'nez, je vous le dis,
> Où que vous êtes, c'est l'paradis.

Cette chanson n'est-elle point l'ancêtre de celles qui, de nos jours, se chantent en plein *Orphée aux enfers* sous l'archet joyeux d'Offenbach ?

En tout cas, elle établit que les sentiments des dames de la halle n'étaient point révolutionnaires. Durant les plus terribles jours qui marquèrent de deuil la fin du dernier siècle, les dames de la halle, non-seulement ne fournirent point leur contingent parmi ces hordes de mégères et de cannibales en jupons qui déshonoraient la cause du peuple, mais au contraire elles s'opposèrent, toutes les fois qu'elles le purent, aux excès de ces misérables, leur arrachant leurs victimes et les dérobant audacieusement à leur vengeance.

* * *

Ces traditions, elles les ont conservées de nos jours.

C'était hier, pendant les jours néfastes de la Commune ; elles apprirent que M. le vénérable curé de Saint-Eustache, qui est la paroisse des dames de la halle, venait d'être arrêté par les ordres de Raoul Rigault, qu'il était destiné à servir d'otage et à être passé par les armes.

Elles se réunirent spontanément et allèrent trouver en corps Raoul Rigault à la Préfecture de police. Celui-ci faisait prétexter une absence et ne voulait point paraître.

— Nous ne bougerons point d'ici, vocifèrent les bonnes dames, nous voulons notre curé, nous l'aurons !

Raoul Rigault, vaincu, fut obligé à la fin de se montrer ; la Préfecture de police eût été prise d'assaut et saccagée sans cela.

— Votre curé sortira demain, dit-il.

— Non ! non ! pas demain, tout de suite ! nous voulons avoir notre curé, nous l'aurons, nous ne quitterons point cette place sans lui.

De guerre lasse, on fut obligé de leur rendre leur curé. Elles l'emmenèrent au milieu d'elles, et le conduisirent triomphalement à Saint-Eustache pour leur dire l'office et leur donner la bénédiction.

* * *

Depuis, ces imbéciles sanguinaires n'osèrent plus s'attaquer à Saint-Eustache, où les bonnes dames de la halle purent entendre la messe à leur aise, et quand cela leur faisait plaisir, jusqu'au moment où les obus de l'insurrection vinrent tomber sur la nef.

* * *

Les halles, depuis un temps immémorial, sont en possession d'un vocabulaire qui leur appartient en propre et qui est devenu légendaire.

Mais leur langage étrange, énergique et malsonnant, dont s'égayaient les beaux-fils, les petits-maîtres et les muscadins, n'empêchait point les traditions de vertu, de respect et même de piété.

* * *

Tout cela naturellement à leur manière.

Un jour, deux vigoureuses commères s'étaient prises de bec, et, après avoir épuisé les richesses de leur vocabulaire, avaient passé aux coups, qui commençaient à pleuvoir dru comme grêle.

Déjà les bonnets volaient au vent et les chignons voltigeaient sur les épaules. Le théâtre du combat était une de ces allées sombres qui donnent accès aux maisons placées au-devant des halles.

En ce moment, un prêtre portant le viatique à un agonisant se présenta pour passer dans l'allée qui conduisait à la demeure où il était appelé.

D'un commun accord, les deux commères décrétèrent une suspension d'armes. Toutes deux se mirent à genoux et firent dévotement le signe de la croix.

— Quand mon doux Jésus va être passé, disait chacune d'elles en courbant la tête, quelle tripotée je te vas flanquer, ma chère !...

* * *

Les dames de la halle ont été quelque peu déconcertées dans leurs mœurs et leurs habitudes par les constructions nouvelles en fer, qui ont enlevé à l'aspect de leur domaine le caractère étrange, pittoresque et légendaire qui lui était particulier.

En dépit des transformations extérieures et des modifications de costume,
les traditions, ainsi que le démontre l'histoire touchante de leur curé pendant
la Commune, se sont continuées parmi ces femmes, qui ne subissent point,
comme les autres, la tyrannie masculine.

Les forts de la halle sont quelquefois leurs maris, mais ils sont surtout
leurs commissionnaires, et ce n'est point à eux qu'elles ont coutume de
demander leurs inspirations.

***

Parfois elles se mettent en grande dépense.

En 1849, elles donnèrent au président de la République un bal dont on
parle encore sur le carreau des Halles; on avait fait couvrir l'étendue de
l'ancien marché des Innocents; au milieu de la gigantesque salle, la fontaine
merveilleuse de Jean Goujon dominait, brillamment éclairée, répandant une
fraîcheur inaccoutumée dans les fêtes envahies par la foule.

Le président de la République, Louis-Napoléon, tous les corps constitués,
avaient été invités et s'étaient rendus à l'invitation. Les bonnes dames avaient
revêtu les plus étranges mais les plus riches toilettes, et l'on voyait briller à
leurs oreilles et sur leurs robustes seins de vieux diamants exhumés du fond
des antiques tiroirs, et dont la possession datait de plus d'un siècle.

***

Ça sentait bien un peu le poisson, mais cela rentrait dans le caractère
local et l'on s'y faisait rapidement. Du reste, les choses avaient été bien faites,
et la partie du buffet et des rafraîchissements avait été soignée de main —
non pas de maître — mais de maîtresse bien entendue.

***

Depuis ce temps, les dames de la halle n'ont plus donné de bal; mais toutes
les fois qu'on se marie à Paris, dans les maisons qui en valent la peine, on
reçoit un bouquet qui vient de la halle, et auquel il est de bon goût de
répondre par quelques pièces d'argent.

L'autre jour, elles ont ressuscité encore une vieille coutume qui consistait jadis à aller porter un bouquet et leur compliment à chaque nouvel ambassadeur étranger accrédité près de la cour. Et l'ambassadeur récemment nommé par l'Espagne vient de recevoir leur visite et leur bouquet, en plein 1874, par une antique tradition qui remonte à Louis XIII et au grand roi.

UN DÉNOUEMENT

SOIRÉE DE CONTRAT

DE M. GUSTAVE ET DE MADEMOISELLE EMMA.

LES PARENTS.

— Nous le tenons donc enfin, ce mari si désiré! Oh! mon Emma chérie, je le sens aujourd'hui, le plus beau jour pour une mère est celui où on la débarrasse de sa fille.

LES DOMESTIQUES.

— Voyez-vous, mademoiselle Justine, cette petite demoiselle-là, ça ne sera pas déjà si commode, et si le futur ne se tient pas, elle lui en fera voir de grises.
— Quel dommage! un homme si aimable! hier encore il m'a pris la taille en passant dans l'antichambre.

LES AMIES.

— Que vous êtes heureuse, chère amie, de ne pas avoir de vains préjugés de famille qui viennent à chaque instant gêner votre choix! Votre fille, à vous, peut épouser tout le monde, mais mon Yseult...
— Oui, chère comtesse, il faudrait à votre Yseult quelque vieil ambassadeur en retraite. Le futur d'Emma est un peu vert.

* *

ADIEUX A LA MAISON D'OR.

— Il faut que tu sois rudement daim, mon petit Gustave, pour te marier comme ça si vite, quand tu as encore quelques cheveux; mais je te pardonne, à condition que tu viendras me raconter tes impressions; ça sera drôle!

LES AMIS.

Premier ami. — Un homme à la mer!
Deuxième ami. — Pauvre Gustave! sous la remise!
Troisième ami. — Enfin, ça me fait quelque plaisir de voir passer
un homme d'esprit dans le camp des jobards.
Quatrième ami. — Pauvre vieux! il faut te résigner!
Gustave. — Les affaires sont les affaires!

LES COMPAGNES.

— Ma chère Emma, je l'ai vu hier conduisant au bois. Quel
alezan délicieux, quel adorable groom anglais. Ah! tu es
bien heureuse!

— Ce que je ne peux comprendre, c'est M. Gustave; car enfin,
Emma est bien chétive.
— Quelle différence avec toi, mon Adèle! Les hommes ne re-
gardent qu'à la dot.

— Emma est lourde et vulgaire; elle deviendra grosse et
commune. Ah! si elle avait l'élégance et la distinction de
notre Olympia!

CHOEUR ANTIQUE.   DUO.

C'est charmant, les amoureux!

EMMA. — Je lui ai dit : Mon oncle, j'aime mieux des
obligations.

GUSTAVE. — Parbleu! et surtout pas de rentes espagnoles.

LE TROUSSEAU.

— Mais, ma parole, cette garniture est du point d'Alençon. Quelle folie !
— Ils ont dévalisé les grands magasins du Louvre. Un trousseau de princesse !
— Quel ridicule ! Quelle ostentation ! Cela est navrant !
— Ces gens communs, enrichis par le commerce... Tous les mêmes !

LE TROUSSEAU.

— Messieurs, je suis vraiment enchanté qu'il me soit accordé la faveur de contempler les jupes et chemises de l'aimable mariée.
— Moi, je ne suis qu'un simple chef d'escadron de hussards, mais il me semble qu'on les a faites un peu longues.

LA CORBEILLE.

— Un homme qui donne un châle, un collier et des boucles d'oreilles comme cela, je l'épouserais les yeux fermés.
— Et dire qu'avec tout cela cette petite ne sera ni moins commune, ni mieux tournée !

VISITE AUX APPARTEMENTS.

— Celui qui a installé cette petite chambre-là, c'est un gaillard qui a du chic. Est-ce un trône? est-ce un autel?
On a eu au moins l'attention de ne pas faire la couverture.

— Chère Madame, ne venez-vous pas voir le trousseau?
— Non, Monsieur: ces exhibitions me révoltent, et j'ai donné l'exemple des convenances dernièrement lorsque j'ai marié ma fille.
UNE DAME QUI PASSE. — Parbleu! sa fille, une horreur avec une toute petite dot, et pour futur un fesse-Mathieu.

CES DEMOISELLES DU COUVENT D'EMMA.

— Figure-toi, ma chère, que maman voulait à toute force me faire épouser ce monsieur-là. S'il plaît à Emma, je n'ai rien à dire. Moi, je l'ai vu l'année dernière aux bains de mer de Trouville! et je ne te dis que cela.

— Qu'avez-vous, mon enfant?
— Eh! Monsieur, ne le voyez-vous pas? Ma cousine se marie! la perfide! j'en mourrai!

LES VIEUX ONCLES.

— Moi, je ne fais pas de donation, c'est trop bête.
— Je tiens à ce qu'on me passe la main dans les cheveux jusqu'au bout.

LES AMIS DU CLUB.

— Eh bien, vraiment, elle n'est pas mal, cette petite ; elle est mieux que Cascarinette ; seulement elle n'a pas son chic.

— Moi qui suis un des amis intimes de la famille, je puis vous le dire, après l'histoire cocasse de l'année dernière, on n'espérait plus la marier, cette pauvre Emma. Rencontrer ce bonhomme-là sur son chemin, c'est de la veine.

MESSIEURS LES ARTISTES.

— La future de notre ami n'est pas trop mal comme ton. Mais le torse ne s'emmanche pas bien, et, entre nous, les abatis sont — un peu trop... bourgeois. —

— Tiens, voilà M. le Maire qui a été marchand de savons, et qui joue au whist avec mon oncle. Il vient de couper un dix maître, et mon oncle lui a donné un galop de première classe. Eh bien, ce que je ne peux pas me figurer, c'est que quand ce bonhomme aura mis sa sous-ventrière, comme dit Charles, et qu'il m'aura dit : Je vous marie, ce sera fini, je serai mariée.

LA SIGNATURE DU CONTRAT.

MADEMOISELLE EMMA, *à part.* — Enfin! si jamais je coiffe quelqu'un,
ce ne sera toujours pas sainte Catherine.

M. GUSTAVE, *à part.* — Enfin! je vais pincer la dot!

CONCLUSION.

On espère qu'ils seront très-heureux, et qu'ils auront très-peu d'enfants.

ÉPILOGUE

CEUX OU CELLES QUI ONT FINI LEUR JEUNESSE PASSENT LEUR EXAMEN

COMMISSION DES JUGES.

Les jeunes examinés par les mûrs.

Notes d'examen.

Le comte Guy de Platsac et le marquis Yves de Fontréba sont avertis que, n'ayant plus ni sou ni maille, ni santé ni jeunesse, ils feront prudemment, en profitant de leur dernier cheveu et de leurs derniers jours, d'épouser la fille du marchand de guano et celle du marchand de vernis dont il leur a été parlé.

Après examen, madame de Sainte-Amaranthe, bien que se disant encore jeune, est vivement engagée à faire au plus tôt la vente de ses diamants, tableaux et bibelots. Elle devra se hâter de se faire épouser par un Américain ou par un mineur.

**

Ayant une jolie dot, voulant choisir, et n'ayant pas choisi, fera bien de se presser, si elle ne veut monter en graine.

Chanteuse légère. Ferait bien de ne plus accepter les rôles de page et de travesti.

M. Gontran est engagé à faire une fin, et à se faire habiller chez Renard.

M. Jules, avocat, n'ayant pas de causes, désire causer à la Chambre comme député et même comme ministre. Au besoin il se contenterait d'une préfecture.

Le docteur Ernest, n'ayant pas de malades, croit qu'il pourra être utile à la France en la soignant comme député.

Mossieu Polyte n'ayant plus crédit chez le mauzingue et considérant le travail comme une des formes de l'esclavage, espère qu'à la première il pourra passer colonel.

La baronne est invitée à se contenter de faire l'éducation de deux ou trois petits jeunes gens, et de ne plus s'occuper que de bonnes œuvres.

Est engagée à continuer, mais sans trop se presser.

CHŒUR GÉNÉRAL. — Ah! si nous avions su quand nous étions jeunes!

TROISIÈME PARTIE

LES MURS.

La patte d'oie dessine son réseau autour de l'œil dont la flamme se voile, les traits s'épaississent ou s'accentuent, les tailles s'alourdissent, les fronts et les crânes commencent à se dénuder, les passions de la jeunesse s'éteignent, les premiers fils d'argent brillent dans la barbe ou dans les cheveux : c'est le signal.

L'âge de l'argent est venu. L'âge de l'argent ou des honneurs ou des ambitions qui y conduisent. C'est le temps où l'on est mûr pour faire le mal comme pour faire le bien; où l'on sacrifie tout ce que l'on possède à une grande et généreuse idée; où l'on brûle la maison du voisin pour se faire griller une côtelette.

C'est le temps du travail fécond, comme aussi celui des affaires et celui de la politique.

CARRIÈRE POLITIQUE.

Qu'est-ce que les affaires, et qu'entend-on par les affaires ? demandait-on à un homme qui en faisait.

Et il répondit :

— Les affaires, c'est l'argent des autres.

* *

Et la politique ? aurait-on pu aussi lui demander.

Quant à nous, nous répondrions sans hésiter :

— La politique, c'est la place des autres.

* *

En France, du moins, ce n'est pas autre chose, et, à bien regarder, il en est de même à peu près partout ailleurs.

En notre bon pays, où mûrit si bien la grappe, quand le phylloxera le permet, où le ciel est pur, où le climat est doux, où les femmes ont des sourires, des défauts ou des vertus qu'on ne trouve pas autre part, on est plus enraciné au sol, plus stationnaire, plus immobile par destination et par goût qu'on ne l'est dans toutes les autres régions sur lesquelles la Providence n'a pu répartir la même somme de satisfactions et de bien-être relatifs.

Les Allemands, qui habitent un sol laid et ingrat, sous un ciel bête; les Anglais, trop souvent noyés dans la brume; les Russes, qui gèlent sur pied les trois quarts de l'année, se décident volontiers à l'émigration. Ceux d'entre eux qui sentent bouillonner en leur for intérieur le sang des violentes aspirations et le désir des jouissances ou des richesses qu'ils n'ont pas, trouvent naturel et simple d'aller chercher au dehors ce qu'ils ne rencontrent pas sur le terrain natal.

※
※ ※

Chez nous, où la plupart des éléments de bien-être matériel ne font pas défaut, ceux qui aspirent à posséder ce qu'ils ne peuvent avoir, ne se décident point à exporter leur appétit, leur soif et les bouillonnements tumultueux de leurs désirs.

Ils préfèrent de beaucoup consommer tout cela sur place, car ils trouvent la place bonne.

Ils aiment mieux végéter sur le sol, dussent-ils le bouleverser, que chercher le plantureux développement sur le sol étranger.

※
※ ※

Quand, en France, par les voies ordinaires, on n'est pas arrivé à grimper à l'extrémité de quelqu'un de ces mâts glissants, où l'on décroche des timbales, lorsqu'on a essayé si bien de toutes les professions qu'à vrai dire on n'en a pas une, on se hâte de se réfugier dans la politique.

※
※ ※

En France, la politique est devenue une profession qui, nécessairement, comme toutes les professions, enrichit les uns au détriment des autres.

Ote-toi de là que je m'y mette.

Telle est la maxime qui préside à toutes les combinaisons de cette profession.

Le désir des places et l'ambition d'y arriver, sont une maladie qui sévit en France plus que partout ailleurs, et une sorte de phylloxera ou d'oïdium, proches parents de ceux qui s'attaquent aux vignes ou aux pommes de terre.

Certaines gens, grâce à certains politiques, ont les places et s'y cramponnent; les autres n'ont pas ces places, et cherchent à les en déposséder. Voilà toute la marche, rien de plus.

La politique, c'est la place des autres!

*\
* *

Jadis on prétendait que chaque soldat pouvait trouver un bâton de maréchal dans son sac.

Aujourd'hui, chaque citoyen peut trouver un portefeuille de ministre, ou même le fauteuil de la présidence, dans son bulletin d'électeur.

Les idées d'égalité, semées sans discernement sur toutes les couches sociales, ont exaspéré de plus en plus l'envie qui pousse les uns à s'emparer des places où d'autres se prélassent.

*\
* *

Chacun se dit plus ou moins, depuis celui qui envie la place de facteur rural ou de garçon de bureau jusqu'à celui qui ambitionne celle de ministre ou de président :

«Le hasard, qui a mis celui-là à la place que je devrais occuper et dont mon intelligence me rend plus digne que lui, est aveugle et doit être corrigé. Corrigeons le hasard! » Et l'on fait tous ses efforts pour chasser le rival de cette place où il se trouve à peu près bien, tout en faisant, de son côté aussi, de la politique, espérant trouver mieux.

*\
* *

De là, les machinations de toute sorte, les bouleversements et les révolutions, qui n'ont pas d'autre but; et ceux qui n'ambitionnent point de places et qui s'en mêlent pour autre chose que pour empêcher les bouleversements, courent grand risque d'être rangés dans la catégorie des fous ou des niais.

Le jour où les places seront si peu enviables et si peu rétribuées que chacun les redoutera au lieu de les ambitionner;

Le jour où l'on redoutera, par exemple, d'être nommé député, comme on redoute maintenant d'être nommé juré, comme on craignait jadis de recevoir un billet de garde, en qualité de garde national;

Le jour où l'on ne trouvera plus ainsi douze mille francs de rente dans son verre d'eau sucrée;

Et cent billets de mille francs dans son portefeuille de ministre;

Le jour où l'on entourera de gêne, de tracas et de l'argent tout juste nécessaire pour vivre, toutes les places en vue sans autre compensation que la satisfaction du devoir rempli et de la vertu, comme de l'abnégation satisfaites, il est bien à croire que la foule des gens qui passent leur vie à préparer des échelles pour monter à l'assaut de ces places, ou des barricades pour les défendre, cessera d'être foule et deviendra l'exception.

⁂

L'ère des révolutions pourrait bien être close par là même, et l'on se livrerait à des préoccupations plus fructueuses que celles qui consisteraient à conquérir des places où l'on ne récolterait que de la fatigue, de l'ennui, des tracas de toute sorte, où les profits seraient nuls et la bourse légère.

⁂

Mais comme il y a trop de gens intéressés à laisser les places comme elles sont, et les choses telles qu'elles se trouvent, il est à croire que nous continuerons encore, pendant un certain nombre d'années, à voir se développer ce système de bascule qui amène fatalement les changements de toute sorte et le retour climatérique des révolutions.

CANDIDATS.

Je ne sais pas si cela se passe ainsi autre part, mais en France il y a toujours au moins deux manières toutes différentes de voir une seule et même chose, quand il n'y en a pas vingt-cinq.

Parmi les peintres qui reproduisent le même objet, il en est qui voient bleu, d'autres qui voient jaune, d'autres qui voient gris, d'autres qui voient rouge.

Il en est de même parmi ceux qui s'occupent de quoi que ce soit, et même de politique.

C'est ce qui rend l'histoire assez difficile à écrire.

Le rôle de Tacite n'est pas tenu, cela se conçoit, à merveille. On n'est guère plus d'accord sur Pharaon et Clodion le Chevelu, que sur MM. Cavaignac, Lamartine, Rouher, ou Thiers, ou Gambetta.

Il y a là toujours un peu affaire de fantaisie

*
* *

Voici, par exemple, la question des candidatures officielles. N'est-il pas mille et une manières de l'envisager, de la présenter, de la tourner et la retourner comme un gant?

Certes, il n'est personne de tous les honorables assis sur n'importe quels bancs, qui ne se dise *in petto* : Le gouvernement quel qu'il soit, qu'il le promette ou non, ne se désintéressera jamais dans les élections dont le résultat doit aider ou infirmer son action.

Le gouvernement aura toujours une opinion qu'il ne sera pas difficile aux adhérents et conservateurs de connaître, qu'il ne mettra pas dans sa poche, et que nombre de gens intéressés se hâteront d'attacher à une hampe comme un drapeau.

UN CANDIDAT.

— Quand, pendant vingt ans, on a nourri, abreuvé, restauré ses semblables,
pourquoi ne pourrait-on un jour aussi un peu les gouverner?

DÉPUTÉ BON VIVANT.

S'est fait nommer pour quitter son département et se promener sur le boulevard.

S'il en arrive un seul à la Chambre, la France est perdue! vous aussi! — Et les préfets s'empresseraient, officiellement ou non, de soigner les candidatures désignées... — C'est tout simple.

Si, au lieu d'être un ministère Raspail, c'était un ministère Rouher ou un ministère Naquet, ce serait exactement tout pareil.

Et parmi ceux qui réfléchissent, personne, je crois, ne pourra prétendre qu'il en puisse être autrement. Et chacun aura raison.

C'est donc purement une question de mots.

Il est vrai que c'est toujours avec des mots et sur des mots que l'on joue en France. Chez nous, les mots ont presque toujours primé les idées et même les faits.

Des mots! des mots!

Sous la République, on changeait le nom de la place Royale, on l'appelait place des Vosges; on nommait gaiement l'Opéra l'Académie des Vosges de musique. Le tigre royal, du Jardin des Plantes, recevait le nom de tigre national.

Et l'on acclamait au même moment comme représentants, Thiers, Berryer, Odilon Barrot, de Falloux, de La Rochejaquelein.

Sous le nouvel Empire, on a toujours mis en avant le mot d'égalité, et cela n'empêcha point d'éditer de temps en temps une petite fournée de ducs.

On a beau faire, il en sera toujours ainsi.

Et c'est avec des mots qu'on gouverne les hommes.

On a vu ce qui s'est fait après le 4 septembre.

⁂

Après cela, il ressortira peut-être de tout ce mouvement de mots un bénéfice réel.

En France, depuis un temps immémorial, on est habitué à tout attendre du gouvernement. On le plaisante, on le gouaille, on le blâme à tout propos, et cependant on compte sur lui.

En Angleterre, en Amérique, les choses ne sont pas ainsi, et l'initiative individuelle, jusque dans les affaires d'ordre, de sécurité ou de simple police, possède une précieuse action. Ici, tout le contraire : c'est le gouvernement qui doit agir et tout faire, même les élections. Les Français ont contracté l'habitude de le considérer comme une sorte d'intendant chargé de leurs intérêts moyennant finances, et dont ils n'ont pas à se préoccuper autrement que pour le critiquer et s'amuser à le traîner joyeusement dans la crotte à l'occasion.

C'est amusant, je ne dis pas, mais parfois cela pèche par la logique.

On se rappelle le joli dessin de Charlet, représentant un gamin sortant de l'école.

« C'est-il embêtant, les maîtres ! dit-il; si j'étais gouvernement, je voudrais « que tout le monde saurait lire et écrire, pour qu'il n'y en aurait plus ! »

Voilà le type du raisonnement en vigueur parmi nous.

S'il pleut trop, c'est la faute du gouvernement.

De même s'il ne pleut pas assez, si les pommes de terre sont malades, ou si les sauterelles, les hannetons et le phylloxera se portent bien.

Si le feu prend, on n'y va pas, on évite avec soin de faire la chaîne. Le gouvernement est là, il paye des pompiers pour éteindre, c'est son affaire.

Pour arrêter les voleurs, il y a les sergents de ville et les gendarmes.

Et l'on rit à gorge déployée des gendarmes, des sergents de ville et des pompiers.

On aura quelque peine à changer ces idées de Messieurs les contribuables.

*
* *

Vous n'obtiendrez jamais qu'un préfet nommé par un gouvernement dise avec candeur : Voilà deux candidats; l'un me veut du bien, l'autre désire vivement me hacher menu comme chair à pâté. Les deux me sont également chers, mais si vous nommez le second, vous m'obligerez.

Consultez plutôt M. Jules Favre, qui écrivait, le 16 avril 1848, dans sa circulaire aux préfets :

« Vous me demandez quels sont vos pouvoirs? ils sont illimités, vous ne « relevez que de votre conscience ! »

*
* *

Imaginez un ministre quelconque écrivant demain matin cette phrase cueillie sur l'arbre de M. Jules Favre, et l'expédiant à quelque préfet à poigne.

Vous voyez d'ici l'effet produit sur la galerie, et sur M. Jules Favre lui-même.

Supposez après-demain un ministère Raspail arrivant au pouvoir. Immédiatement il se forme un parti d'opposition radicale composé de proudhoniens, socialistes, communistes et babouvistes.

Ces Messieurs se diront de suite : « Le ministre Raspail est un réactionnaire et un accapareur. Il a cent cinquante mille livres de rentes prélevées sur les sueurs du peuple, puisées dans sa crédulité, dans son ignorance et ses infirmités.

« C'est le camphre, ce mensonge ou cette coupable erreur, qui l'a enrichi aux dépens de celui qui souffre. A bas le camphre ! à bas Raspail ! Partageons ses cent cinquante mille livres de revenu, et son insolent palais de Cachan, et ses équipages qui insultent à la misère des pauvres — qu'il ne sait pas guérir. Nommons tous Babeuf et ses frères ! »

Le ministre Raspail ouvrira vivement l'œil et écrira à ses préfets par le courrier : « Il n'y a pas de temps à perdre, tous ces gaillards-là sont des ennemis de la France. Vous savez ce que vous avez à faire, ne prenez conseil que de votre devoir. »

⁕
⁕ ⁕

Cependant si, un beau jour, les préfets venaient dire à leurs administrés : « Mes bons amis, arrangez-vous ; vous avez des intérêts, une famille, des propriétés à conserver, vous devez penser au calme qui vous assure le travail, à la paix qui limite vos impôts, à la stabilité qui conserve, au progrès sage et régulier qui assure l'avenir. Pensez-y sérieusement. Nous ne pouvons nous occuper de vous comme vous-mêmes. Pensez à vous. Ceux qui veulent vous enlever quelque chose de ce que vous avez, sans travailler comme vous, se réunissent avec grand fracas, font du tapage, de la propagande. Ils se remuent et s'évertuent de toutes manières. »

⁕
⁕ ⁕

Si vous ne vous remuez pas vous-mêmes, c'est que vous les approuvez. Souvenez-vous que mille hommes qui se taisent font beaucoup moins de bruit que trois hommes qui crient.

Criez donc aussi pour être entendus, remuez-vous comme les autres.

Occupez-vous de vos affaires vous-mêmes, de peur que les autres ne s'en occupent pour s'en emparer.

Le feu est à votre maison, soyez vos propres pompiers.

Choisissez les hommes que vous jugerez capables de représenter vos idées, vos intérêts, qui sont aussi les nôtres. Ces hommes, vous les connaissez comme nous.

Et ne laissez pas vos adversaires seuls s'agiter et s'évertuer dans le champ qui vous est ouvert, comme à eux.

Plus d'indifférence sotte et d'abstention politique ; qui ne dit rien consent. Car c'est vous qui payerez les pots cassés, s'il y a des pots cassés.

Et il y en aura. »

— Et puis, comme dit mon homme qui est mastroquet :
Tant plus il y a des électeurs, tant plus ça fait boire.

Soignons nos électeurs.

NOTES D'UN CANDIDAT.

DEPUIS quelque temps mes quarante ans ont sonné à l'horloge voisine. Pendant ces quarante ans, je dois le dire, je me suis assez joyeusement promené dans la vie, en long, en large, parfois même de travers. Ces promenades m'ont donné une certaine fatigue.

Aussi, il y a déjà trois années que j'ai fait une fin, en conduisant à l'autel et chez M. le maire de mon arrondissement la fille d'un agent de change honoraire pourvue d'une dot et de propriétés convenables.

Bref, je m'ennuie.

Mon front se dégarnit quelque peu vers le haut. En me regardant avec une certaine inquiétude, je dois l'avouer, je découvre, non sans satisfaction, dans mon aspect, une allure politique qui semble m'appeler aux affaires.

Ne serait-il point temps de gouverner un peu la France?

L'autre jour, au club, dans une discussion au sujet de l'emprunt, j'ai parlé avec une abondance et une facilité d'élocution qui m'ont donné à réfléchir : ils étaient sept à m'écouter, parfois à me contredire, j'ai eu positivement le dernier.

Je ne serais peut-être pas un orateur. Qui sait? Mais je serais à coup sûr un interrupteur distingué.

Somme toute, je n'ai jusqu'ici mangé que la moitié de ma fortune. La dot de ma femme a réparé largement les choses. Un homme d'affaires s'occupe de notre avoir. Je suis sans soucis de ce côté. Je pense donc m'occuper des affaires des autres, et entre nous, j'ose le dire en toute franchise, la France aurait beaucoup plus à s'applaudir de mon intervention que de celle de tels et tels conseillers généraux que ma réserve m'interdit même de désigner.

Quelle ligne politique suis-je appelé à suivre? L'avenir, et je compte sur lui, m'indiquera de lui-même la voie dans laquelle je dois réussir.

Je n'ai pas de préjugés. En politique comme en morale, comme en religion, je suis pourvu d'un éclectisme de bon aloi qui assure et élargit la franchise de mes coudées. Où il y a de la gêne, il n'y a pas non-seulement de plaisir, mais encore il n'y a non plus ni de bonne diplomatie, ni d'heureuse politique. Telles sont mes opinions en général.

* * *

A défaut de conviction pure, j'ai un fond de respect instinctif pour les choses d'autorité et de religion dont je comprends à merveille l'importance

vis-à-vis des masses à conduire, mais tout cela chez moi est tempéré par une petite sauce sceptique et paradoxale et une pointe voltairienne qui donnera quelque saveur à ma cuisine quelle qu'elle puisse être.

Pour bien résumer la question, je dirai que ma conscience, au point de vue politique, est comme une sorte de carrefour. Diverses routes partent de ce carrefour. Je crois être assez sûr de mes facultés pour penser que sur chacune de ces routes, suivant l'indication des circonstances, je saurai trouver en moi-même ce qu'il faudra pour assurer mon voyage. Je marche donc sans inquiétude et préparé à toutes les vertus.

* * *

Je ne suis pas comme ce colonel qui, au moment où son régiment arrivait dans une nouvelle étape, se faisait tout d'abord montrer sa chambre. Il palpait avec un soin scrupuleux le lit qui lui était destiné; lorsqu'il l'avait trouvé suffisamment moelleux et riche en couvertures : — C'est bon, disait-il, le régiment sera très-bien ici !

Je ne suis pas comme ce colonel, mais je crois que le bien-être matériel possède une réelle valeur; je m'efforcerai donc d'assurer mon bien-être complet, afin d'être plus libre de penser à celui de mes administrés, et j'y penserai alors avec ferveur.

* * *

Je me crois conservateur; ma maison des champs est jolie, elle a des allures de château, le parc est grand. Il y a du lapin, et les perdreaux s'y remisent pendant la chasse en plaine. Je tiens à conserver tout cela, de même que mon appartement très-confortable près de la Madeleine, mes actions et mes obligations de chemins de fer que j'aime beaucoup à ne pas voir en baisse.

J'offre donc de sérieuses garanties.

Voilà dans quels sentiments je suis, bons et honorables, je crois, pour entrer dans la vie publique.

A tout seigneur tout honneur. J'ai commencé par le curé. Je suis de ceux qui pensent qu'il faut une religion au peuple, et au fond je crois plus à l'action des curés sur les paroissiens qu'à celle de MM. les maires.

Les maires partent, les curés restent.

J'ai donc apporté un joli petit chemin de croix ! C'est de la peinture à l'huile : besogne proprement faite, pas beaucoup de bleu; le fabricant m'a prévenu, l'outremer et le cobalt sont hors de prix. Ce n'est pas du Raphaël, j'en conviens ; mais, à quelque distance, ça vous a encore un certain œil ; on prendrait cela de loin pour du Picot.

Avec l'emballage et tout, ça revient à un prix fabuleux de bon marché. Je ne crois pas fortement encourager les arts avec de pareils achats. On m'a dit cependant qu'une classe intéressante d'artistes trouve dans l'exécution de ces sujets, exécution est le mot, une aisance modeste.

Le curé a été ravi, ainsi que la vieille Françoise.

Il paraît que le curé du chef-lieu de canton voisin n'a qu'un petit chemin de croix lithographié, pure camelote religieuse, incapable de stimuler la piété des fidèles.

J'ai complété la série de mes bienfaits en offrant, pour accrocher au mur de l'église, le portrait d'une de mes tantes, morte l'année dernière sans me laisser grand'chose au soleil. Ce portrait, peint en 1810, la représente en turban, jouant de la harpe comme Corinne au cap Misène. Ma tante désormais est rebaptisée sous le nom de sainte Clotilde, et je lui ai fait, avec deux sous d'ocre jaune, une auréole d'un excellent style.

Et, ma foi, comme je n'ai rien à faire, que la chasse me divertit peu, que le whist m'assomme et que le tête-à-tête me pèse, je me donne la satisfaction de me faire des amis parmi les électeurs et un parti dans le canton.

On ne sait ce qui peut se produire. Le député actuel de la circonscription est une vieille pantoufle.

Il y a chez moi du joueur, c'est un petit bac que j'ai la fantaisie de me payer à moi-même : un an devant soi pour arriver, en faut-il plus à un homme d'intelligence ? J'aurais tort de ne point employer ce que j'ai de valeur et d'activité ; je n'ai pas le droit de priver le pays d'une lumière, peut-être.

Et ma femme s'est proposée pour donner le pain bénit la semaine prochaine.

Je crois désormais que je passerai dans le pays pour une des colonnes de l'Église. J'ai invité le brave curé pour dîner le dimanche à la maison.

* * *

Le médecin et le notaire en étaient. Avec le médecin, je suis un peu matérialiste en petit comité, spiritualiste avec le curé ; spirituel simplement, quand cela se trouve, avec le notaire ; je fais sérieusement de la doctrine autoritaire à M. le maire, un ancien fumiste de talent, qui s'est vigoureusement posé à Paris dans la question des calorifères.

A la fin du dîner, le docteur et le curé, qui, jusqu'à ce jour, s'étaient regardés comme des chiens de faïence, s'en sont allés, bras dessus bras dessous, à la salle de billard; la bataille a été très-gaie.

— A vous, mon cher Dupuytren! disait le curé.

— Bravo, Bossuet! faisait le docteur. Et ils carambolaient à toute volée.

Le notaire, un vieux républicain de la veille, et M. le maire, ont fait leur petit bezigue.

Voilà comme on arrive à la fusion des partis.

* * *

Je viens de visiter la ferme de M. Antoine X..., un ancien de l'Afrique, une forme nouvelle du soldat laboureur. J'ai avalé tout consciencieusement, depuis l'étable à porcs jusqu'au trou au purin, nouveau modèle, et jusqu'au grenier au fromage.

Je me suis indigné de voir que son cochinchinois du 14 mai n'avait pas eu le prix mérité par des efforts aussi soutenus.

Sa vache, mentionnée au dernier concours, a été l'objet de mes éloges enthousiastes, et j'ai promis chaudement d'appuyer la candidature au prix

qu'il médite pour son fils, un veau que j'ai déclaré en possession du plus merveilleux avenir.

Je compte inviter prochainement à la chasse un sous-chef à l'agriculture, section des récompenses; je lui ménagerai la connaissance de la vache, du veau et de l'éleveur, et je ferai parler d'eux tous dans quelques journaux. Une larme a perlé sur la moustache grise de M. Antoine, et j'ai promis de présenter des échantillons de son fromage néo-gruyère à la commission d'agriculture, au Conseil d'État.

* *

J'ai pris les mêmes engagements chez le voisin, un fermier de nouvelle école, ancien élève de Grignon, et en souvenir de l'admiration que m'a causée la vue d'un taureau de deux ans qu'il élève à la brochette pour le concours, je lui ai donné une statuette de l'Agriculture, qui lui a fait le plus vif plaisir; il l'a mise tout de suite sous un globe et sur sa cheminée, flanquée de deux vases remplis de fleurs en papier, également sous globe.

Cette statuette est tout bonnement une réduction en zinc Vieille-Montagne de la Vénus de Milo.

Je lui ai fait remarquer que les bras sont absents. L'agriculture manque de bras, c'est clair. L'allusion transparente de l'auteur de la statue l'a vivement frappé. — Si jamais j'arrive au pouvoir, lui ai-je dit, vous voyez quelle est ma préoccupation, je réclamerai des bras pour l'agriculture.

Il m'a vigoureusement serré la main.

* *

Au moment de quitter la ferme, le premier maître de charrue m'a présenté son fils, qui vient d'avoir vingt ans et qui fera un superbe cuirassier. J'ai promis de le faire examiner avec soin par le major et de le recommander notamment comme faible de complexion.

* *

L'instituteur communal vient, grâce à moi, d'obtenir cent francs pour la bibliothèque, et j'y ai joint un vieux solde d'ouvrages encyclopédiques achetés à la livre, il y a quinze jours, par ma cuisinière. Il est enchanté de moi et me considère comme un homme fort. Je crois m'être posé en homme à vues larges, généreux, progressiste avec mesure et utilitaire respectueux pour e passé, confiant dans l'avenir.

Il y a un vieux garde du corps qui me donnera certainement sa voix, car la grand'tante de ma femme a fait partie de la maison de Madame, et j'ai parlé avec émotion du souvenir de Marie-Antoinette.

J'ai regretté hautement que le député actuel n'ait pas soulevé la question d'un chemin de fer départemental, embranché sur la localité. Mais j'ai fait son éloge, du reste, excusant son mutisme et son insuffisance par son âge avancé et sa délicate santé.

Je commence à me trouver assez adroit : c'est ainsi, me semble-t-il, qu'on devrait gouverner. Qui sait si je ne serais pas un membre parfaitement supportable? Si vous le permettez, je n'oublierai pas de vous tenir au courant.

Jusqu'à ces Messieurs qui trouvent que je suis
un assez bon zig!

L'HOMME QUI RIT.

L'ÉLECTEUR.

L'HOMME qui rit, et qui rit beaucoup, et qui parfois rit à se tordre, c'est moi, mon cher Monsieur, car je suis électeur, et en ce moment les électeurs qui savent rire se font ce qu'on appelle tout à fait du bon sang.

Ne vous imaginez pas que je vais vous parler politique. Oh! mon Dieu, non! D'abord, je ne comprends rien à la politique, et jamais de ma vie je n'y ai rien compris. Je sais une chose seulement, c'est que depuis un temps immémorial, ceux qui ne sont pas gouvernement ont toujours copieusement nourri la même pensée, — devenir gouvernement à leur tour, — afin de pouvoir faire exactement, peu de temps après, ce qu'ils reprochaient à leurs prédécesseurs quelque temps auparavant : c'est une loi.

Partant de cette observation, je suis arrivé tout naturellement à conclure ceci : — Je ne vise pas à gouverner la France, donc, ce que j'ai de mieux à faire, c'est de chercher à garder ce qui est, puisque ce qui n'est pas sera toujours pour moi exactement la même chose.

Une révolution est un déménagement. J'ai toujours entendu dire : « Trois déménagements équivalent à un incendie. » Qui me dira à quoi peuvent équivaloir trois révolutions ?

Moi, je n'aime pas les déménagements.

Beaucoup de casse, de l'ennui, du tracas, des nouvelles figures, et au fond de tout cela, rien de changé que ces figures-là. Ma foi, non! Voilà pourquoi je n'aime pas le changement.

* * *

Ah! par exemple, si un beau matin je trouvais tout bouleversé pendant la nuit, et des gens vigoureusement installés à la place où les autres se trouvaient installés la veille, j'aurais le courage de me dire immédiatement : Les autres sont partis, bonsoir. Voilà un pouvoir fort, il faut le conserver.

***

Et cependant, comme tous les Français, j'ai passé successivement par les mêmes stations avant d'arriver à la gare où je suis venu. — Première station : On tire la langue à sa bonne. Deuxième station : on embête son pion. Troisième station, dix minutes d'arrêt : on fait des manifestations contre ou pour les professeurs ou le conducteur du train. Quatrième station : on donne des leçons au pouvoir. Cinquième station : on s'arrête au buffet, et l'on pense à manger et à boire. — Je suis à la station du buffet.

***

Et puis, je vous l'ai dit tout à l'heure, je n'aime pas les nouvelles figures. Tenez, sans comparaison aucune, voilà ce qui m'arrive avec Jean. Jean est depuis vingt ans mon domestique; il est bavard, quelque peu paresseux, voleur à moitié et bête tout à fait. Sa figure n'est pas belle du tout, plate même et mal équarrie, mais enfin cette figure, je la connais, j'y suis fait, et je le garde avec soin, car d'autres laideurs et d'autres défauts me gêneraient sans doute davantage. — Il y a beaucoup à parier que je donnerai ma voix à notre ancien député. — Vous voyez bien que je suis conservateur.

***

Notre député sortant ne me fait pas l'effet d'être une lumière. Ce n'est pas une éloquence non plus. Cependant, durant la session dernière, il a parlé plusieurs fois, et j'ai recueilli pieusement, dans *le Moniteur,* — que dis-je? dans le *Journal officiel,* — les paroles qu'il a prononcées. — Deux fois : « Très-bien ! » l'un au milieu d'un discours de M. Rouher; l'autre à la fin d'une tirade de M. Ollivier; — « A l'ordre! » sur un mot de M. Glais-Bizoin; — « La clôture! la clôture! » pendant une catilinaire de M. Jules Favre.

***

C'est, du reste, un homme adroit. Toutes les fois qu'il se présente une question embarrassante, une indisposition subite le prive immédiatement de

prendre part aux travaux de la Chambre. Cependant il a la boule blanche
facile, et il sait exécuter avec beaucoup d'art des roulements bien nourris à
l'aide du couteau à papier lorsque des accents subversifs ont l'audace de se
faire entendre.

***

Il est revenu dans notre circonscription depuis huit jours, et il s'occupe
activement de faire la place. Lui qui était pompeux et solennel l'année
dernière et les précédentes années, il est devenu le meilleur homme et le
moins fier du monde. Et cependant il possède une grosse fortune, qu'il a
faite, dit-on, dans le sucre et le cacao. Jamais il ne se présentait nulle part
autrement que le cou officiellement entouré d'une cravate blanche. Je l'ai vu
hier se promener dans les rues avec une cravate bleue à pois rouges et verts,
— un symbole.

***

Il a déjeuné chez le curé, goûté chez l'avoué, un souscripteur de la statue
de Voltaire, dîné chez le médecin qui soigne les dames du château de Pont-
fourbu et passe pour légitimiste. — Peut-être notre ancien représentant
est-il plus fort qu'il n'a voulu le paraître. Un de ses amis prétendait même
hier que s'il lui a plu, pendant toute cette session, d'imiter de Peyruc le
silence prudent, c'était simplement pour ne pas effrayer M. Rouher par une
supériorité écrasante, et qu'il se révélerait à la session prochaine. Nous
verrons bien.

***

En attendant, il se démène de son mieux, car il a fort à faire. Ils sont cinq
ou six candidats, et nous autres électeurs, nous nous frottons les mains. Ce
mois-ci, c'est véritablement un mois de cocagne pour les électeurs.

M. le comte de Cavèplaine est un concurrent sérieux pour le député
sortant. Jamais il ne m'avait parlé jusqu'ici. Hier il est venu chez moi, m'a
tapé sur le ventre et m'a dit que dimanche prochain il ferait représenter deux
pièces de son cru sur le cours, car il tenait à avoir l'opinion de ses braves
concitoyens sur son vin le meilleur. J'ai profité de cela pour lui taper sur le
ventre à mon tour. Tous les dimanches il y aura, je crois, une représentation
pareille. Peut-être fera-t-on quelque chose le lundi.

Si on nomme M. le comte, paraît-il, jamais le canton n'aura été si heureux, et ce bonheur-là, de proche en proche, finira par gagner la France entière. Il n'y aura plus de conscription, ceux qui seront militaires seront colonels, et quelques-uns généraux, pour ne pas perdre la tradition de l'uniforme.

On a parlé d'un veau, que des électeurs d'un département voisin avaient obtenu d'un de leurs candidats. Un veau, la jolie affaire! dimanche prochain nous avons un bœuf! C'est M. Duval, un troisième candidat, nuance orléaniste, qui l'offre à ses concitoyens. Il y aura quelques sacs de magnifiques pommes de terre pour lui servir d'acolytes. J'ai déjà retenu un morceau de filet. M. Duval me semble avoir quelques chances.

Un quatrième concurrent fournit le café et les petits verres de fine champagne.

Le cinquième complète la petite fête en mettant à la disposition de chaque famille un meuble jusqu'alors inconnu dans nos murs, et que la succulence de notre nouveau régime électoral réclame de plus en plus impérieusement.

C'est-à-dire que c'est un bonheur si pur sur toute la ligne, que les populations sont dans un épanouissement qui va quelquefois jusqu'à l'indigestion.

Il vient encore de nous arriver de la bière, du tabac et des cigares. Quel feu d'artifice !

***

Nous ne nous prononçons pour personne jusqu'alors. C'est notre truc. Je veux amener le quatrième concurrent à faire prendre mesure d'une robe à chacune de nos femmes et de nos filles. J'ai besoin d'un habit vert à boutons d'or, je crois bien qu'un sixième candidat ne tardera pas à me l'offrir.

***

Si l'on avait l'air de pencher sérieusement pour quelqu'un, cela découragerait les autres, c'est ce qu'il ne faut pas. Notre pays est un peu sec. Nous venons de recevoir une cargaison de coquets irrigateurs; en contre-partie, des manteaux en caoutchouc pour le cas où le baromètre tournerait à la pluie.

— Nous prenons tout. Nous verrons après. Refuser à quelqu'un serait humilier le candidat et démasquer quelque préférence.

Il vient d'arriver de la Préfecture une urne toute neuve à M. le maire, « une urne d'honneur ». C'est une boîte en acajou. Après le scrutin on en fera très-facilement une cave à liqueurs.

Le curé a déjà une cloche, une étole, un chemin de croix ; l'instituteur, un Voltaire complet, un Rousseau et deux douzaines de chemises en toile ; le garde champêtre, un vélocipède pur sang, et les deux facteurs ruraux chacun un vélocipède percheron. Si les candidats partent, voilà au moins des bienfaits qui resteront.

* * *

Quant au chapitre des promesses, quel beau chapitre ! et comme il est bien nourri ! — J'ai fait le relevé : je parie, dans le canton, pour huit cents promesses de bureaux de tabac, quatre-vingts recettes et perceptions, six mille kilomètres de chemins de fer, les impôts abolis, les moissons doublées. Mon Dieu ! que la France sera belle, et comme notre canton, particulièrement, nagera dans le bonheur !

C'est égal, un bonheur si pur ne peut pas durer longtemps. Nous en avons au moins jusqu'au 24. Au moins nous aurons bien bu, bien mangé, nous aurons eu de petites douceurs, et surtout nous aurons bien ri.

Et puis nous avons un nouveau voisin
de campagne, un bon vivant, avec
qui on peut rire et causer.

LE
PARADIS DE L'ÉLU.

Permettez-moi, chers lecteurs, j'allais dire chers électeurs, vous voyez ce qu'est l'habitude, permettez-moi, dis-je, de garder un strict incognito : vous êtes discrets, je le sais, et nous sommes pour ainsi dire en famille, mais la réserve me semble être une des vertus politiques, et par position je dois m'appliquer à collectionner en ce moment un faisceau véritable de vertus.

Qu'il vous suffise de savoir que des suffrages tels que les vôtres eussent été le véritable rêve de ma vie. J'ai été assez heureux pour en obtenir d'autres, en quantité suffisante, je l'espère. La quantité s'efforcera de compenser la qualité. Bref, je suis au paradis en ce moment : je suis élu député.

Député! Ne vous semble-t-il pas que l'assemblage de ces six lettres rayonne d'un éclat lumineux? Voilà dix ans que je marche, l'œil fixé sur ce phare, c'est maintenant comme une sainte auréole qui s'épanouit au-dessus de ma tête. Désormais on m'appellera l'honorable préopinant. Si j'éternue une interruption quelconque, mon éternument figurera pieusement à l'*Officiel;* si je fais un signe, un signe de dénégation, d'assentiment ou de reproche, ce signe va se trouver immédiatement marqué, fixé, consigné par l'histoire, et les âges futurs seront invités à étudier ces précieuses indications du passé pour accomplir le présent et assurer l'avenir.

Je suis député! ou du moins j'espère que je vais définitivement l'être, car je n'ai pas encore franchi le seuil de ce paradis!

Il me semble voir saint Pierre, le divin portier, jetant son regard inquisiteur dans mon urne, afin de s'assurer que mes bulletins sont en règle et que mes papiers sont de bon aloi. J'ai mis le meilleur par-dessus, et j'espère qu'il aura la discrétion de ne pas trop regarder au fond.

* * *

Puisque nous sommes entre nous, je peux vous le dire. J'ai comme tout le monde, ou presque comme tout le monde, — sachons ménager les susceptibilités, — mon petit *Confiteor* à dévider.

Vous concevez parfaitement que depuis une vingtaine d'années j'ai su expérimenter les hommes et les choses. Le sage, le prudent et l'observateur se conduisent en conséquence. Voilà ce que j'ai fait:

Il y a vingt ans que je vends quelque chose de bon, je ne vous dirai pas quoi, car il ne faut pas vous mettre sur la trace; mais ce quelque chose me revient à rien, et je l'ai toujours vendu fort cher; c'est ainsi que se constituent les bonnes maisons.

Je me suis arrangé pour faire crier partout, et sur tous les toits, l'éloge et les vertus de la chose, et cela a suffi parfaitement, tout le monde en a voulu.

J'ai suivi ce procédé pour ma personne.

A force de crier, annoncer et afficher partout que j'étais l'idéal et le rêve du pays et du canton, nombre de gens ont fini par le croire, — figurez-vous qu'il y a des moments où je le crois moi-même : — puissance de l'annonce et de la publicité!

Je me suis mis sur le pied de l'Eau de Mélisse des Carmes et de la douce Revalescière. Voyez-vous ces produits arriver tout naturellement et spontanément aux sommets escarpés de la gloire, de la vente et de la popularité par les seules splendeurs de leur valeur personnelle? Non, la masse a besoin d'être éclairée, je me suis plu à éclairer les masses et à plonger mes indignes concurrents dans les ténèbres extérieures.

* * *

Vous savez comme moi, — il est toujours bien entendu que nous sommes tout à fait entre nous, — combien le suffrage universel est une sotte chose. Notez que vous ne me feriez pas proférer une énormité pareille ailleurs pour un empire. Il y a un imbécile qui a dit quelque part : Tout le monde a plus d'esprit que Voltaire.

Voilà certes la plus idiote de toutes les bourdes, car on conclura nécessairement que tout le monde est plus savant qu'Arago, plus chimiste que Dumas, plus physicien que Newton, plus mécanicien que Fulton, etc.; etc.

Il est incontestable que tous les siècles une minorité infime d'une centaine d'individus au plus remorque à sa suite les millions d'êtres sans initiative, sans valeur, les êtres-troupeaux dont elle est le génie et la pensée. La majorité la suit et quelquefois l'écrase pour se venger d'être forcée de la suivre, mais cette majorité toujours marche, malgré elle, et le siècle suivant, elle retrouve encore, quoi qu'elle fasse, une minorité nouvelle pour s'épuiser à la conduire, — sans cela elle serait encore à vivre dans des trous et dans des huttes comme les castors. La majorité commence par casser les métiers, briser les machines, incendier les usines, sauf à élever beaucoup plus tard des statues à qui les a établis.

* * *

Demandez au suffrage universel la vapeur, l'électricité, la direction des aérostats et le reste, la foule vous rira au nez et ira tirer la langue à Salomon de Caus à travers les barreaux de sa prison.

Il est donc clair que, pour agir sur la matière électorale, il faut de puissants réactifs. J'ai raisonné un peu avec la chimie pratique.

J'ai une formule, mais je ne la livrerai point encore ici, pour éviter les concurrences.

Somme toute, l'urne a été chauffée à blanc : évaporation de l'élément contraire, fusion et condensation de la puissante sympathique, personnalité qui est la mienne, au fond du creuset.

*   *
*

Cette majorité-troupeau dont il était question tout à l'heure, il m'a fallu la manier, la conduire et la décider.

Chacun sait maintenant que le meilleur tapioca est le tapioca Feyeux; de même le meilleur candidat dans le département, chacun sait que c'est le candidat X... On trouve cela partout, dans le chapeau du préfet, sur la buffleterie du garde-champêtre ou la sous-ventrière de M. le maire, et presque sur le dos de mon concurrent. Comment tous ces braves électeurs arriveraient-ils à connaître la supériorité du tapioca ou celle du candidat, si on ne leur cornait ça dans les deux oreilles, sans relâche et sans répit? — On n'a rien négligé, je vous assure.

Si le candidat Feyeux est le meilleur tapioca, le tapioca contraire est le candidat le plus indigeste, un poison véritable, un destructeur de la famille, de la propriété, du capital, un passe-port pour le bagne et pour Cayenne, un abîme d'obscurantisme et de sanguinaire tyrannie; rien qu'à voir le nom seul du tapioca rival, les enfants des électeurs les moins lettrés sont saisis de vertiges et de crampes d'estomac.

*   *
*

J'ai déjà lu à Paris que des braillards me reprochent d'avoir chanté mon éloge et d'avoir démasqué la turpitude de mon concurrent. Pauvres petits! Fallait-il pas pour leur complaire que je vante les douceurs du candidat rival et que je traîne mon propre tapioca dans la fange de mon département? — Allons donc! J'ai gagné de l'argent grâce à la stupidité généreuse de mon pays, je lui en dois compte et je le publierai généreusement.

J'ai été beau, e le suis encore, et cela, ne m'empêche pas d'avoir de temps en temps là goutte.
Au contraire.

Comment! l'on va me blâmer d'avoir fait quelque chose pour tous ces braves gens que j'aime et que je respecte, en dépit, et peut-être même à cause de leur honnête et respectable bêtise?

Eh bien, oui! j'ai suivi l'exemple d'un honorable de mes amis, je leur ai offert des chaises *Isthme de Suez*, inconnues jusqu'alors à ces populations primitives. — La chaise a pris, les voisins en achètent par quantités, je gagnerai mon cadeau par la remise des fabricants.

J'ai offert quelques habits bleu barbeau et quelques robes de cotonnade qui ont implanté dans ces cerveaux non encore blasés le goût de l'élégance et des belles manières, sauvegarde des progrès de la civilisation et des mœurs, avenir des maisons de vente et de confection.

On m'a demandé de m'intéresser aux chemins de fer, j'ai promis de faire tous mes efforts pour établir même des tenders de fer pour le travail des champs et le transport des fumiers.

Voilà, certes, qui ne peut faire de mal à personne.

Trois à quatre mille individus m'ont demandé d'obtenir un bureau de tabac, je n'ai eu le courage de repousser personne. Chagriner quelqu'un de tous ces braves gens m'eût été trop dur. L'avenir apprendra ce que j'aurai pu faire. Bonnes gens, je ne vous aurai toujours pas refusé les douceurs de l'espoir.

Allons donc! allons donc! de pareils reproches n'ont rien de sérieux.

* *
*

On m'a reproché d'avoir offert quelque chose à ces braves gens qui sont mes compatriotes, mes amis, j'ose le dire, et mes électeurs. En vérité, cela passe les bornes du bouffon. Tout le monde sait que les élections à l'Académie française, le premier et le plus remarquable corps du pays, ne se font jamais autrement qu'à table. On assure qu'il n'est pas un académicien qui n'ait trouvé son fauteuil sous sa serviette.

Le poëte lui-même l'a dit :

C'est par les bons dîners qu'on gouverne les hommes!

Et moi, l'on voudrait m'interdire de m'essayer bien modestement au gouvernement qui peut être un jour placé dans mes mains! Allons donc!

Messieurs, allons donc! Savez-vous, à ces braves gens qui venaient de loin,
qui étaient poudreux, fatigués, qui perdirent une journée, savez-vous ce que
je leur ai offert? Quelques chopes de mauvaise bière dont Messieurs du
Rappel ne voudraient pas un jour qu'il ferait trente-cinq degrés à l'ombre,
du vin à quatre sous le litre, un peu de veau froid, du jambon où je ne suis
pas bien sûr que ne s'abritaient pas quelques trichines, un peu de fromage
d'Italie dans un numéro du *Petit Moniteur* ou du *Petit Journal* au choix, du
café avec trois quarts de chicorée et un petit verre d'eau-de-vie de pomme de
terre.

Est-ce là un de ces *bons* dîners dont parle le poëte?

Je ne le pense pas, j'offrirais un dîner pareil, par exemple, à M. Monselet
ou à M. Chavette (deux fourchettes d'esprit), qu'ils m'en conserveraient une
haine éternelle. Et, franchement, ils ne seraient pas dans leur tort.

Voilà pourtant ce que j'offre aux gens de mon pays, et cela pas chez
Véfour ou au café Riche, mais dans de sales bouchons, des cafés borgnes et
des guinguettes de sixième classe. C'est vraiment à dégoûter complétement
d'un compatriote, et il faut certainement que les miens aient pour moi une
affection bien vive, de consentir à être traités de pareille manière.

Vous voyez les racines puissantes que je possède dans le pays.

* *

Une fois tous les six ans ces braves gens sont conviés à cette petite fête.
Assurément il n'y a pas de quoi tant crier. Peut-être veut-on insinuer que ce
régime serait malsain et influerait sur la santé des populations. Je crois qu'il
serait difficile de soutenir que le retour régulier d'une alimentation pareille,
toutes les six années, puisse exercer une influence vraiment fâcheuse.

Aussi, je suis fort de ma conscience, de mes intentions, et je ne crains
rien.

* *

Enfin, j'ai toujours été nommé, et je suis arrivé à Paris. J'ai des envieux,
tout le monde en a, je commence à être secoué comme un prunier. Mais ils
auront bon clabauder, je serai élu. Si mon élection est cassée, je me repré-
senterai, j'ajouterai un dessert; du fromage de Gruyère ou quelques poires
tapées, je promettrai quelques kilomètres de chemins de fer en plus, et tout

sera dit. Mais c'est égal, je commence à être vigoureusement assiégé, bien que mon département soit à trente kilomètres soixante-quinze de Paris. Il est arrivé avant-hier soixante-cinq personnes pour les bureaux de tabac, vingt-cinq pour les chemins de fer, trois cent dix-sept pour des pensions. Onze ont couché dans mon escalier, hier j'en ai trouvé un sous mon lit, qui m'a remis une pétition à quatre heures du matin. — Je n'ose plus ouvrir ma commode, de crainte de trouver un électeur couché dans mon tiroir.

Le capitaine des pompiers m'a écrit pour lui acheter une ceinture hypogastrique. La femme du sous-préfet me commande trois robes, six chapeaux et deux mantelets. Le maire du premier canton veut une école de filles et de garçons, et ne me quitte pas; je l'ai conduit hier à Mabille. Le curé arrive après-demain pour sa cloche. Le receveur et la receveuse, pour leur avancement. Un instituteur qui a eu quelques complaisances pour moi, demande une place de professeur de rhétorique à Paris.

Mon paradis me fait un peu l'effet du purgatoire. Je suis des plus aimables et des plus charmants. J'ai de la patience jusque par-dessus les oreilles. Mais laissez-moi faire, si mon élection est validée, si je n'ai pas besoin d'aller me représenter devant tous ces braves gens pour leur demander leur bulletin à nouveau, je donnerai un sérieux coup de balai à tout cela, je purgerai mon escalier, mon antichambre, je mettrai des boulettes au-dessous de mon lit et je ne recevrai plus personne.

Tous mes amis les bons électeurs sauront comprendre qu'il faut me laisser la liberté de réfléchir et de gouverner. — M'en voilà pour cinq ans au moins à être bien tranquille; nous verrons après.

LES OUVRIERS.

THOMASSON est un brave colleur de papier que nous avons connu pendant le siége, et qui venait deux fois par semaine avec nous monter la garde et battre la semelle sur les remparts, aux portes du bois de Boulogne.

Depuis ce temps nous ne l'avions pas revu ; il est venu hier coller du papier dans la maison.

— Eh bien ! et les affaires, Thomasson, cela va-t-il ?

— Dame! bourgeois, on ne peut pas dire que ça marche. Sauf les raccords et les broutilles, faudrait pas en parler. On dit : Quand le bâtiment va, tout va; sauf quelques maisons à rebâtir qu'on avait brûlées en mai, et qui sont relevées maintenant pour la plupart, il n'y a pas gras. Enfin, le bâtiment ne va pas.

— Heureusement que vous allez voter un de ces quatre matins, peut-être que ça va rarranger tout cela.

— Ah bien oui, parlons-en de voter. C'est ça qui est de l'ouvrage, et ça rapporte de l'agrément que ça fait peur ! Pour ça, voyez-vous, bourgeois, j'en ai assez, et je commence à ne pas y voir plus clair que dans un four.

* *
*

Tenez, m'ajoutait Thomasson, j'ai un de mes parents qui est aussi mon parrain, un homme d'âge maintenant et bien posé ; il est conducteur d'omnibus depuis 1830 :

« J'en ai vu de ces changements, qu'il me disait, depuis que je roule comme ça dans les rues de Paris.

« J'ai vu Charles X qu'on a mis à la porte, et puis Louis-Philippe qu'on a fait filer de même, et la République qu'on a effarouchée après, et l'Empire qu'on a esbrouffé à son tour, et la République, et la Défense, et la Commune, et tout le tremblement.

« Ma voiture pendant tout ça s'est appelée tricycle, dame blanche, béarnaise, omnibus. Moi je suis toujours resté à tirer mon cordon, à recevoir et à rendre la monnaie depuis sept heures du matin jusqu'à onze heures du soir. J'ai toujours gagné quatre francs cinquante et enfin cent sous. Le vin, qui coûtait quatre sous, maintenant en vaut douze, et la viande qui coûtait douze sous en vaut vingt-deux.

« Voilà tout ce qu'il y a eu de changé pour moi.

« Un beau jour on m'a mis un papier dans la main et on m'a dit : Il faut voter. Pour qui ça voter ? Je n'en connaissais pas la queue d'un.

« On m'a dit : En voilà des bons ! J'ai répondu : Ça va, et j'ai voté pour eux sur mon bout de papier. S'ils arrivent, qu'on me disait, ça fera rudement nos affaires, et nous autres travailleurs nous serons heureux comme le poisson dans l'eau.

« Ils ont été nommés à la place d'autres qui étaient avant eux; ils ont été députés, ministres, préfets, je ne sais quoi. Quant à moi, j'ai toujours continué comme devant à me trimballer à quatre francs par jour sur mon omnibus, et le vin et la viande à augmenter de plus belle.

« Au bout de quelque temps : Faut revoter, qu'on a repris; ceux-là, c'est pas des bons, mais ceux-ci c'est autre chose. J'ai revoté. Les premiers ont filé, les seconds ont pris leur place. Ils sont devenus députés, ministres, préfets, comme les autres, et mon omnibus à moi a continué à rouler, lui dessous, moi dessus, et ainsi de suite toutes les fois.

« On me répond : Mais au moins tu peux voter, c'est flatteur ! Eh bien, à dire le vrai, je me fiche de tout ça maintenant comme d'une guigne.

« La politique maintenant, si tu savais comme je m'en bats l'œil ! Leurs listes, vois-tu, qu'il me disait, mon oncle, je les mettrais dans un tas, et si je n'avais pas mangé notre chien pendant le siége, je l'enverrais chercher dans le tas la première venue, et je la jetterais dans cette boîte qu'ils s'obstinent je ne sais pourquoi à appeler urne, sans seulement la regarder.

« Ce serait pour moi la même chose. Tous ces gens-là qui crient, qui braillent, c'est tous les mêmes, tous farceurs.

« Il faut, m'est avis, qu'il y ait des conducteurs, des cochers, des terrassiers, des boulangers, et même des vidangeurs. Il n'y a pas à dire, tout le monde ne peut pas être député, ministre, préfet, sous-préfet, ni même inspecteur des omnibus.

« Ceux qui vous disent le contraire, et qu'on sera heureux, et qu'il n'y aura rien à faire entre les repas, tous ceux-là, c'est un tas de blagueurs, et vous pouvez le leur dire de ma part. »

— Mais savez-vous, Thomasson, que votre oncle est un philosophe et un sceptique ?

— Je ne sais pas s'il est tout ça, mais c'est pourtant un bon, qui s'est battu en 1830, en 1835, en 1848, en 1852 ; maintenant, il n'en veut plus ; c'est peut-être l'âge : mais un brave homme, solide, honnête, et qui n'aurait jamais fait tort à son administration d'une impériale de trois sous.

— Il se pourrait bien qu'il eût parfaitement raison, votre oncle ; mais un de ces jours on vous demandera pourtant de voter pour quarante-trois représentants.

— Oui, mais pour cette fois, pas si bête ! J'irai voir ceux de ma liste, et s'ils ne s'engagent pas chacun à me faire au moins coller du papier chez eux tous les quinze jours, rien de fait. Voilà mon caractère. Si je ne gagne rien à tout ça, comme dit le vieux, que de voir changer les bonshommes qui sont en place pour d'autres qui n'y sont pas, et recevoir les horions et les éclaboussures, autant ne pas se déranger et les laisser se débrouiller tout seuls comme ça leur fera plaisir.

* * *

Thomasson est certainement un moraliste à sa manière, et son oncle, qui a de l'expérience, encore plus.

Si, dans la langue du peuple, il est convenu que trois déménagements valent un incendie, combien valent d'incendies les révolutions, qui sont un déménagement porté à sa suprême puissance ?

Depuis le commencement du siècle, combien y a-t-il eu de révolutions ? combien y a-t-il eu d'incendies, et qu'est-ce que le Français en général, et la France en particulier, ont pu réellement y gagner ?

Les hommes changent seuls, les idées et les moyens restent exactement les mêmes. Il y a deux doctrines qui semblent des programmes ; les acteurs seuls varient : *Ote-toi de là que je m'y mette,* d'une part. *Chacun pour soi, chacun chez soi,* de l'autre. Toutes deux venant de l'égoïsme pur, raisonné ou déraisonnable, étudié ou instructif.

C'est M. Dupin, le type du bourgeois personnel, qui, dit-on, a formulé cette seconde maxime, dont l'usage a dépravé les sentiments moraux et solidaires de la bourgeoisie ; ce sont toutes les vanités, tous les appétits grossiers et envieux qui ont accrédité l'autre dans toutes les classes.

Les procédés de gouvernement ne varient pas ou varient peu, quels que soient les hommes qui les emploient.

On avait passé sa vie à célébrer la liberté de la presse et à blâmer ses entraves, on s'empresse de la frapper immédiatement; on exaltait le suffrage universel, on le condamne.

On mettait au pinacle le droit de réunion, on le combat ou on l'interdit; on blâme le casse-tête pour disperser les groupes, on se sert du chassepot.

Voilà pourtant ce que nous avons de nos propres yeux vu pendant le règne des amants de la liberté, sous la Commune. Cette bonne Commune, qui supprimait carrément tous les journaux, arrêtait les journalistes qui n'étaient pas de son opinion, et, pour dissiper les groupes sans armes de la rue de la Paix, jouait si généreusement du chassepot et du feu de peloton.

Si la Commune eût pris définitivement le dessus, l'oncle du brave Thomasson serait tout simplement remonté sur son marchepied d'omnibus, dans le cas où tous les omnibus n'eussent pas été brûlés, et eût continué à tirer son cordon, à recevoir et à rendre sa monnaie, de sept heures du matin à onze heures du soir.

Quant à Thomasson, il aurait eu pendant quelque temps pas mal de carreaux à remplacer, quelque peu de raccords à faire, et puis c'est tout.

Il est à croire que l'on ne se fût pas bien pressé, pour lui faire plaisir, de construire ces riches maisons et ces beaux hôtels qui donnent du mouvement au travail et de la pâture à l'ouvrier.

Depuis une cinquantaine d'années, Thomasson et son oncle, et ses camarades, et ses frères et amis, qu'ont-ils gagné à tous ces changements? N'eût-on pas mieux fait, eux tout les premiers, de ne rien changer, de ne rien bouleverser? Les omnibus eussent roulé de même, et l'on aurait peut-être collé encore plus de tentures et de papier.

L'oncle de Thomasson et lui-même nous paraissent maintenant avoir grand'raison. Mais il est un peu tard!...

UN SOUVENIR.

Nous étions hier de garde aux remparts. Il était nuit sombre, deux heures du matin environ. La canonnade venait d'être assez forte, et nous regardions mélancoliquement brûler au loin deux belles maisons situées à l'extrémité de Saint-Cloud, et auxquelles des obus venaient de mettre le feu.

— Triste chose que la guerre! me dit en soupirant mon voisin, triste! triste! et quand tout cela finira-t-il?

Quelle misère! quels deuils! quelle barbarie de toute sorte, et puis rien à faire! rien ne marche!

Tenez, Monsieur, me dit-il, je suis huissier. Eh bien! voici deux mois que je n'ai fait aucune opération, aucune vente. Pas la moindre petite saisie! rien. C'est un désastre.

Cependant, pour être juste, ajoutait-il avec un vague sourire d'espoir, je dois le dire, le succès d'Orléans a changé bien des idées.

La confiance semble renaître ! Depuis quelques jours nous avons recommencé à envoyer un peu de papier timbré !

En ce moment le caporal de pose venait le chercher pour reprendre la faction.

Les détonations se faisaient entendre de nouveau. Nous voyions un éclair rouge rayer subitement les ténèbres ; puis au loin, dans la projection, un nouvel éclair suivi d'une nouvelle détonation : c'était l'obus, arrivé à son but, qui accomplissait sa mission funèbre.

La flamme des maisons incendiées grandissait, et la fumée grise éclairée de reflets rouges montait en tourbillonnant et se perdait dans l'obscurité d'un ciel noir et plombé.

⁂

Le caporal de pose était de retour.

— Je te lui en ai flanqué une de faction, au citoyen huissier ! Les pieds crânement dans l'eau, là-bas au coin, un courant d'air de première classe. Une bonne petite bronchite. Ça lui fera du bien. C'est plus fort que moi, ces espèces-là, je ne peux pas les sentir. Autant des Prussiens.

— Cependant, mon ami, il faut être juste ; les lois doivent être observées. Il y a des nécessités qu'il faut savoir comprendre.

— Comprendre ! comprendre ! ces gens-là, ça ne comprend rien ! Ça va malgré tout. Si j'étais gouvernement, je ferais un régiment d'huissiers, et je te les lancerais sur Versailles, avec l'ordre de saisir Guillaume, Bismarck et toute sa clique. Au moins ils seraient utiles, et ça leur donnerait de l'ouvrage ! les pauvres chéris ! On en pleurerait quelques-uns ; ça serait toujours ça. En attendant, je vais toujours chercher mes hommes de consigne.

⁂

— Bien dur pour les huissiers, notre brave caporal !

— C'est un papetier qui a eu des mots avec eux, me dit le garde national de retour de faction ; il ne peut pas les voir. Dans cette vie, il faut savoir se retourner, il n'y a que ça. Tenez, moi, je suis épicier, et j'en suis bien aise. On me blaguait auparavant ; maintenant on me fait la cour. A l'huissier, l'ennemi du caporal, j'ai encore vendu hier neuf francs une livre de gruyère qui me revient à dix-huit sous. S'il avait seulement fait la grimace, j'aurais gardé mon fromage, pour le lui revendre dix francs huit jours après. Des gourmandises, quoi! Avec moi, on ne fait pas ses manières : c'est à prendre ou à laisser.

* * *

Voyez-vous, Monsieur, j'ai raté mon affaire; je n'avais pas assez de beurre. Quinze francs la livre, c'est salé, ça me coûtait vingt sous. Si j'avais eu du toupet, je faisais une partie de boîtes de sardines ! Je ne vous dis que ça.

Au prochain siége, je vous promets que je saurai m'arranger de la bonne manière.

On est malheureux, c'est vrai; mais il faut se faire une raison. Je vais toujours, en attendant, me réchauffer d'un petit verre de vieille, et m'allonger sur mon matelas. Jusqu'ici, c'est ce qu'il y a de plus dur dans le siége.

* * *

— Les épiciers sont fiers, reprend un autre de mes collègues, le boucher du coin de la rue; mais si le gouvernement était venu fourrer son nez dans leurs affaires, comme il a fait dans les nôtres, ils ne riraient pas tant. C'est-il de la justice, ça? Et puis on vous dit des sottises par-dessus le marché!

* * *

— Ah! Monsieur, reprend un tailleur, un gros qui parle alsacien, tout cela est profondément triste, c'est vrai, mais enfin on vit encore, et si les épiciers n'étaient pas si... choses, on s'en tirerait bien; la vareuse, la tunique, les pantalons, ça'marche.

* * *

— Parlez pour vous, mon voisin, reprend un autre qui est cordonnier; les ouvriers tailleurs, il y en a encore beaucoup de bancals et pas mal de bossus dans la partie. Ça parle trop peut-être, mais ça travaille encore. Nous, dans notre partie, c'est pas ça.

Il faut des souliers pour les moblots, pour les gardes nationaux et tout le tra la la. Pas de souliers, pas de soldats; c'est un ancien qui a dit ça et qui s'y connaissait.

On commande des souliers, bon! pas d'ouvriers, ou presque pas. Il faut que je fasse l'exercice, qu'ils disent. Les voilà partis avec leur flingot; ça rapporte trente sous. Ils remplacent quelque épicier, quelque bourgeois pour la faction de nuit. Ça vaut encore une pièce de quarante sous. Avec ça ils font la popotte, ils boivent des petits verres, fument des pipes et jouent au bouchon. Mais pour travailler, nisco!

Et il n'y a pas assez de souliers.

* *
*

Si j'étais le gouvernement, je ferais un recensement de tous les cordonniers, je les mettrais hors rang comme les ouvriers de l'armée, je les réquisitionnerais et je leur donnerais trente sous, mais à condition qu'ils travailleraient et joueraient du tire-pied. Ceux qui ne travailleraient pas, enfoncés les trente sous!

Un bon cordonnier qui fait des souliers pour les autres qui n'en ont pas, rend plus de services que s'il va se balader et jouer au bouchon sur les remparts.

Comme ça, et il n'y a que ça, on ferait des souliers, et on pourrait marcher... en avant.

* *
*

— Bravo! le cordonnier.
— Oui, bravo! chacun se doit à tous.

* *
*

En ce moment, *Joseph*, c'est ainsi que les moblots et même les Prussiens appellent maintenant le mont Valérien, Joseph éclaire sa masse sombre : c'est une de ses grosses pièces de marine qui tire du côté de Rueil ou de la Malmaison.

L'incendie éclate de plus en plus dans la nuit noire. Le pauvre X..., mon ami, est appuyé sur ces petits sacs de terre qui garnissent les remparts. A la lueur incertaine des maisons qui brûlent, je vois briller ses yeux humides de larmes.

Pauvre X...! Il pense à sa sœur, une compagne aimée de son enfance qu'il a perdue, à son fils que ce mur d'airain, de fer et d'incendies, sépare affreusement de lui, et dont il ne sait ni la vie ni la mort.

(Décembre 1870.)

LE SUFFRAGE DES FEMMES.

LETTRE DE M. DURAND, BOURGEOIS DE PARIS.

Nul plus que moi ne s'incline devant la majesté du suffrage universel. C'est mon devoir et mon droit, et j'en profite. Mes idées sont bien nettes, franches et arrêtées sur ce sujet, je n'en démordrai pas d'une ligne, je vous jure; mais vous ne sauriez vous figurer les luttes perpétuelles qu'il me faut subir à ce propos, — jusque dans mon intérieur.

Si la force des convictions se mesure aux souffrances que l'on sait endurer pour elles, il est clair que mes convictions sont de la plus haute puissance.

J'ai épousé une femme qui m'a apporté une jolie dot, ce qui ne saurait nuire, plus une belle-mère, excellente femme au fond, mais forte tête.

Eh bien, il suffit que j'exprime une opinion politique chez moi, dans ma

maison, à ma table même, pour qu'immédiatement ces dames émettent une
opinion diamétralement contraire; je vous demande un peu de quel droit?
C'est le suffrage universel particulièrement qui est leur bête noire, et vous
pensez à quelles extrémités elles se portent à propos de la réclamation si
énergiquement faite en ce moment au sujet de l'*intégrité* du suffrage universel.

— Le suffrage universel! Où prenez-vous cela? me dit ma belle-mère. Qui
dit suffrage universel dit suffrage de tout le monde. Eh bien, moi et ma fille,
ne faisons-nous point partie de tout le monde? Pourquoi ne demande-t-on pas
mon suffrage, à moi, si je consens à vouloir le donner? On me demande bien
tous les ans, et très-régulièrement, mille deux cent trente-cinq francs trente-
cinq centimes pour ma maison du boulevard de Sébastopol. (Ici, je m'incline
avec sympathie.) Quand je dis mille deux cent trente-cinq francs trente-cinq
centimes, je crois encore que l'on me gratifie, cette année, d'une augmen-
tation d'un tiers. Jamais jusqu'alors on n'a semblé avoir conçu seulement la
pensée de refuser mon argent, sous prétexte que je suis un être d'une intelligence inférieure et subalterne.

— Mais, Madame...

— Il n'y a pas de mais, il n'y a pas de Madame qui tienne. Regardez-moi
un peu cet imbécile de François, qui arrose en ce moment la cour, où il va
certainement pleuvoir. Je ne lui donnerais assurément point mon petit hava-
nais à gouverner pendant cinq minutes. Eh bien, il y a quinze jours, on lui
a remis un joli morceau de papier vert ou saumon, peu importe, pour l'inviter
fort respectueusement à venir fourrer son avis dans l'urne, et lui demander
ainsi à gouverner la France! Moi, on ne m'a rien demandé du tout, et cependant je ne crois pas succomber à un blâmable excès d'amour-propre en
déclarant mon intelligence supérieure à celle du citoyen François.

— Assurément, chère belle-mère, ce n'est pas moi qui...

— Ce n'est pas vous qui... je le sais bien, mais ça m'est égal. Ce qu'il y a
de certain, c'est que vous partagez parfaitement mon avis au sujet de cet
idiot de François, et que cependant, lorsque plusieurs centaines de François
sont réunis, avec chacun un petit morceau de papier dans la main, vous vous
pâmez d'admiration et de respect, et vous vous extasiez sur la majesté, sur la
splendeur, etc., etc., vous connaissez la litanie.

— Chère belle-mère, je demande la parole.

— La parole, vous ne l'aurez pas, les hommes en abusent assez souvent
pour qu'une fois par hasard les femmes essayent de prendre leur revanche.

Tenez, mon gendre, François n'a pas manqué de projeter dans cette boîte
de bois blanc, que vous vous obstinez, toujours par bêtise, à appeler urne,

INDÉPENDANTES.

— Eh bien! moi aussi je vais au club.

INDÉPENDANTES.

— Vous sortez?

— Oui.

— A quelle heure rentrerez-vous?

— Quand il me plaira.

— C'est bien, mais pas plus tard.

INDÉPENDANTES.

— La charité, Madame, s'il vous plaît?
— Mon brave homme, on ne peut rien vous faire.

un vote exactement contraire au vôtre. Si vous avez voté pour Rémusat, il a voté pour Barodet; si vous avez voté pour Barodet, il a voté pour Rémusat. C'est d'instinct.

> Notre ennemi, c'est notre maître,
> Je vous le dis en bon français.

Il y a longtemps que cela a été dit. Vous êtes annulé par cet imbécile, et c'est bien fait.

— Alors, que devons-nous faire?

— Voici ce que fait un de nos amis. Lui ne vote jamais, mais chaque fois qu'il s'agit de voter, il s'arrange pour avoir deux pièces de vin à mettre en bouteilles. Il convoque quatre citoyens dans ce but. « Nous ne sortirons pas de la maison, dit-il, que ces deux pièces ne soient terminées, et il les faut immédiatement. Vous serez bien payés, et si la soif vous gagne, vous pouvez boire à votre aise. » Dans des conditions pareilles, on est sûr de ses hommes. Personne ne bouge, personne ne vote. Il y a trois voix de bénéfice.

Mais, en vérité, ce sont là de petits moyens. Ce qu'il faut faire en ce moment, où l'on crie sur tous les toits qu'il faut avoir *l'intégrité* du suffrage universel (ici permettez-moi une parenthèse : *intégrité*, cela veut dire justice, en français; *intégralité* signifie : état d'un tout qui est complet; c'est *intégralité* qu'il fallait dire; enfin, ne disputons pas sur les mots), ce qu'il faut faire, dis-je, c'est de faire que le suffrage soi-disant universel ne soit plus un suffrage restreint. Donnez-lui son *intégralité* complète.

Que les hommes et les femmes, dont les droits et les devoirs sont égaux devant la nature, soient égaux aussi devant le petit papier à jeter dans la boîte de M. le maire. Vous n'avez certes pas la prétention que ma fille ou moi nous soyons toujours plus bêtes que vous pouvez l'être vous-même?

— Je n'ai pas cette prétention, mais...

— Vous ne l'avez pas, et vous faites bien; dans tous les ménages, il en est ainsi, et je crois même que la femme de François est beaucoup moins bête que lui.

Où serait le mal si la femme de François donnait son avis comme François lui-même? C'est elle qui nourrit le petit, qui l'habille, qui l'élève; elle ne va jamais chez le marchand de vin, elle ne joue ni aux cartes ni au bouchon, et quand le petit sera grand, elle aura plus de peine que François si la guerre le lui enlève pour en faire un héros en pantalon rouge. Il y a plus de ménages qu'on ne croit où le travail, l'intelligence et la vertu sont représentés par la femme et non par son associé. Si vous saviez comme vous m'amusez avec votre majesté du peuple !

— Oui ! *Vox populi, vox Dei.* La voix du peuple, c'est la voix de Dieu.

— Laissez-moi donc tranquille avec ces vieilles sornettes. De temps en temps, à Paris, vous voyez le grand souffle populaire animer .toutes les poitrines, la voix du peuple s'élever, et l'on entend sortir de toutes les bouches ce même cri cent mille fois répété :

« Oh hé ! Lambert ! oh hé ! »

Ou bien l'hymne :

> Ohé ! les petits agneaux,
> Qui est-ce qui casse les verres ?
> Ohé ! les petits agneaux,
> Qui est-ce qui casse les pots ?

Ou bien :

> Oh ! il a des bottes, il a des bottes,
> Bottes, bottes,
> Il a des bottes, Bastien.

Ou bien le chant des conjurés de *la Mère Angot :*

> Quand on conspire..., il faut avoir
> Perruque blonde et collet noir.

Ou bien : Ohé ! Rochefort !

Ou bien : Ohé ! Raspail !

Ou bien, comme naguère : Ohé ! Barodet !

Ces choses-là, ça prend comme une maladie, on ne sait pourquoi.

Voilà la voix du peuple.

Eh bien, je vous le demande un peu, voyez-vous souvent d'honorables citoyennes se réunir en groupes compactes pour crier à tue-tête : Ohé ! Lambert ! ou chanter les *Petits Agneaux,* ou :

> Zim la ï la, zim la ï la,
> Les beaux militaires !...

Vous arrive-t-il souvent de rencontrer quelques-unes de ces dames abruties chez le marchand de vin, décrivant de capricieux festons le long des murs, et cassant les kiosques ou les boutiques à coups de pierres ou à coups de bâton, sous prétexte de politique ?

Si vous voulez mon opinion, je vous dirai que les hommes ont parfois du mérite, mais que sans les femmes ils feraient triste figure en ce monde,

— Personne, chère Madame, n'est plus que moi de votre avis.

— De la galanterie! laissez-la dans le fourreau, mon cher gendre. La société, vous ne pouvez pas le nier, est faite par les femmes, il faut qu'elles y tiennent leur droit et leur place comme vous-mêmes. Les ouvriers qui réclament le plus la liberté, pour eux personnellement, n'ont-ils pas crié naguère comme des brûlés parce que des maîtres imprimeurs voulaient créer aux femmes un travail plus rétribué que leur travail ordinaire, en en faisant des imprimeuses? Ainsi la liberté de la presse n'existerait pas pour les femmes, tandis que pour les hommes on en fait une nécessité.

— Tout cela est profondément bête et injuste.

— Moi, je suis pour la suppression totale du vote tel qu'il existe.

— Mais, belle-mère, vous outragez la majesté du suffrage universel.

— Je m'en fiche pas mal! Ou bien supprimez-le tel qu'il est, puisqu'il n'est qu'un suffrage universel restreint, ou bien donnez-lui son intégralité complète, c'est-à-dire en nous conviant, nous autres femmes, qui avons au moins autant que vous nos charges, nos responsabilités, nos propriétés, nos angoisses et nos impôts, à voter comme vous-mêmes, pour la réglementation de ce qui nous intéresse au même titre que vous.

— Il y a du vrai dans ce que vous dites là, chère belle-mère; mais enfin les mœurs n'y sont pas. Nous ne sommes point encore à ce degré.

— Eh bien, il faut y arriver. Il faut être *radical* en tout ou ne pas s'en mêler. Les femmes auraient plus de bon sens que les hommes, c'est moi qui vous le dis; et si vous nous refusez l'intégralité du suffrage universel, c'est que vous savez bien qu'il en est ainsi.

Voyez donc ce qui se passe en ce moment.

₩ *

Comment! vous êtes quatre cent cinquante mille à Paris, et vous vous dites, mais là carrément et sans vergogne, au moins une certaine partie d'entre vous : Nous autres Parisiens, nous sommes des imbéciles, des crétins et des goîtreux; parmi nous, il n'y a personne qui soit capable de nous représenter devant le pays. Il faut décidément aller chercher quelqu'un à Lyon. Et vous choisissez un Monsieur que vous n'avez jamais vu, qui n'a jamais vu Paris, et qui ne s'est fait connaître que par des maladresses ou des balourdises!

Tenez, vous me faites pitié; la ville qui a produit le citoyen Molière, le citoyen Voltaire et tant d'autres, est donc bien déchue et bien appauvrie, pour aller querir au loin, pour la représenter, ce qu'on appelle en termes commerciaux, des *rossignols*, des *laissés pour compte* d'une petite boutique de province qui travaille pour l'exportation!

Allons donc! allons donc!

Que des Parisiens représentent Paris dans le régime actuel, c'est là le moins; et c'est à peine si j'y vois d'autres que des provinciaux.

— Mais cependant, Paris est le centre où...

— Laissez-moi donc la paix avec votre centre, puisque partout on cherche à décentraliser!

Moi, je vous soutiens que si le suffrage universel est intégral et complet, et que nous autres femmes nous y prenions enfin notre part, les choses n'en iront que mieux; la bêtise de l'homme sera corrigée par l'intelligence de la femme; la grossièreté par notre finesse; les dérèglements par l'ordre de notre conduite.

— Oui, mais cela n'est pas possible.

— Eh bien, alors, ne pensez plus au suffrage universel, puisque vous vous plaisez à le mutiler d'une façon si brutale et si inconvenante.

Quant à moi, ma conclusion sera celle-ci : Il nous faut, ou bien la véritable *intégralité* du suffrage universel et son *intégrité* aussi, si cela peut vous faire plaisir; c'est-à-dire le vote non-seulement de tous les hommes, mais de toutes les femmes, de tous ceux, en un mot, qui participent aux charges de l'État, ou bien le suffrage restreint des hommes suffisamment éclairés pour agir en pleine et véritable connaissance de cause.

Ainsi, mon cher gendre, faites tous vos efforts pour nous faire obtenir enfin le suffrage universel complet tel que je l'entends, sinon, je vous le déclare, j'ai le droit de faire mon testament; les hommes n'ont pas été jusqu'à nous retirer cela, à nous autres femmes. Je laisse ma maison du boulevard de Sébastopol aux orphelins de la guerre et à mes Sœurs de la Salpêtrière.

* * *

Voilà ce que me répète chaque jour ma belle-mère depuis que cette fièvre d'élections s'est emparée de nous à Paris. Vous voyez que ma belle-mère, qui possède parfois quelque bon sens, n'a plus le sens commun lorsqu'il s'agit de politique; mais comme elle a des qualités d'autre part et, outre sa maison du boulevard de Sébastopol, un certain nombre d'actions au porteur, et quelque argent mignon qu'elle administre réellement avec une certaine lucidité, je patiente de mon mieux, je ronge mon frein sans en avoir l'air, et je ne dis pas grand'chose; mais enfin je suis bien forcé de l'entendre.

LES BELLES-MÈRES.

JE suis belle-mère et je suis mère aussi, c'est pourquoi je ne crains point de demander la parole pour un fait personnel.

Les hommes, vous le savez, ont fait les lois, et, de plus, ils disposent en maîtres des journaux, des ironies et des calomnies de la plume, des clichés de toute sorte et des préjugés ayant cours.

Ils ont donc beau jeu contre les femmes, gent taillable et corvéable à merci, quoi qu'ils puissent dire, et dont ils se plaignent à tout propos, sous quelque forme qu'elles se présentent dans leur vie : maîtresses, épouses, belles-mères.

Les mères quelquefois, mais pas toujours, hélas ! jouissent d'une exception à leurs yeux.

Comment résister dans une lutte inégale avec des armes si inéquitablement préparées, si ce n'est en appelant à son aide toutes les ressources des vaincus, la finesse, la ruse, la diplomatie, quand l'abnégation et la tendresse sont venues tristement échouer?

S'il arrive donc que, dans ces luttes, les hommes soient atteints cruellement parfois, et qu'ils ressentent quelques profondes blessures, à qui doivent-ils s'en prendre, si ce n'est à eux-mêmes? et ne doivent-ils point le plus souvent se frapper la poitrine en se demandant pardon de nos fautes?

*
* *

Je laisse de côté les tristesses subies par les jeunes filles dont les hommes se font un jeu, et les femmes auxquelles ils imposent des devoirs et des obligations auxquels ils trouvent plaisant, naturel, je dirai presque légitime, de se soustraire. J'arrive au point qui nous concerne, nous, pauvres mères et belles-mères, sur le chapitre desquelles chacun de vous, plus ou moins, trouve de bonne guerre de déblatérer.

*
* *

J'imagine une femme honnête et sage, mariée comme nous nous marions, épousant un homme qui épouse notre dot, lui vouant, en dépit de tout, la tendresse et l'affection dont il use à son gré et quand il lui convient de le faire, subissant avec résignation et sans mot dire les petites trahisons et les mensonges, je veux bien dire véniels, dont il brode sa vie et la nôtre, voyant clair malgré nous dans l'existence qu'il nous fait et dans celle qu'il se fait à lui-même, fermant douloureusement les yeux quand il serait cruel de trop bien voir, et nous renfermant en silence dans le cercle de nos devoirs et de notre intérieur.

Une fille est née de nos entrailles, de notre vie, de notre sang. Sa naissance fut pour nous à la fois une souffrance et une joie. Nous avons vu un jour, jour heureux et bien cher, ses yeux s'ouvrir et nous reconnaître, ses petites joues devenir roses et fraîches, ses lèvres nous sourire, se presser contre nos lèvres et tirer la vie de notre sein. Elle grandit, nous faisons naître peu à peu dans ce petit être adoré les idées qui sont le parfum des choses, et les mots qui représentent les idées.

Nous guidons ses premiers pas, nous veillons sans nous lasser à tous ceux qu'elle fait ensuite, nous cherchons sans relâche à lui inspirer les sentiments affectueux et tendres, à collectionner dans cette petite tête, tout notre espoir, les connaissances, le savoir et les talents dont elle doit avoir besoin plus tard, et qui doivent en faire un jour l'être accompli que nous avons rêvé.

Nous nous faisons un devoir d'être toujours là près d'elle, attentive, vigilante, émue, écartant tout ce qui peut être un froissement, une souillure, si légère qu'elle soit, ou un obstacle.

Nous couvons de toute notre sollicitude et de toute notre tendresse cet être que nous trouvons adorable et charmant, dans lequel nous avons reporté ce qui est notre espoir et notre vie. Cela dure vingt ans.

* * *

Un jour, un Monsieur arrive, un Monsieur que nous ne connaissions pas le mois passé. Ce Monsieur, un notaire le précède; on parle d'argent, de convenances, que sais-je? C'est le glas du mariage qui sonne aux oreilles de la mère.

Il le faut cependant; le mariage est décidé. La mère sent que ce trésor amassé pendant ces douces années de soins, de sollicitude et de tendresse, devient à jamais le partage d'un autre. La jeune fille émue, troublée, mais curieuse et inquiète de l'inconnu, subissant la loi de la nature, passe dans les bras de celui qui devient l'arbitre de sa vie. Elle jette un baiser d'adieu à celle qui fut son guide depuis qu'elle a vu le jour. Et la voilà partie.

* * *

Pauvre mère! elle a cessé ce rôle qui était son soutien et sa jouissance! Elle est devenue belle-mère.

Heureuse si elle trouve dans celui qui est son gendre, et qui entre si inopinément dans une famille où personne ne le connaissait naguère, le cœur dévoué, les sentiments délicats et élevés qu'elle a rêvés pour celui qui devait être le maître de son enfant.

Mais si ce rêve n'est pas réalisé, si le caractère de ce mari se démasque et montre une nature sèche, âpre, discordante, se plaisant à détruire l'œuvre.

maternelle, froissant à chaque pas les sentiments et les délicatesses, oubliant peu à peu les obligations et les devoirs.

Si la mère, qui a presque passé l'oubli sur les tristesses, les déconvenues de sa propre vie, les voit poindre à l'horizon de la vie de sa fille, sur laquelle elle a reporté son existence tout entière, ne voyez-vous point ce tourment nouveau qui lui est imposé, ce tourment sans compensation?

N'est-ce point à elle, qui s'était plu à écarter jusqu'ici les moindres fétus du chemin de son enfant, à chercher maintenant à en éloigner toutes les épines?

Son expérience lui apprend ce qui menace, et elle souffre par anticipation de toutes les angoisses qui doivent peser sur sa fille, qui l'ignore, et dont celle-ci ne peut encore prévoir encore toutes les rigueurs.

Le jeune mari voit avec dépit ce gardien vigilant, qui sent et qui prévoit, et il en prend une impatience qui ne tarde point à devenir de la haine. Parfois il arrive à briser un instant le lien si cher qui tenait la mère et la fille.

Quant au père, lui, il ne voit rien, ou ne veut rien voir. Il s'est fait un fonds d'indulgence, basé sur les exigences de sa propre conscience et de sa propre vie.

Beau-père est bien rarement le pendant et le synonyme de belle-mère. Le beau-père et le gendre savent qu'ils doivent se faire de mutuelles concessions.

* *

Six mois après le mariage de la jeune fille, on sait que ces Messieurs se retrouvent au club.

Il arrive, on le prétend, qu'ils se rencontrent parfois ailleurs. Mais, comme nous l'avons dit, ils se sont fait de l'indulgence une loi.

* *

Ah! Messieurs, si vous saviez comme une mère est heureuse quand il plaît à son gendre d'en faire, je ne dirai plus une belle-mère, le mot est pris en mauvaise part, mais une seconde et reconnaissante mère!

MADAME X...,

Belle-mère.

LE YACHT.

C'était, si je ne me trompe, en l'an de grâce 1859. M. Fourdinois, qui vient de mourir tout récemment, laissant peut-être un renom équivalant à celui de Boule, sous Louis XIV, ou de Gouthière, sous Louis XVI, venait d'exécuter ce qu'il considérait sans doute comme son œuvre maîtresse, œuvre de laquelle dépendaient à coup sûr et sa fortune, et son avenir, et ses honneurs.

Il s'agissait du yacht de l'Impératrice.

Les crédits étaient illimités : on voulait une merveille. Il fallait réussir, et Fourdinois n'avait rien négligé.

Bref, l'œuvre était terminée. On était arrivé au jour solennel de la réception, et une commission *ad hoc* avait été nommée par la maison de l'Empereur.

C'était un jeudi, je crois ; le yacht était amarré sur le quai de Saint-Cloud. Je le vois encore : une merveille d'élégance, de finesse et de ton, se profilait gracieusement sur l'eau du fleuve, et sur les coteaux opposés, inondés de lumière et de soleil.

A deux heures, la commission arriva. M. Fourdinois, en habit noir, gants blancs, cravate blanche, l'attendait sur le petit pont volant qui rattachait le petit bâtiment au rivage.

La Commission se composait d'un amiral, un grand et gros homme vigoureux, à l'œil sévère et convaincu, bonne et haute mine, sérieux et calme ; il était en grand costume, toutes décorations dehors, un grand cordon de la Légion d'honneur en sautoir, des plaques de toute sorte et de toute forme alignées le long de la poitrine.

Un capitaine de vaisseau l'accompagnait, bardé d'autant de croix peut-être, et plus solennel encore que son amiral ; puis un ingénieur en chef de la marine ; un lieutenant de vaisseau, chargé du rapport ; un colonel d'état-major ; un officier de guides ; deux chambellans en habit rouge galonné d'or, et la clef réglementaire brodée dans le dos ; puis enfin deux privilégiés, parmi lesquels j'avais l'honneur d'être.

Le bon Fourdinois était ému. C'était évidemment une grosse partie qui se jouait en ce moment.

La Commission se promena d'abord sur le pont, inspectant scrupuleusement chaque détail de la construction. Tout à ravir : le moindre écrou ciselé avec soin, la tente de velours semée de fines abeilles irréprochables, le parquet de bois des îles adorable, et la fine machine à hélice brillante, soignée comme une délicate pièce de bijouterie.

On descendit l'escalier à rampe de velours vert, retenue par des anneaux d'argent, qui conduisait à l'appartement réservé à l'Impératrice, et dans lequel Fourdinois avait évidemment tenu à se surpasser lui-même.

En vérité, c'était un réel tour de force que celui qui avait été accompli dans un espace relativement aussi restreint : il s'agissait de trouver la place d'une salle à manger, d'un petit salon et d'un cabinet de toilette.

La salle à manger, pour débuter, un chef-d'œuvre ! Toutes les délicatesses de la plus fine sculpture sur bois couraient en frises, en bas-reliefs délicats, tout le long des parois ; une petite table à quatre couverts, et une suspension d'argent ciselé et niellé, des bijoux véritables !

Encadrés dans les boiseries, deux tableaux d'une richesse de ton incomparable représentant des fleurs, fruits et animaux ; l'un d'eux avait pour sujet principal le Rat philosophe retiré dans son fromage ; pour tout dire, il était signé Philippe Rousseau.

Le jeune lieutenant de vaisseau rapporteur prenait consciencieusement des notes. La commission était évidemment des plus satisfaites.

On passa dans le salon, véritable bonbonnière Louis XVI pure et réussie ; les boiseries, d'un ton doux et gris, agrémentées de filets d'or. Ici, ce ne sont plus des Philippe Rousseau ; le pinceau de Chaplin a peint un lumineux plafond, à travers lequel s'envole une nichée d'amours, poursuivant des papillons et des oiseaux qui s'échappent de guirlandes fleuries.

Sur les panneaux du même maître, quatre sujets allégoriques peints dans cette pâte douce, harmonieuse et tendre qui distingue si particulièrement le peintre cher aux jolies femmes.

Deux canapés-divans et deux fauteuils gris et or, recouverts en étoffe de ce suave bleu clair dont le secret nous vient des bords du *Van-tse-Kiang*. Le tapis persan, de ce ton rompu, calme et cependant coloré qui sert si bien de base aux bouquets du peintre et du coloriste.

Dans un coin, un excellent piano de Pleyel, en bois des îles, précieusement fouillé de fines sculptures.

L'un des chambellans, un blond charmant, un de ceux qui brillaient dans leur gloire aux réunions du lundi, un coryphée du cotillon, s'était assis devant le piano et jouait une barcarolle.

L'instrument était une perfection : son doux, harmonieux, nourri, rien n'y manquait.

* * *

La commission n'avait qu'à approuver ; M. Fourdinois rayonnait.

En ce moment, on entre dans le cabinet de toilette.

Autre merveille : des garnitures d'un marbre blanc sans crudité, dentelles et guipures en profusion, des armoires ménagées avec précaution, une foule de tiroirs, une glace sans pareille, dont le cadre, une guirlande d'amours et d'oiseaux finement fouillés, est un chef-d'œuvre. Les panneaux que ne garnissent pas les tables de marbre fournies des précieux engins de toilette, encastrés, par crainte de quelque roulis, sont peints par Voillemot, dans ce ton délicat et argenté qui lui est si personnel. Le plafond, éclairé par une lampe mystérieuse aux teintes opalines, et de nombreuses appliques style Louis XV, aux bougies transparentes, promettaient la lumière aussi complète que pouvaient la réclamer, à un moment donné, les exigences des dames de service.

— Tout cela est parfait, fit l'amiral, qui inspectait avec soin et satisfaction tous les détails ; mais est-ce là tout ?

* * *

Le jeune chambellan blond continuait à jouer la barcarolle :

> Dites, la jeune belle,
> Où voulez-vous aller ?

— Il me semble que tout n'a pas été complétement prévu, fit l'amiral.

M. Fourdinois s'avança discrètement vers un panneau qui représentait une nymphe rougissante fuyant vers les saules.

Le panneau glisse sans bruit sur sa rainure. Je pensais en ce moment à ces vers du chevalier de Parny :

> Elle en sort confuse et légère,
> Elle en sort pour y revenir,
> Et jamais, princesse ou bergère,
> Sans y laisser un souvenir.

Ce que M. Fourdinois nous laissait voir était disposé avec un art exquis. Le théâtre, comment dirai-je? représentait une sorte de bosquet mystérieux; des oiseaux couraient et se cachaient dans le feuillage, et le bosquet ne semblait éclairé que par quelques lucioles lumineuses et transparentes.

Était-ce un trône? était-ce un autel? Je ne sais. Mais on y montait par deux marches recouvertes d'un tapis gazonné et semé de fleurs.

On voyait que le tout avait été médité à la fois avec prévoyance et avec respect.

Mais le sentiment que nous éprouvâmes tous était celui de l'exiguïté du bosquet, de l'autel, du tout, en un mot.

Le capitaine de vaisseau prit la parole :

— C'est impossible, dit-il, tout cela est trop petit.

— Mais non, fit l'ingénieur de la marine.

— Mais si !

— Mais non.

— Comment voulez-vous que Sa Majesté !...

— Mais certainement.

— Mais songez donc, on ne peut pas se retourner.

— Et cependant...

— Mais vous n'avez pas pensé à la tyrannie des crinolines.

— Mais si.

— Mais non.

— Mais je vous certifie que si !

⁎

Le pauvre Fourdinois était plus mort que vif pendant la discussion ; il était devenu d'une pâleur effrayante. Un peu plus, il se trouvait mal.

Un pareil échec ! une semblable erreur au bout de sa tâche, c'était tout à refaire ! c'étaient sa faveur, sa fortune compromises, son avenir arrêté.

Ce pauvre homme faisait mal à voir.

Tout à coup, l'amiral, pour trancher la difficulté, s'avança vers le petit autel du fond, écarta les basques de son habit et s'y assit gravement.

Je vois encore ce brave et sérieux amiral, traversé de tous ses rubans, constellé de toutes ses décorations et broderies, assis et faisant tableau sur ce fond de feuillage d'oiseaux et de fleurs.

— Eh bien ! vous voyez, dit-il en ouvrant ses bras d'un geste rassuré, je crois pouvoir maintenant déclarer que cela suffit parfaitement.

On entendait à la cantonade le jeune chambellan blond :

> Dites, la jeune belle,
> Où voulez-vous aller ?
> La voile ouvre son aile,
> La brise va souffler.

— Amiral, vous avez raison ! répéta toute l'assistance comme un seul homme.

Le brave Fourdinois renaissait à l'existence ; le sang revenait à ses joues pâles ; il reprenait peu à peu le souffle qui venait de lui manquer pendant la discussion.

Un peu plus, il allait embrasser l'amiral. Il lui prit la main avec un geste d'homme ramené à la vie. Des larmes de reconnaissance et de triomphe à la fois brillaient dans son regard.

La cause, un moment compromise, était gagnée.

Huit jours après, il fut promu chevalier de la Légion d'honneur.

* *
*

Nous n'avons jamais su le fin mot, mais il est à croire que Sa Majesté n'avait pas eu à se plaindre de M. Fourdinois.

LA COMÉDIE DE L'ARGENT.

CERTAINS sages de l'antiquité professaient le mépris des richesses. Celui qui, de nos jours, ouvrant publiquement un cours, professerait ce même mépris et formerait un nombre prépondérant d'élèves réellement convaincus, rendrait un éclatant service à l'humanité.

* *
*

Vous pouvez bien dire, comme jadis un homme riche de beaucoup d'esprit, mais dont la richesse d'esprit était alors compensée par l'indigence de son portefeuille :

« Dieu lui-même a le plus profond mépris des richesses. Voyez plutôt ceux à qui il les donne ! »

Mais au fond, la conviction chez vous n'est pas bien assise, et si quelque revirement inattendu conduit la déesse Fortune dans vos poches, il est bien à croire que votre opinion sur elle et sur ses dons se modifiera sensiblement.

* * *

L'homme pourvu de beaucoup d'argent, que ce soit vous ou votre voisin, aura toujours beaucoup d'admirateurs, de flatteurs et d'amis. Pour celui qui n'en a pas, ce sera tout le contraire.

Il y a de notre temps trop de gens observateurs, et ces observateurs n'ont pas été sans regarder à combien d'usages agréables cet argent pouvait pratiquement servir.

Aussi le désir de conquérir cet argent, qui contient tant de satisfactions et de délices rêvés, conduit-il ceux qui en veulent à toutes les démarches, à tous les actes, parmi lesquels on rencontre parfois les honorables et trop souvent les pires.

Les gens qui n'ont pas d'argent se vengent en l'appelant l'infâme capital, jusqu'au moment où ils peuvent en saisir pour eux quelques petites parcelles, et lui donnent alors des noms plus doux.

* * *

L'âge mûr est celui où s'exaspèrent le désir intense de l'argent et la rage d'en gagner à tout prix.

On vient de traverser, parfois la bourse trop vide, l'époque de la vie où l'on peut ressentir toutes les jouissances, et où il paraîtrait si bon de cueillir, sur les deux bords de la route, la moisson dorée à l'aide de laquelle on les obtient.

Mais les blés étaient encore verts.

Souvent alors on les fauche en herbe.

* * *

J'aime mieux, disait un jeune, vivre riche et mourir pauvre que de vivre pauvre et mourir riche.

C'est là une opinion qui peut avoir son prix dans la jeunesse, mais sur laquelle il est toujours regrettable plus tard de s'être réglé.

On se rappelle l'histoire de ce riche Anglais qui, s'étant fait un programme de soixante années de vie, avait aménagé sa fortune de manière à vivre magnifiquement jusqu'au moment de sa mort présumée. Mais il vécut soixante-dix ans, et pendant les dix années imprévues, il traîna les plus tristes haillons dans les rues de Londres, puis mourut misérablement dans une maison de refuge, en expiant, par toutes les privations, les jouissances dont il avait perdu jusqu'au souvenir.

***

Dans l'âge mûr, la passion qui survit à presque toutes les autres est donc celle de l'argent, ou du jeu, ou des grandes entreprises, une autre espèce de jeu qui procure l'argent.

Et puis encore celle des honneurs et des dignités qui l'entraînent.

Cet âge est donc aussi celui des grandes catastrophes et celui des crimes contre le prochain ou contre la société tout entière. C'est l'âge où l'on pile sans pitié son voisin ou son parent dans un mortier pour en extraire un peu de ce métal, dont on n'aura pas même l'occasion de jouir.

***

L'argent, disait un homme sage, est un bon compagnon, mais il est un mauvais conseiller.

***

L'âge mûr est aussi l'âge où les vieux chiffonniers légendaires, les donneurs d'eau bénite et les aveugles du pont commencent à mettre les pièces d'or dans leur paillasse et dans leurs vieux bas de laine, afin d'avoir un jour la consolation de mourir de privations sur un grabat capitonné de possibles jouissances, et d'étonner le commissaire de police chargé d'en faire l'autopsie.

***

L'argent, nous l'avons vu, joue son rôle, le rôle le plus important dans toutes les comédies que nous avons passées en revue, depuis la comédie du mariage et celle de la dot, jusqu'à celle de l'héritage et même de la mort.

On a vu des fantaisistes se ménager une suprême satisfaction comique par des testaments à surprises, destinés à faire rire la galerie aux dépens de ceux qui croyaient s'être ménagé un dénouement fructueux, et avaient, sans prudence, commencé à monnayer leurs espérances.

* * *

Ceux qui veulent se réserver ce dernier sourire d'outre-tombe ont généralement soin de machiner leur combinaison de façon que la scène de haut comique qu'ils ont élaborée avec un soin jaloux ne manque pas à la représentation.

Mais parfois il arrive qu'une circonstance imprévue fait échouer la pièce.

* *

Voici ce qu'on nous a raconté il y a déjà bien longtemps.

Un homme riche d'années, encore plus d'écus et de valeurs de toute sorte, avait eu cruellement à se plaindre de son gendre et même de sa fille. Il vieillissait sournoisement le plus qu'il pouvait, afin de livrer le plus tard possible à cet ennemi intime ce qu'il attendait de lui, songeant à lui laisser uniquement la part restreinte que la loi commande.

Mais la vieillesse a ses limites. Il fallut un certain jour arriver à faire ses dernières dispositions. Un notaire dont il était sûr fut mandé près de lui, et la pièce à surprises, rédigée avec une clarté, une lucidité, une verve comique merveilleuses, lui fut donnée, signée et contre-signée avec le plus grand soin.

Le lendemain, le vieillard était mort, calme, tranquille, et le sourire sur les lèvres.

Mais il avait compté sans son hôte. Jadis, avant même d'avoir fait la fortune dont on se promettait tant de liesse, et lorsqu'il ne commençait guère qu'à en asseoir les fondements, il avait fait un testament dans lequel il disposait de son avoir.

* *

Ce testament, oublié par lui, habitait depuis quelque temps la poche du gendre prudent, qui le gardait avec un soin tout religieux.

Le notaire sortait, le dernier papier dans les mains; le gendre s'avança gracieusement vers lui. Le papier, enlevé d'une main habile, ne fit qu'un saut dans la cheminée où brillait le feu le plus ardent.

— Grand Dieu! fit le notaire, y pensez-vous? c'est le testament!

— Erreur, mon ami; le testament le voici. Et il lui remit le papier conservé avec soin, plus une large enveloppe remplie de certaines liasses de papiers à dessins bleus contrôlés par la Banque.

Le notaire, tremblant, éperdu, prit le tout et s'enfuit.

Le testament eut son effet, à la grande satisfaction du prestidigitateur et aussi du notaire. Il n'y avait qu'un seul héritier, la chose passa comme une lettre à la poste.

Depuis ce temps, tout ce monde est mort, entouré de considération, d'honneurs et de respect.

Et voici comment un auteur doit penser à tout à l'avance, lorsqu'il ne peut assister lui-même à la représentation de son œuvre.

*　*　*

La comédie de l'argent mène donc souvent au drame et à la tragédie.

L'argent est le lien social, dit-on; c'est lui cependant qui brise les liens de famille, ménage les tromperies, combine les bassesses, brouille les frères avec les sœurs, et sert de prétexte à toutes les infamies qui attristent l'humanité.

Et cependant on le désire, car il sert à tout, au bien comme au mal. Ceux qui savent en tirer parti trouvent dans son usage des jouissances et des bonheurs inconnus à bien d'autres. Il en est heureusement qui, avec son aide, se plaisent à jouer le rôle de la Providence, lorsqu'elle s'oublie autre part.

LA COMÉDIE DE LA BOURSE.

GUIDE DU VOYAGEUR A LA BOURSE.

Et c'est au dieu Million qu'on va faire sa cour.
PONSARD.

La Bourse est un vaste quadrilatère, entouré de colonnes, que les Français peuvent regarder sans la moindre fierté.
On y engraisse les agents, les coulissiers et les canards. On y plume les oies, on y accommode les pigeons et les actionnaires.

BLASON DE MESSIEURS LES GENS DE BOURSE.
Canard d'argent sur champ de gueules,
couronne de comptes avec louis d'or
en fleurons.

Chapitre des renseignements. — Le parquet est un endroit parqueté où sont parqués les agents de change.

Pour procurer des idées agréables aux spéculateurs qui fréquentent la Bourse, on a donné à ce petit parc le nom gracieux de corbeille. Que c'est comme un bouquet de fleurs! disent les petits ébénistes qui parfois stationnent alentour.

La coulisse est tout ce qui n'est pas le parquet.

Les agents de change sont des hommes généralement élégants, bien vêtus et d'un aspect agréable. Il faut qu'ils soient doués d'une voix robuste ou perçante, il n'est pas nécessaire du tout qu'elle soit harmonieuse.

AGENT DE CHANGE GRACIEUX.
Pour les dames.

AGENT DE CHANGE CHIRURGIEN.
Est d'avis que souvent un client a raison
de se couper un bras, pourvu qu'il paye
de l'autre.

AGENT DE CHANGE MILITAIRE.
Un brave qui enlève un cours comme
on enlève une redoute.

AGENT DE CHANGE SÉRIEUX.
Pour hommes graves.

AGENT DE CHANGE CHIMIQUE.
Habile à allumer la pompe, à enflammer les cœurs.

AGENT DE CHANGE AIMABLE.
Pour vieilles demoiselles,
cantatrices et vaudevil-
listes.

AGENT DE CHANGE
TÉNÉBREUX.
Pour les personnes
affligées.

Les coulissiers sont des hommes moins agréables d'aspect et se piquent moins d'élégance, mais ils se rattrapent en criant plus fort et moins harmonieusement encore, peut-être, que Messieurs les agents.

COULISSE.
Ceux qui parlent d'or et chantent de même.

Le vaste bâtiment de la Bourse ressemble à l'Odéon et à la Madeleine, à la fois temple et théâtre. C'est là qu'on adore le dieu, c'est là aussi que se joue la grande comédie de l'argent.

Ceux qui entrent dans ce temple ou dans ce théâtre au moment où travaille l'argent avec fureur, ne peuvent se défendre d'un certain effroi en entendant les cris furieux qui s'y poussent en chœur, et sans discontinuer, à partir du moment où sonne la cloche de l'appariteur, jusqu'au moment où elle sonne de nouveau pour indiquer la fin. Il semble que ce sont les cris féroces des sacrificateurs, répondant aux douloureux hurlements des victimes.

Car ce qu'on fait là se nomme des opérations de bourse. Il y a les opérateurs et les opérés.

OPÉRATION DE BOURSE.

Avis important. — Toute opération de bourse consiste à mettre dans sa poche
ce qui est dans la poche du voisin.

* *
*

Chose étrange ! dans ce temple, dans ce théâtre où il se remue tant de valeurs et tant d'argent, il n'y a ni argent, ni or, ni papiers, ni caisse.

Pendant le temps mouvementé de la Commune, un délégué fut nommé, dit-on, près de la Bourse. La place était vivement demandée. Il y avait forte concurrence.

L'heureux citoyen que la force de ses protections avait promu à cette fonction si enviée, arriva tout galonné, ceinturé de rouge et or, accompagné de quelques bons fédérés, curieux de voir ce que contenait cette Bourse, ce vaste porte-monnaie dont ils avaient tant ouï parler jusqu'alors.

Le premier acte du délégué fut naturellement de demander impérieusement la clef de la caisse.

— Mais, citoyen, lui répondit le gardien interpellé, il n'y a ici ni argent ni caisse.

Le délégué fut atterré.

— Une bourse où il n'y a pas d'argent ! ah ! malheur !

Et il s'en alla l'oreille basse avec son escorte. On ne le revit plus.

*
* *

Avant la dernière guerre, on pouvait remarquer dans l'intérieur du bâtiment une collection d'êtres bizarres, placés en espalier, juchés sur des chaises de toute forme, garnissant le mur sur la droite.

C'étaient des physionomies à part, des rictus gourmands et avides, des nez tordus à bosses étranges et à cassures fantastiques. De ces têtes blêmes qui semblaient taillées dans un marron, des ventres larges comme des sacoches, des épines dorsales aiguës comme des mâchoires de requin, tout cela constellé de bagues folles, d'opulentes breloques et de lunettes d'or.

C'était là le quartier où coassaient dans leur rocailleux idiome les banquiers allemands de toute sorte, bonne et mauvaise, mauvaise surtout, le quartier des affaires à outrance, sans foi, sans merci, sans pitié, hauts coupeurs de bourse, tireurs de lame et éventreurs de caisse.

La France, cette bonne vache à lait, leur fournissait à foison gogos, actionnaires, obligataires de tout genre. Ils en vivaient joyeusement, tout en se moquant d'elle et la calomniant, se faisant traîner par des chevaux anglais, caresser par des chanteuses italiennes, des figurantes françaises ou des danseuses espagnoles.

*
* *

On m'assure qu'il en est peu revenu : tant mieux.

Notre bon pays possède assez d'avides et de joueurs pour remplir et peupler le monument. Il y a des jours où l'on refuserait du monde.

*
* *

Les gros spéculateurs restent chez eux, et l'on va chercher leurs ordres à chaque instant, en coupé, en fiacre, et même en vélocipède. Les spéculateurs

Visite à un capitaliste influent.

de seconde classe sont placés en espalier le long des murs, autour des colonnes. Le menu fretin circule à l'endroit où se tiennent et hurlent les prêtres dissidents de coulisse, pendant que les grands prêtres et sacrificateurs assermentés poussent le concert de leurs cris dans la corbeille.

Au coin de certain mur sont les vieux de la vieille de la Bourse, pour

Vieux détritus laissés à sec sur les bancs par le flux et le reflux du cinq et du trois.

lesquels la rente n'a pas eu de faveurs, et qui viennent d'une main triste pointer les cours pendant deux heures, pour aller de là finir leur journée à la salle des ventes de la rue Drouot.

GUIDE DU SPÉCULATEUR A LA BOURSE

TYPES, PHYSIONOMIES ET RECOMMANDATIONS

DUPEURS ET DUPÉS

Comme on entre à la Bourse.

Comme on en sort.

Fallait pas qu'y aille,
Fallait pas qu'y aille,
C'est bien fait !
(*Air connu.*)

AXIOME.
Les petits sont toujours mangés
par les gros.

AXIOME.
Les actionnaires sont des moutons de Panurge que l'on fait courir
après la prime, de manière à leur faire perdre la laine.

Celui qui lève facilement trente mille francs
de rente fin du mois est incomparablement
mieux vu

que celui qui lève simplement le pied
en liquidation.

CE QUE C'EST QU'UN REPORT.

— Mais, mon cher Monsieur, je ne pourrai
jamais lever cela, c'est trop lourd !

— Heureusement, mon bonhomme,
vous avez là, à côté, le capitaliste
du coin qui vous lèvera le paquet
en un tour de main.

Il va vous reporter ça à côté fin prochain ; mais il faut lui payer
sa commission, à c't homme, et n'oubliez pas mon petit pourboire.

UN REMISIER.

Un remisier est un homme bien mis
qui se promène en remise pour porter
le cours de la Bourse à MM. les banquiers
et spéculateurs en chambre.

Un bon remisier qui n'a pu entrer par la porte
doit savoir entrer par la fenêtre.

S'il ne peut entrer par la fenêtre, qu'il entre
par la cheminée, il réussira.

AGENTS ARTISTES.

Cent cinquante mille francs de rente, plus trois cents banques achetées et vendues par application. Voici des petits coups de crayon qui valent bien ceux de Meissonier.

LE PETIT MESSAGER DES DAMES

QUI SIÉGENT SOUS LES ARBRES, PLACE DE LA BOURSE.

— A votre place, madame la baronne, je prendrais vingt-cinq Turcs fin du mois.

Quand on pense que ce misérable-là s'est permis de fourrer subsidiairement moitié sable jaune dans un cornet de cassonade de deux sous !

Voilà un pékin rudement veinard et qui a eu de l'avancement !

Arrivée d'un gros ordre. Gare dessous !

Pour ne pas laisser voir dans son jeu.

CE QUE C'EST QU'UNE PRIME DONT DEUX SOUS.

Je vais vous prêter trois mille francs de rente d'ici à demain deux heures et demie, à condition que vous me donnerez deux sous.

Devant un client qui semble avoir le sac, un commis qui sait son monde se met toujours à découvert.

MESSIEURS LES SPÉCULATEURS.

Tant mieux. Tant pis. Tant pis. Tant mieux. Remisier pour dames.

Parfait! parfait! Alors ils sont ruinés, les gaillards! ils n'ont plus qu'à vendre leurs culottes!

Diable! diable! mais pourvu qu'il leur reste de quoi payer!

LE TERRIBLE.

Coulissier jovial pour spéculateurs gais.

— A combien faites-vous, général?
— Quatre-vingt-deux et demi demandés, mille tonnerres!

A deux de jeu.

Le pain est cher, ça m'est égal, je n'en
mange pas, et ça me fait gagner cent mille
francs sur les farines

PETITS SPÉCULATEURS.

Le beau londrès! pourvu qu'il le jette
avant d'entrer! Attention!!

A LA CONQUÊTE DU BOUT DE CIGARE.

Lutte financière.

LES SECRETS.

— C'est M. Polichinelle qui m'a donné
cette nouvelle, c'est un homme sûr.

— Cher Monsieur, vous perdiez vingt mille francs,
vous n'en perdez plus que dix mille, c'est donc
dix mille francs que vous gagnez.

VIENT D'HÉRITER.

Un pigeon bon à mettre
en daube.

OBSERVATIONS.

Il est certaines limites qu'un homme de bourse intelligent sait toujours ne pas franchir.

Les fleurs qui poussent autour de la corbeille.

CHOEUR DANS LA COULISSE.

Musique variée et agréable pour ceux qui sont dans le mouvement.
Ténors, barytons, basses-tailles, aboiements de bouledogues,
hurlements de loups et cris de jaguars.

APRÈS LA BOURSE.

Ces Messieurs dépouillent le carnet.
Pourquoi le carnet?

UNE PETITE DAME QUI ENTEND LA COMPTABILITÉ EN PARTIE DOUBLE.

Société en participation. M. Tant-Mieux, haussier, et M. Tant-Pis, baissier.
Au moins, comme ça, on est tranquille.

PROBLÈME SOCIAL.

Étant donné la moitié d'un quart d'agent de change avec un tiers, on demande
le chiffre des bénéfices de l'agent de change.

**

UN PILIER DE BOURSE.

Ne quittera pas son poste avant
d'être démoli.

LES FICELLES DU DIABLE.

LA HAUSSE.

L'AIMABLE COULISSIER.

Les coulisses du soir après celles du matin.

Où l'on prend plus de mouches avec des bonbons au miel de chez Boissier
qu'avec du vinaigre.

COULISSES

DE LA BOURSE.   DU THÉÂTRE.

— Mon petit, ta couverture est usée;
il faut la renouveler, ou bien je change
d'agent de change.

LES FICELLES DU DIABLE.

LA BAISSE.

CALCUL DES PROBABILITÉS.

— Mon petit chat, je suis un homme sérieux, tu auras ton coupé
quand j'aurai liquidé mon oncle.

LE PÈRE. — Qu'est-ce qu'une mauvaise action ?
LE FILS. — C'est une action qui ne rapporte pas de dividende.

— Pauvre jeune homme ! quel air triste ! un chagrin d'amour, assurément !
— Oui, Madame, aujourd'hui la rente a baissé de soixante-quinze centimes.

Un agent de change prudent aime à voir son client pourvu d'une bonne petite couverture bien chaude et bien doublée pour l'aider à supporter les rigueurs du sort.

Mais parfois il se fait que le client arrive à manger sa couverture.

C'est le moment qu'il faut choisir pour prier son client d'aller chercher fortune ailleurs.

Les restes d'un homme exécuté la veille.

FAITES-VOUS D'ABORD UNE OPINION.

On s'attend à une baisse carabinée.

Fichtre !

Il va y avoir une hausse à tout casser.

RENSEIGNEZ-VOUS.

— Croyez-vous que nous allons avoir un peu de hausse ?

— Oui, à moins qu'il ne se déclare un peu de baisse, ou que les cours se tiennent légèrement stationnaires.

UNE EXÉCUTION PAR STRANGULATION.

Baissier enlevé par un vif mouvement de hausse.
(Joie des haussiers.)

EXÉCUTION PAR EFFONDREMENT.

Haussier surpris par la baisse. (Réjouissance de MM. les baissiers.)

Par malheur, il est des spéculateurs qui brûlent la politesse à leur agent de change, comme il est des agents de change qui brûlent la politesse à leurs clients.

Mauvaise liquidation.

Quand le pigeon a été bien
plumé, il éprouve le besoin
de plumer les autres.

et le pigeon devient vautour.

MORALITÉ DES MORALITÉS.

Les deux joueurs et l'huître.

DEUX HEURES A LA BOURSE.

Hier, il était environ une heure, je passais dans la rue Vivienne, quand je vis venir à moi un de mes plus anciens camarades ·de pension, Hector Du Colombier.

— Ce cher Du Colombier !

— Ce cher ami ! qu'il y a longtemps que nous ne nous sommes vus ! Viens avec moi, je ne te lâche plus.

En ce moment une voiture débouche par la rue Louvois et remonte du côté du boulevard. Du Colombier abandonne précipitamment mon bras qu'il avait pris sous le sien, et le voilà courant après la voiture. Je le suis des yeux, il court, il vole, il bouscule trois ou quatre dames et un vieux Monsieur qui regardent des tapisseries ; en un clin d'œil il a dépassé l'équipage, et je le vois revenir à moi le visage rayonnant.

— Es-tu donc devenu fou, mon pauvre Du Colombier ? ou bien est-ce l'ange de tes rêves qui vient de passer dans cette voiture ?

— 847, mon ami ! un cheval blanc ! c'est complet. Note bien que je n'ai pas rencontré un enterrement sur ma route depuis la rue de Grenelle ! et puis je m'étais dit : Si la première voiture que je vois passer rue Vivienne a un cheval blanc et si le numéro est impair, il y aura de la hausse aujourd'hui.

— Oui, je connais ça, *numero deus impare gaudet...* Le numéro deusse se réjouit d'être impair. On a fait de fortes études ; enfin, tu me parais décidément devenu toqué.

— Non, mon ami, mais je vais te dire : je suis acheteur de deux cents Mobilier à prime, et si tu as quelque temps à perdre aujourd'hui, si tu éprouves quelque plaisir à voir un aimable garçon gagner de l'argent, tu n'as qu'à pénétrer avec moi dans cet *antre* que l'on a Bourse appelé, et je te demanderai la permission de te présenter à quelques billets de mille francs de mes amis.

* * *

Une femme portant un enfant recroquevillé dans un vieux châle :

— Mon bon Monsieur, ayez pitié d'une pauvre mère de famille !

Du Colombier tire une pièce de cinquante centimes de sa poche et la remet à la mendiante.

— Je la connais, mon bon, c'est une vieille carotteuse ; mais tu vois le noble usage que je fais de mon or. C'est ainsi que j'agis quand je suis acheteur de Crédit mobilier. Il ne faut pas que ma veine ait le moindre prétexte plausible de se tourner contre moi.

* * *

Un Monsieur se cogne contre nous au tournant de la rue Vivienne ; il tient un petit carnet à la main.

— Qu'est-ce que vous faites aujourd'hui, père Sureau ? s'écrie Du Colombier.

— 27 et demi demandé, et il n'y en a plus. Il s'éloigne en courant.

— Sacrebleu, mon cher, je te le disais bien, c'est de la hausse ! Entrons, mon ami, viens saluer le temple de la Fortune.

* * *

Nous montons allègrement les degrés ; sous le péristyle, deux ou trois cents particuliers à boucles d'oreilles, vêtus de redingotes râpées, couverts de chapeaux gras et crasseux, se démènent en criant comme des Auvergnats en goguettes.

— Ce sont les spéculateurs sur les Petites Voitures, me dit Du Colombier. Il y a là dedans des malins ; il y a des gens forts comme les Remonencq de Balzac, qui déploient autant d'adresse et de talent pour gagner six francs que Rothschild pour rafler un million. Quand, il y a un mois, ces pauvres diables de cochers ont fait grève, le coup est parti d'ici ; ils sont là trois ou quatre Savoyards qui avaient inventé la chose pour jouer à la baisse sur la valeur : ces gaillards-là ont palpé, et Messieurs les cochers se sont brossé le ventre ; c'est toujours comme ça que ça se passe.

— Ce groupe noir qui est un peu plus loin, c'est le groupe du Turc : emprunt Turc, obligations Turques. Ici plus de boucles d'oreilles, les chapeaux sont plus maigres, les redingotes moins grasses ; l'accent de Bordeaux se marie harmonieusement à l'accent de *Straspurg*. Israël, salut !

Mais ne nous arrêtons pas aux bagatelles de la porte.

— Enfin, nous y voilà.

Quel tapage ! Ils sont là soixante qui crient, qui se démènent, qui vocifèrent comme des forcenés. Impossible de saisir l'apparence d'un mot au milieu de ces féroces hurlements.

— Mais tous ces gens-là sont fous furieux ! dis-je à Du Colombier.

— Quelques-uns, oui, mais pas tous. Tiens, écoute-moi un peu celui-là, l'entends-tu crier : *Je prends du Mobilier ?* Hein ! quelle note, quelle poitrine, quelle verve ! Je prends du Mobilier ! ça veut dire : le Mobilier monte, il m'en faut ; je n'en ai pas pour mes clients, pour mes amis, pour ma famille, pour ma mère ; vive le Mobilier ! En voilà un qui n'est pas fou, qui a du sens, qui est dans le vrai.

Survient DONDEUSSOUS, coulissier : — Eh bien ! mon petit, me croirez-vous maintenant ? Je vous le disais hier, la hausse est immanquable, elle est dans l'air.

— On monte, Monsieur Du Colombier, je ne dis pas, mais c'est pour mieux baisser. Plus on montera, plus je serai content ; au moins je pourrai vendre à mon aise ; mais malheureusement on ne montera plus guère. — Il s'éloigne.

— Ce Dondeussous est un misérable, un baissier de profession, qui semble toujours à l'affût des événements que les gens de cœur redoutent ; détournons les yeux de ce triste spectacle.

Il prend la cote d'un commis qui passe

— Eh bien ! regarde-moi un peu ça, mon petit. Tu vois, la rente a monté

de vingt centimes, le Mobilier de vingt francs ; toutes les valeurs sont deman-
dées, on se les arrache. 830 le Mobilier ; mes primes me ressortent à 825,
je gagne déjà près de mille francs. Suppose qu'il monte de cent francs, voilà
vingt mille francs dans le sac. Bobinette aura son coupé de H. Binder, et
nous ferons ensemble, avec toi, un petit dîner chez Vachette qui se portera
bien. Je te la présenterai, Bobinette ; tu verras ce chic, ces yeux ! Si tu es
raisonnable, je te montrerai sa jambe.

Un commis *passe en courant*. — A 835 le Mobilier ! on n'en trouve plus.

Du Colombier *épanoui* (il est devenu le centre d'un petit cercle de spéculateurs) : — Tu entends, ma petite vieille, mille francs de plus dans le sac à
Bibi. Mais le Mobilier, mon cher, tu ne sais donc pas ce que c'est ? Comment,
ta parole d'honneur, tu n'en as pas seulement 252 ? Mais c'est incroyable,
c'est insensé !

— Le Mobilier, vois-tu, c'est l'idéal de notre époque financière. Le
Mobilier est aux autres valeurs de Bourse ce que la locomotive est au camion
ou le télégraphe électrique au facteur rural : c'est comme un puissant levier,
une pompe...

Un vaudevilliste qui est venu se joindre au groupe. — Funèbre...,
Monsieur Du Colombier.

Du Colombier. — Vous, si vous vous permettez de faire des mots incon-
venants sur mes valeurs, je vous en fais vendre vingt-cinq à découvert.

Le vaudevilliste. — Hé ! hé ! ce serait peut-être une veine.

Du Colombier. — Je disais donc que le Mobilier est comme une pompe
aspirante qui...

Un commis a moustaches noires, *d'un air caverneux*. — A 832 50 on
offre le Mobilier !

Du Colombier. — Diable ! diable ! mais enfin ça ne peut pas monter comme
ça d'un coup à 925 ! Quand je pense que je l'ai vu à 1,900 ! Supposons un
instant qu'il fasse seulement 1,800 : aperçois-tu d'ici ce petit beurre ? Deux
cent mille francs, un petit voyage en Italie avec Bobinette ; une pointe vers
l'Égypte ; et puis, tu sais, je t'emmène ; ne dis pas non, je compte sur toi.

Un commis a barbe rouge. — A 830 ! On ne peut pas vendre le Mobilier,
qui est-ce qui en veut cinquante ?

Du Colombier. — Que dit donc cet imbécile ?

Un commis blond. — Moi, je viens d'acheter à 831 25.

Du Colombier. — Parbleu ! quand je vous dis qu'il fera mille francs dans
huit jours. Tenez, à cette place, contre cette colonne, j'ai vu Arsène Houssaye

qui en avait acheté deux cents à 940, je crois; il a revendu tout ça à 1,200, et il a eu tort; moi je ne donnerais pas les miens pour 1,500.

Vous connaissez Meissonier? eh bien, je l'ai vu gagner en trois bourses six cents francs par action sur les Mobilier. Je vous assure que c'était un ravissant tableau.

Le vaudevilliste. — Du Colombier, mon ami, je vous y pince.

Du Colombier. — Pardon, ça ne m'arrivera plus; il faut m'excuser, j'ai vu les *Deux Sœurs* hier soir, je me rattrape.

Le vaudevilliste. — Y avait-il encore un peu de vent?

Du Colombier. — Moins. Maintenant, on connaît la clef de la situation. C'est tout au plus s'il y a quelques courants d'air au dernier acte. On est fait aux coups de pistolet de la fin, comme les cocottes au discours de M. Dupin.

Du reste, hier, par la chaleur qu'il faisait, on avait, dit-on, assez frais dans la salle.

Un Monsieur à moustaches jaunes s'approche négligemment du groupe.

— On se regarde, hum! hum! Vous dites donc que la hausse est dans l'air?

Le vaudevilliste. — Dans quel air? dans l'air : *Va-t'en voir s'ils viennent, Jean?*

Le Monsieur à moustaches jaunes s'éloigne.

Le commis a moustaches noires, *d'une voix sépulcrale :* — A 827 50 le Mobilier est offert.

— Fichtre! qu'est-ce qu'il y a donc? la hausse est donc arrêtée? Pourtant les chevaux étaient blancs, le numéro impair, pas d'enterrement, ordinairement ça ne me trompe pas.

Un commis se précipite à la corbeille; il tient une dépêche télégraphique et la remet à un agent de change influent. Tous les yeux se fixent sur l'agent, qui développe sa dépêche et la lit d'un air soucieux. Il la replie, la remet dans sa poche, et se rue violemment sur la corbeille :

— A 826 25, j'ai cent Mobilier!

— A 825, j'ai deux cents Mobilier!

— Animal! butor! vampire! fait Du Colombier. Il faut cependant qu'il y ait quelque chose de grave : un agent comme celui-là, qui fait des affaires pour les plus gros bonnets! Si tout cela allait s'effondrer!

Appelant le commis blond, il lui parle à l'oreille.

— Vendez-moi au mieux mes deux cents Mobilier; ne perdez pas une seconde... Vite, vite, au nom du ciel!

Le commis écrit, et passe l'ordre. Du Colombier est agité : il ne tient pas en place.

Un Monsieur du groupe. — La dépêche qui vient d'arriver est bien grave, dit-on : il paraît que le Mobilier serait compromis dans une affaire des plus sérieuses ; la rue Laffitte tape sur toutes les valeurs de la place Vendôme... Entendez-vous comme c'est offert?

Un autre Monsieur. — On vient de me dire que trois cent mille nègres de l'Amérique du Sud ont enlevé Puebla à la baïonnette et que Mexico a été passé au fil de l'épée.

Du Colombier. — Et ce petit lambin de commis qui ne revient pas !... Ces agents sont d'une lenteur, d'une négligence ! Ah ! enfin, le voilà !... (Avec un soupir de satisfaction.) A combien m'avez-vous vendu ?... (Développant le papier.) 826 25 ! J'avais peur d'être vendu plus bas ; il me semblait que l'on offrait à 825... Merci, mon ami... Mais alors ça ne baisse donc plus ?... Diable ! diable !

Le commis a moustaches noires. — On demande le Mobilier à 830 francs.

Du Colombier. — Sapristi !...

Un Monsieur revient de la corbeille, où il a causé avec l'agent à la dépêche : il la tient dans les mains, et lit avec attention.

Du Colombier s'approche palpitant et regarde par-dessus l'épaule du Monsieur :

Baden-Baden, 6 septembre.

« A M. X..., agent de change en Bourse.

« Mon Bébé, pas oublier passer chez Worth, rue de la Paix, demander six costumes complets pour semaine prochaine ; chez madame Herst, rue Drouot, six chapeaux assortis aux robes. Expédier vite : rien à me mettre... Un joli bécot à son Bébé...

« Cascadette. »

Du Colombier. — Mille noms de noms, de noms, de noms!

Pincé, collé, fait au même, il réfléchit un instant. — Eh bien, non, tant pis !

C'est-à-dire tant mieux !

Sa physionomie devient souriante. Se tournant vers moi :

— Eh bien ! vois-tu, mon ami, comme j'ai le nez creux ! J'ai vendu mon Mobilier. Voilà l'ordre exécuté, 826 25 ; je perds seulement la moitié de mon courtage, à peine deux cents francs ; voilà une chance !

— Mais tu ne devais jamais les vendre, tu attendais mille francs. Le Mobilier, disais-tu, c'est la locomotive, c'est la pompe ; car tu l'as dit, la pompe !

Du Colombier. — Tout cela est très-bien, mais l'expérience ne doit pas être perdue. Tu ne sais donc pas, mon pauvre ami, ce que c'est que le Mobilier ? Tu ignores donc que j'ai vu le Mobilier à 425 francs offert... mon ami, offert ! Maintenant, j'ai vendu à 826 25 ; eh bien ! je suis vendeur à découvert. — Innocent que tu es, tu ne sais pas ce que ça veut dire ? Eh bien ! maintenant j'ai pour moi toute la baisse, et, entre nous, je crois qu'il y en aura une effroyable ! Suis bien mon raisonnement : j'ai en ce moment la plus belle position qu'il soit possible de rêver : vendeur à découvert, ferme contre prime, toute la baisse pour moi, moins la prime que j'abandonne, tout ça pour la bagatelle de deux cents francs.

Le commis a moustaches noires. — 840 demandé le Mobilier !

Du Colombier. — Oui, oui, montez, tas d'imbéciles, grimpez les uns pardessus les autres ; à demain le réveil, mais un réveil brutal et terrible ! Hier je voyais un homme bien informé, il me disait que Pereire était souffrant, vieilli, cassé. Suppose une maladie grave demain ; que vaut alors le Mobilier ? rien. — Toutes les valeurs du Mobilier, rien, rien ! Tout cela papier, papier, quatre sous la livre. Le moindre ébranlement dans l'État, l'échafaudage de cette institution ridicule s'écroule et s'abîme dans le vide. — A notre époque, il faut être préparé à tout.

Dondeussous, coulissier. — La Bourse finit en hausse, tout est demandé. Vous voilà content, Du Colombier ?

Du Colombier. — Content, oui, oui ; mais je crains cependant un peu de baisse pour demain.

Dondeussous. — Non, non ! le mouvement est lancé, il y en a pour jusqu'à la fin du mois.

Du Colombier. — C'est ce que nous verrons, mon bonhomme.

Le commis a moustaches noires, *d'une voix sinistre.* — Le Mobilier finit à 845 ! ! !

La cloche sonne.

Du Colombier. — Allons-nous-en, mon ami, il n'y a plus rien à faire ici. Tiens, mais écoute donc ! j'entends chanter sur la place de la Bourse ! Mais, Dieu me pardonne... c'est la *Marseillaise.*

Le vaudevilliste. — Allons donc, c'est le fontainier !

Une porte se ferme avec fracas.

Du Colombier. — Ah! mon Dieu!... un coup de pistolet, l'émeute grondant dans la rue! Les barricades!

Le vaudevilliste. — La porte, s'il vous plaît!

Du Colombier, *fiévreux*. — Bonsoir, Messieurs, à demain et gare dessous! Et toi, mon bon, tu sais ce que tu m'as promis pour notre petit voyage avec Bobinette; si le Mobilier tombe seulement à 450, c'est entendu.

— Parfaitement.

Nous traversons la place de la Bourse.

***

La femme portant un enfant recroquevillé dans un châle : N'oubliez pas une pauvre mère de famille, mon bon Monsieur !

Du Colombier tire deux sous de sa poche et les lui met dans la main. — Tu vois comme je fais quand je suis vendeur du Mobilier, toujours généreux; ne contrarions pas la chance.

La femme au châle. — Deux sous! la recette baisse. C'est ce crapaud-là qui n'a plus assez mauvaise mine. Faut que je dise à la mère Durand de m'en fournir un autre.

LE SPORT.

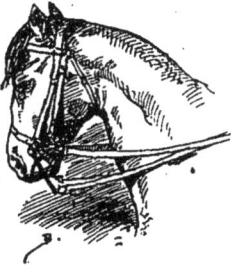

Sous la dénomination de *sport*, mot anglais, on comprend tout ce qui a trait aux exercices du corps dans leurs rapports avec les animaux, section des chevaux et des courses, ou contre eux, section de la chasse et de la pêche, ou sans eux, section de la natation, de l'escrime et du canotage.

Un sportsman accompli est un homme dans lequel toutes les facultés physiques sont en équilibre, ce qui doit, en théorie, produire le *mens sana in corpore sano*.

En réalité, cela produit parfois tout le contraire. Le nom de *sportsman*, par dérogation, est donné plus spécialement à ceux qui se préoccupent d'une façon plus particulière du cheval et des courses de chevaux.

Il est bon qu'un homme qui veut occuper dans le monde une place satisfaisante sache parler chevaux, comme il doit au besoin parler blason.

Il faut qu'il connaisse assez d'anglais pour savoir ce que signifie le *turf*, le *ring*, etc.

La mode s'est emparée de cet animal dangereux pour celui qui le monte et celui qui le rencontre, incapable de se conduire lui-même et beaucoup moins intelligent que l'âne, auquel la calomnie s'est injustement attaquée, et qui au moins a pour lui parfois un certain caractère de résistance et de volonté dont ses détracteurs ont fait de l'entêtement.

C'était M. de Buffon qui l'intitulait jadis : la plus noble conquête faite par l'homme sur la création.

Combien est supérieur, comme docilité, comme vitesse, comme force infatigable, le cheval de vapeur, dû à l'initiative de notre siècle, et qui doit infailliblement remplacer l'autre pour tous les usages auxquels il est encore consacré ! Il est vrai que M. de Buffon ne pouvait connaître celui-là.

Malgré cela, ou à cause de cela, le cheval est encore en honneur comme objet de luxe.

Et surtout il faut dire, comme prétexte de bénéfices et de jeu dans les spéculations de courses.

* * *

On fait du sport quand on a gagné de l'argent, ce qui a donné naturellement à beaucoup l'idée de faire du sport pour en gagner.

C'est par ce côté que la comédie du sport n'est qu'un tableau de plus dans la comédie de l'argent.

On aura beau crier sur tous les toits que la question des courses, notamment, n'a pas d'autre but que l'amélioration de la race chevaline, que les éleveurs et les propriétaires de chevaux de courses ne sont pas des entrepreneurs de spectacles, que les jockeys ne sont pas des écuyers d'un cirque agrandi pour les circonstances.

Qu'au contraire, les uns et les autres risquent leur argent et leurs membres au profit d'un intérêt général d'agriculture et de commerce.

On aura beau dire tout cela, on ne portera point la conviction dans les cœurs.

Tous les braves gens qui se rendent en robe détroussée pour faire nombre dans les solennités du turf, se soucient de l'amélioration de la race chevaline comme des vieilles lunes.

Les courses ne sont pour eux qu'une des formes de la roulette, de la roulette à grand spectacle. Du côté des propriétaires, des entraîneurs, des jockeys et des metteurs en scène, il en est parfaitement de même. Les courses sont devenues une succursale de la Bourse, et n'ont pris leur vogue réelle ici qu'à partir du moment où les jeux de Bourse auxquels on s'était mis, sont devenus

SPORTSWOMEN.

— La bonne bête!

— Oui, parlons-en, Madame, elle a déjà cassé les reins à quatre jockeys cette année.

— C'est bien vilain; mais elle vient de me faire gagner une poule de vingt-cinq paris. Je lui pardonne.

**

72

SPORTSMEN.

— Eh bien! très-cher, qu'avez-vous donc fait de cette charmante *Miss Annette?*
— Elle m'a trompé plusieurs fois; maintenant je l'attelle à mon tilbury..

UN MARI GRINCHEUX.

— Jolie course, bien réussie, ma chère : un imbécile de cheval qui se dérobe, une robe de quinze cents francs qui se déteint à la pluie. Total, cent louis jetés par la fenêtre. C'est parfait.

PROMENANT SON DOMESTIQUE.

PHILOSOPHES.

— Ces choses-là n'arrivent qu'à moi! Cette brute de William se fait bousculer
au second tournant : une jambe cassée, deux côtes enfoncées, ma jument
couronnée, et je suis refait de mes deux mille louis!

UN ÉLEVEUR.

— Je lui ai dit : Monsieur le comte, si vous ne faites pas bien élever vos poulains,
vous vous fourrez le doigt dans l'œil.

UNE POULE

Et plusieurs cocottes au champ de courses.

PERFECT GENTLEMAN.

COCHER PHILOSOPHE.

A L'HEURE ET AU PAS.

— Bonne affaire. Cette pauvre Cocotte n'a pas besoin de se presser.

SPORTSMEN

DU MARCHÉ AUX FLEURS DE LA MADELEINE.

— Il est quatre heures. Je parie qu'il passe cinq larbins noirs avant dix sapins gros boutons.

— Tenu pour trois litres à douze, et une tournée.

LE DERNIER COCHER.

Son client n'est pas pressé.

insuffisants et inabordables à la masse avide d'*alea* et de gains non représentés par un travail.

La France et l'Angleterre se donnent la main sur ce terrain. Supprimez les paris comme chose absurde et immorale, supprimez le jeu et le hasard sous

LES TURFISTES.

Un juge.

Un book-maker.

Un arbitre.

Propriétaire d'une grande écurie.

Le capitaine.

Le gros major.

Le bel Hector.

toutes les formes qu'il lui plaira de prendre, et vous verrez ce que deviendra la question de l'amélioration de la race chevaline.

Améliorez donc la race humaine, et laissez les chevaux en paix, disent ceux qui se plaisent à chagriner autrui.

Avec cela que, de notre temps, c'est chose commode !

Les chevaux considérés comme machines destinées à traîner les gens, nous paraissent plus utiles à améliorer que ceux que l'on élève à si grands frais pour faire en cinq minutes, tous les quinze jours, le tour d'un champ de gazon long de quelques centaines de mètres.

* *
*

Jusqu'à ce que le cheval-vapeur, dûment amélioré, ait donné de plus grands loisirs aux chevaux de chair, d'avoine et d'os, il serait, je crois, plus profitable à l'humanité d'améliorer les chevaux de fiacre, de charrette et d'omnibus.

SPORT.

La première voiture.

La dernière.

INTÉRIEUR D'OMNIBUS.

(Trente centimes.)

SUR L'ÉTAGÈRE.

Excursion en voiture découverte.

(Quinze centimes.)

Je crois bien que Gladiateur lui-même, ou Boïard, ces types, feraient une triste figure à l'omnibus de la Madeleine.

※ ※
※ ※

Le culte des animaux et le succès du Jardin d'acclimatation ont apporté dans le langage et dans les dénominations appliquées aux hommes comme

Une grue.

Une biche.
(Dans le désert cela s'appelle autrement.)

Une cocotte.

Un rat.

Un daim.

Une oie.

Un pigeon.

※ ※.

75

aux femmes, des ressources puisées dans la connaissance du sport et de l'histoire naturelle.

Mon gros Loulou appelle sa femme :
Ma petite chatte ! ou : Ma grosse
bichette !

Celui que mademoiselle Peau-de-Satin
appelle son petit chien vert.

A ne considérer le sport que comme institution destinée à faire dépenser de l'argent et à en faire gagner, le sport aurait sa raison d'être.

Les grandes courses de Paris sont une sorte de spectacle qui fait circuler et changer de main des centaines de mille francs et même des millions.

La vieille histoire de *Panem et circenses* est toujours vraie; le pain sous toutes les formes, depuis le pain de quatre livres jusqu'aux pâtés les plus truffés, accompagnés de tous leurs accessoires. Le Cirque et le spectacle avec tous ses dérivés, depuis les Funambules jusqu'à l'Opéra et aux grandes

Cocher de la vieille marquise
du faubourg Saint-Germain.

Cocher de M. le comte.

Cocher de la femme du banquier.

courses de Paris ou d'Epsom, tout cela sera éternellement, quoi qu'on dise et quoi qu'on prêche, source de satisfaction, de calme, de commerce et d'argent.

Cela fait vivre les marchands de chevaux, les carrossiers, les cochers, les couturiers et couturières, les costumiers, les joueurs et les entrepreneurs de

Cocher de la petite dame.

Cocher de petite voiture.

Cocher fantaisiste pour remise.

jeu, les restaurateurs, les cuisiniers, et aussi et surtout, les marchands de vin. Que demander de plus?

Conducteur d'un train de plaisir.

Le premier dada.

C'est comme si les directeurs de spectacle prenaient au sérieux le vieux mot : *Castigat ridendo mores,* châtier les mœurs par le rire.

Ils s'en moquent comme de l'an quarante.

*
* *

Le sport ne s'arrête pas aux chevaux, il s'étend encore, par dérogation, aux chiens.

Si le cheval est la plus noble conquête faite par l'homme sur la nature, la conquête du chien passe pour la plus satisfaisante au point de vue des besoins du cœur.

Le chien est l'ami de l'homme, c'est entendu. Il est pour lui plein de soins, lui lève et arrête son gibier, lui porte sa canne ou son chapeau, mord les voleurs qui viennent le déranger la nuit, étrangle les rats qui ravagent son bien, danse pour lui sur les pattes de derrière et joue avec lui aux dominos quand il l'exige.

Seulement, à force de fréquenter son ami, l'homme, le pauvre chien, seul parmi tous les animaux, n'a-t-il pas contracté de lui cette maladie terrible, la rage, dont l'un et l'autre sont saisis subitement, fatalement de temps à autre, et qui porte le deuil autour d'eux?

La rage de l'un est-elle plus terrible que celle de l'autre?

Charlet disait : Ce qu'il y a de meilleur dans l'homme, c'est le chien.

MÉDECINE ET MÉDECINS.

Pauvre humanité! ne souffre-t-elle point toujours et sans cesse de mal physique ou de mal moral, souvent des deux réunis? Des uns et des autres, nombre de gens vivent. La Faculté, la médecine, la chirurgie, la pharmacie puisent leur existence dans les maladies du corps; la chicane et les affaires dans les maladies de la Bourse, celles des passions et des avidités de toute sorte.

Tous ces gens, comme s'ils s'entendaient, portent la livrée noire et triste.

* * *

Depuis Molière, et avant lui-même, il a toujours été de mode de se moquer des médecins et de la médecine.

Mais, pour dire le vrai, on en glose simplement lorsque l'on est en pleine santé. Lorsque la maladie commence à montrer son visage effrayant et blême, on les appelle, on les loue, on les admire, on les bénit, quitte à les maudire ou à les plaisanter plus tard, si la force des choses ou leur talent vous ramènent à la santé.

Sauf la chirurgie, qui est une science exacte et dont les progrès ont été remarquables, il ne semble pas que l'art de guérir ait beaucoup fait de conquêtes depuis le temps du docteur Hippocrate.

A près de trois mille années de distance, Hippocrate n'a pas cessé de dire oui, et Galien de dire non.

Le grand mérite des médecins, maintenant que les vieilles méthodes ont été mises de côté, et que le *saignare, purgare* et *clysterium donare,* n'est plus de mode, consiste dans l'usage de la médecine expectante qui laisse agir la nature, cette grande maîtresse, et se borne à la garantir des fautes de régime qui pourraient nuire à son action.

Le grand et éminent service qu'a rendu le système homœopathique a consisté principalement à supprimer les supplices inutiles que l'on infligeait jadis aux patients, tels que les cautères, les vésicatoires, les sangsues, les vomitifs, les médecines repoussantes de toute sorte.

Il y a maintenant des médecins homœopathes, tout aussi savants, tout aussi distingués, et aussi heureux de toute façon dans leurs cures et dans leur fortune, que les médecins de l'autre bord.

Leur exemple n'a pas tardé à être imité, et leur médecine commence à s'étendre sur Paris et la province.

Ce qui prouve que cette nouvelle médecine n'a pas de résultats fâcheux, et qu'elle n'est pas inférieure à l'autre, au point de vue de la guérison, ce sont les tables de mortalité. Or, depuis que l'homœopathie est en honneur, la statistique déclare que la mortalité n'a pas augmenté à Paris, qu'elle est toujours à peu près la même, et accuserait plutôt une légère diminution.

Qu'en conclure, si ce n'est répéter le fameux mot d'Ambroise Paré : « *Je le pansai, Dieu le guarit* » ?

MÉDECIN POUR DAMES.

— Docteur, vous ne vous dépéchez donc pas de me guérir?
— Ne plus vous voir ainsi, chère madame, je m'en voudrais.

LES GENS DE PROIE.

C'EST le destin. Il y a des pigeons, il y a des vautours, il y a la brebis, il y a le loup dévorant qui la guette pour en faire sa proie.

Mais les loups, dit le proverbe, ne se dévorent point entre eux, tandis que chez les hommes, il en est tout autrement.

Non-seulement certains hommes, se mettant hors la loi, font profession de guetter au coin d'un bois, sur les grands chemins ou sur la mer, partout où ils les rencontrent sans défense, ceux dont le travail a rempli les poches, et les massacrent sans pitié pour emplir leurs poches vides.

Mais il en est aussi qui se mettent à l'affût de toutes les misères, de toutes les angoisses subies par leurs semblables, et qui font métier de torturer encore ces misères et ces angoisses pour en tirer avantage et profit et s'en faire, à l'abri des lois, qu'ils côtoient avec précaution, de bonnes et belles rentes au soleil.

* * *

Les premiers sont des assassins et des voleurs, que l'on traque, que l'on poursuit, que l'on punit quand on peut. Les seconds sont les hommes d'affaires, que la loi ne punit pas, le plus souvent, et auxquels, sans le vouloir, elle fournit des armes.

* * *

Ce métier est profitable, et l'on voit bien des fortunes qui n'ont pas d'autre origine.

Les affaires, on l'a dit, c'est l'argent des autres, l'argent qu'on leur extirpe par tous les moyens, soit persuasion, soit mensonge, soit violence. Nous le voyons à la Bourse, les affaires de spéculation et de jeu ne sont basées que sur l'exploitation de la crédulité et sur l'organisation étudiée d'une perpétuelle tromperie.

Celui qui fait des affaires et spécule à la hausse, doit acheter d'abord et persuader le détenteur qui lui vend, que ce dont il le débarrasse est au-dessus de son prix, puis, quand il revend pour palper son bénéfice, persuader à un autre que ce dont il se débarrasse lui-même en sa faveur est au-dessous de la valeur qu'il doit atteindre prochainement.

C'est l'inverse pour celui qui joue à la baisse. Donc il s'agit de tout mettre en jeu pour effrayer et rassurer tour à tour les êtres bénévoles qui viennent, attirés par l'espoir du gain, apporter leur argent dans cette galère.

C'est la vieille histoire des frelons venant manger le miel récolté à grand soin par les abeilles.

Certes, il y a de grandes, sérieuses et honorables affaires; mais celles de la spéculation et du jeu se résument toujours par ces deux termes invariables : les dupeurs et les dupés. Et puis encore par l'inexorable *Cagnotte* qui se prélève sur les uns et les autres par Messieurs les intermédiaires.

* * *

Il n'y a qu'une loi vengeresse à invoquer, celle dont parlait jadis le bon La Fontaine : A trompeur, trompeur et demi.

Trompeurs, c'est pour vous que j'écris ;
Attendez-vous à la pareille.

De là les catastrophes et naufrages de tout genre, dont s'entretient de temps en temps l'opinion; mais après la tempête, le gouffre se referme, le calme renaît, le ciel devient calme, et le nautonier, le gobeur et l'actionnaire lancent comme devant leur barque sur le flot tranquille, dans l'espoir, toujours vain, de quelque pêche miraculeuse. Voilà pour la Bourse.

* * *

En dehors de ce genre d'affaires qui se concentrent à la Bourse, il en est d'autres encore où l'ingéniosité de l'homme désireux de dépouiller son semblable se révèle par des côtés plus pittoresques.

Ce genre d'hommes d'affaires se révèle par des fournitures de fusils sans batterie, de souliers à semelle de carton, de cartouches sans poudre. D'autres, plus modestes, abreuvent d'eau leurs futailles de vin, mettent de la sciure de bois dans leur poivre, de la farine dans leur sucre en poudre, ou du gypse dans leur farine.

Si de temps en temps on en surprend un ou deux pour les condamner à quelque chose, cela n'a guère d'autre résultat que de faire perfectionner par les imitateurs leur genre de tromperie, en leur enseignant les côtés par lesquels on peut les découvrir.

* * *

La société a besoin d'une série de gens disposés à faire les besognes répugnantes ou odieuses. Parmi ces gens, les uns s'y mettent par goût, d'autres par tradition, d'autres par nécessité.

Il est des hommes que séduit la profession de boucher ou de charcutier et qui prennent une réelle satisfaction à correctement assommer un bœuf, bien griller un cochon, saigner convenablement un mouton ou un agneau.

Or, il faut des bouchers et des charcutiers.

De même, il faut aussi un ou plusieurs exécuteurs des hautes œuvres ou bourreaux pour offrir la revanche à Messieurs les assassins qui ont commencé à gagner la première manche de la partie.

Et l'on assure que lorsque le bourreau de Paris mourut, il y eut quatre cent cinquante demandes pour le remplacer.

* * *

Après les bouchers et charcutiers, ces tueurs par profession, il y a comme variété les chasseurs qui tuent par goût et prennent une satisfaction profonde à assassiner une petite caille grosse comme le poing, à contempler les dernières convulsions d'un lièvre ou d'un lapin, à briser l'aile d'une perdrix, et à souiller de sang les plumes d'or d'un faisan.

Ils se réunissent par douzaines pour éventrer un pauvre sanglier, faire déchirer un innocent chevreuil par des chiens féroces, ou voir pleurer un malheureux cerf.

C'est la boucherie et la charcuterie mises à la portée des élégances et des distinctions.

* ** *

Entre les chasseurs, les bouchers, les charcutiers, les assassins et le bourreau, se place une suite d'hommes, vêtus de noir, qui vivent uniquement des malheurs d'autrui, mouches sombres et venimeuses qui se précipitent sur ceux qui tombent avant qu'ils soient cadavres, pour en sucer le dernier sang et les dernières moelles.

Chaque matin, ces gens de proie, cravatés de blanc comme les vautours, se lèvent, flairant à droite et à gauche s'il n'y a pas en vue quelque chair fraîche à déchirer, quelque nouvel accident dont on puisse faire un malheur, et ils prennent leur vol, fouettant l'air de leurs grandes plumes noires, décrivant des cercles implacables autour de leur victime et faisant claquer joyeusement leur bec recourbé dont ils fouillent curieusement les plaies.

Une fois entre leurs serres, il est bien difficile de se relever, si d'une main désespérée l'on ne broie pas leur bec, et si l'on n'étrangle pas l'avidité féroce dans leurs cous tordus.

Ces gens-là sont les hommes d'affaires proprement dits... les bourreaux.

* ** *

A côté d'eux, et pour leur prêter main-forte, ils ont trouvé ceux que la loi désigne comme tourmenteurs jurés, tortionnaires, exécuteurs, huissiers et procureurs; et tout cela, une fois lancé sur la piste et sur la proie, ne s'arrête plus tant qu'il en reste.

Le malheureux dont le doigt est passé dans l'engrenage composé de ces dents avides et intéressées, arrive le plus souvent à y passer tout entier.

* ** *

Voici la filière : Un Monsieur doit cent francs, il ne peut les payer au moment dit; l'argent sur lequel il comptait lui fait défaut.

— Ah ! misérable ! lui dit la loi par là bouche de ses exécuteurs, ah ! tu ne peux pas payer cent francs ! eh bien, tu vas en payer cent'huit !

— Mais, mon Dieu ! vous voyez bien que je ne peux pas !

— Ah ! tu ne peux pas, malheureux ! tu vas en payer cent vingt. Tu ne peux pas encore, brigand ! tu en payeras cent cinquante, puis deux cents, puis deux cent cinquante, etc., ou nous allons te mettre nu comme un petit saint Jean.

En avant les citation, condamnation, signification de jugement, accepta-tion, saisie, signification de vente, affiches, référés, arrangement, re-signifi-cation, etc., etc., etc.

Un habile huissier qui connaît bien son gibier se fait fort de tirer facile-ment trois cents francs de frais d'une créance de cent francs.

Et Son Excellence le fisc rit et se frotte les mains. C'est le papier timbré qui marche.

*
* *

Quand le pauvre débiteur a payé ses cent francs, il doit encore cent écus, mais il finit toujours par les payer. Et les Messieurs en noir ont tous des cam-pagnes où ils vont prendre le frais le soir et voir s'ébattre et se mordiller leurs petits.sur les gazons en fleur; l'hiver, de bonnes pièces bien chauffées où ils se délassent en faisant un whist avec un mort.

— Au fond, vous avez raison, ce métier-là est triste ! me disait un jour un bon huissier; car il y a de braves gens parmi eux, comme partout; mais quand on y est il faut s'y résigner et faire son affaire le moins désagréable-ment qu'on peut.

Le débiteur, pour moi, je tâche d'en faire un être impersonnel, une sorte de gibier que je poursuis comme un chasseur. Ce n'est pas M. un tel, c'est un lièvre : il court, il se cache, il se dérobe; je le tire, je le manque, je le retire, je le ramasse, je le mets dans mon carnier; j'ai fait ma journée et celle de mon client. Voilà.

« Si je faisais une question de sentiment de tout le papier timbré dont je bourre mon fusil, je n'en finirais plus.

« Mais quand je peux laisser respirer un peu le débiteur parce que je sais qu'il est honnête et travailleur, et par trop à plaindre, je le fais de temps en temps, et ça me fait plaisir.

« Tenez, entre nous, voulez-vous que je vous dise? dernièrement j'ai été pour une saisie chez un pauvre diable, un bien brave homme; eh bien, je ne me suis pas fait payer, et, de plus, je suis parti avec mes hommes après lui avoir prêté de l'argent. Surtout ne le dites pas. »

* *

Mais il s'en faut bien que tous soient comme ce bon huissier. Ce serait une mauvaise méthode pour se mettre, comme les autres, des maisons de ville et de campagne sur la planche.

Généralement tous les gens noirs, qui vivent de la chicane et se jettent sur leur proie, se sont fait des calus protecteurs qui ne leur permettent pas même d'entendre les cris et les gémissements de la victime. Le chirurgien qui coupe une jambe ou un bras ne doit pas se préoccuper des souffrances que subit l'opéré.

* *

Il est bon de se familiariser de bonne heure avec ces petites difficultés de l'état.

Un jour, c'était un jeudi, un débiteur vit entrer chez lui un huissier flanqué de ses acolytes, plus, d'un petit garçon en costume de collégien.

Et l'huissier lui dit avec une dignité froide : Monsieur, j'ai pris la liberté d'amener mon fils, c'est son jour de sortie, et je voulais lui montrer ce que c'est qu'une saisie.

* *

Chose triste ! les gens honnêtes et désireux de s'acquitter sont les victimes les plus tourmentées par les gens de proie. Cela se comprend à leur point de vue : avec les gens malhonnêtes, et qui, comme eux, vivent de proie, il n'y a rien à faire.

— C'est un tel qui me doit.

— Ne le poursuivez pas, vous perdriez vos frais, c'est une canaille !

— Et celui-ci ?

— Ah ! celui-ci, c'est un brave homme ; il est gêné, mais il finira par vous payer. Vous pouvez faire des frais tant qu'il vous plaira. Allons-y gaiement !

HOMME D'AFFAIRES.

Les affaires, c'est l'argent des autres.

Les affaires sont comme lui, elles ne sont pas belles !
Il lui suffit qu'elles soient bonnes.

UNE VISITE.

Si ce n'est pas son jour de réception, tant pis.

Les artistes et les littérateurs, gens un peu imprévoyants pour la plupart, mais honnêtes et désireux de satisfaire à leurs engagements, quoiqu'ils soient faits trop souvent à la légère, sont de bonnes vaches à lait productives pour ces Messieurs.

Un d'eux, me montrant une malle toute remplie de ces affreux papiers maculés pour le fisc : C'est la récolte de dix ans, m'a-t-il dit; il y en a eu pour cent mille francs. Tout cela c'est des frais. J'ai payé le tout, et presque rien sur le capital. Aussi les huissiers me regardent comme un père.

Parmi les artistes, Gavarni fut une des victimes les plus tourmentées par cette bande noire. Il avait fait une folie en achetant sa maison et son terrain d'Auteuil, lesquels, avec un peu de fantaisie du passé, lui avaient constitué un capital de dettes menaçantes et de frais accumulés sans trêve ni répit. Il vivait là comme dans une forteresse, cadenassé, verrouillé de toutes manières, donnant péniblement des à-compte, et, suivant l'expression ayant cours, *arrosant* douloureusement le champ, sans arriver à diminuer sa dette.

Heureusement, un jour qu'il était vieux, déjà fatigué et harassé, le chemin de fer d'Auteuil lui prit une moitié de sa maison et de son terrain, saccageant son rêve, mais lui permettant d'échapper, moulu et brisé, des griffes qui se cramponnaient à son cou depuis nombre d'années.

* * *

Vers 1847, au moment où paraissaient les *Petites Misères de la vie conjugale* et la *Cousine Bette* des *Parents pauvres*, ce chef-d'œuvre que le *Constitutionnel*, manquant de la copie d'Eugène Suë, publiait timidement à la troisième page du journal, M. de Balzac habitait à Passy, rue des Vignes, alors presque déserte, une singulière maison, sordide et grise à l'extérieur, mais coquette à l'intérieur et toute vivante de soleil, de fleurs, de lumière et de gaieté.

Tout y était surprise. On entrait de plain-pied dans un bizarre rez-de-chaussée, et ce rez-de-chaussée devenait tout à coup un troisième étage du côté du jardin, d'où l'on découvrait à perte de vue les détours de la Seine et les flèches, les dômes, les coupoles, noyés dans les brumes et le vaste horizon de Paris.

Mais y entrer était le difficile.

L'aspect de la maison sur la rue était morne et abandonné, les volets en bois fermés hermétiquement. On sonnait une fois, pas de réponse; deux fois, rien encore ; la troisième il se produisait un mouvement, un panneau glissait sans bruit. A travers des barreaux grillés, un œil interrogeait le visiteur ; puis, lorsque l'inspection était satisfaisante, on entendait un jeu formidable de verrous, de serrures, et la porte s'ouvrait — pour se refermer aussitôt sur vous. On était dans la place.

Il fallait préalablement demander la comtesse de Brugnoles.

C'était le mot de passe.

Madame de Brugnoles, qui vous recevait alors, était une grande et grosse femme, haute en couleur, la lèvre héroïquement estompée d'une petite moustache, — quelque chose comme la madame Rémonencq du *Cousin Pons,* — de force à jeter un recors à la porte, ou à lancer un huissier par là fenêtre.

Telle était la fée protectrice du logis.

On était alors conduit dans le cabinet où travaillait le grand écrivain, vêtu de ce costume monacal de laine blanche qui est resté légendaire.

On voyait là ce bahut Henri II, magnifique travail renaissance avec incrustations d'ivoire et de cuivre, orné des chiffres et écussons royaux, et dont il évaluait le prix à cinquante mille francs. Des fragments merveilleux de vieux Boule dont il voulait faire des panneaux décoratifs pour l'hôtel qu'il rêvait, des plats florentins d'un travail exquis, en cuivre repoussé et ciselé. Tout cela dans un fouillis et un fatras de vieilleries sans valeur et de vénérable poussière.

Là venaient de temps en temps Théophile Gautier, Léon Gozlan, Laurent-Jan, Chlendowski, un comte polonais qui s'était improvisé éditeur, et quelques rares amis, dans le secret de la retraite, et que ne rebutait pas la longueur de la course. C'étaient de magnifiques causeries.

Dans la pièce à côté, madame la comtesse de Brugnoles racontait ses espoirs et ses chagrins, et la comtesse Chlendowska fumait en l'écoutant avec philosophie une pipe monumentale, souvenir de la patrie absente.

Madame de Brugnoles, nous disait Balzac, était une maîtresse femme qui l'avait pris en admiration, en affection et en pitié, l'avait fait assidûment travailler, avait mis de l'ordre dans ses affaires, et l'avait forcé de payer en trois ans 150,000 francs de dettes ! « Et puis, elle fait le café comme personne, ajoutait-il ; un de ces matins, je finirai par l'épouser. »

Parfois, on entendait la sonnette s'agiter avec fureur. Balzac tressaillait. Je sais ce que c'est, revenait dire avec sérénité madame de Brugnoles. — Et on n'ouvrait pas.

Balzac est resté, à plusieurs reprises différentes, trois mois de suite sans sortir de sa forteresse. La comtesse faisait les courses, et secouait vigoureusement les compositeurs, les imprimeurs et les autres; lui, on le croyait en Russie.

Plusieurs fois, lorsqu'il eût dû faire les visites indispensables, il était absent ainsi, pour quelque long voyage.

— Mon petit, me disait-il un jour, méfiez-vous du papier timbré, des avoués et des huissiers.

***

Ces Messieurs, je penche à le croire, ont contribué à le tuer prématurément, et ont pu l'empêcher d'entrer à l'Académie française.

Quand, une bonne fois, ils ont disparu, balayés par un tardif succès d'argent et par son riche mariage, le mal était fait, — il était trop tard.

***

Quant à Alexandre Dumas, le brillant conteur et écrivain qui eût fait certainement riche figure à l'Académie, l'anecdote que nous avons déjà racontée sur lui semble établir qu'il se rencontrait avec H. de Balzac sur le terrain de certaines antipathies, de certaines préventions, et qu'il avait eu de nombreux démêlés avec les hommes noirs.

On était venu lui demander de souscrire pour dix francs, afin qu'on pût enterrer un malheureux huissier mort sans ressources.

— Dix francs pour enterrer un huissier! ce n'est pas cher. Voilà cent francs, enterrez-en donc neuf avec lui.

Aussi voyons-nous que malgré tous ses titres, Dumas, comme Balzac, n'entra pas à l'Académie.

Les hommes d'affaires et les huissiers n'ont-ils pas, pour ainsi dire, saisi ce dernier fauteuil qui lui appartenait de plein droit?

MAGISTRATS.

HEUREUSEMENT, de l'autre côté de ces gens de proie, comme pour leur faire contre-partie, il existe une classe d'hommes destinés à surveiller leurs actes et à leur faire rendre gorge quand ils sont surpris sur les cadavres ou dans les poches de leurs victimes.

Ce qui est rare, il faut le dire, car nul ne connaît mieux la limite sur laquelle il faut s'arrêter et ne pas se faire surprendre que ceux qui font métier de la franchir, lorsque la surveillance s'éloigne ou s'endort.

Un dentiste s'est écrié un jour : N'arrachez pas, guérissez.

Le philosophe pourrait dire aux fabricants de lois : Ne punissez pas, prévenez.

Hélas ! comme les carabiniers de l'opérette, on arrive toujours trop tard, et quand le mal est fait.

Mais enfin, au milieu de cette comédie où l'argent semble le rêve unique et universel, et où les prescriptions de la justice et de la loi sont les seules barrières qui préservent les uns des brutalités et des avidités des autres, il est d'un haut intérêt de voir une classe d'hommes faisant état de ne point se mêler à cette saturnale de l'argent, et qui se contentent de l'honneur désintéressé pour assumer sur leur tête la redoutable et indispensable besogne de surveiller les barrières et d'appliquer la loi.

Ces hommes sont les magistrats.

* *

Il n'est pas de marchand de mousseline de laine, de fabricant de savon, d'épicier et négociant en contremarques, de vendeur d'absinthe, de restaurateur ou cafetier, d'huissier, de syndic, d'homme d'affaires véreux, ou sans vers, etc., etc., qui ne gagne plus que le magistrat vieilli sous la robe du juge. Les émoluments suffisent à peine à la vie stricte et honorable que doit mener celui dont la conduite et les arrêts sont appelés à servir d'exemple.

MONSIEUR LE PRÉSIDENT.

Et pourtant certaines familles sont, comme par un privilége tutélaire, vouées de père en fils à cette vie d'abnégation et de sacrifice, où la vue ne se repose que sur des délinquants et des criminels, des dupeurs et des dupes, des bourreaux et des victimes. Et il est encore, heureusement, parmi nous, assez d'hommes de sentiment et jaloux de considération et de respect pour que ces places soient honorablement recherchées.

Triste cependant! ils ne voient que des hommes noirs, des choses sombres, et n'ont d'autre satisfaction que celle du devoir rempli, du service rendu à tous, et peut-être aussi des douleurs prévenues.

Ils sont là pour protéger la veuve et l'orphelin, qui, s'ils trouvent toujours un avocat et une éloquence pour les défendre, rencontrent toujours aussi, il faut le dire, un autre avocat pour les attaquer.

Honneur aux hommes qui, s'ils ne méprisent pas les richesses et l'argent, sont persuadés que l'on y trouve le mobile le plus fréquent de tous les actes fâcheux et de tous les crimes, et consacrent leur vie à faire mépriser et châtier ceux qui usent de moyens criminels ou méprisables pour se les procurer.

EXAMEN DES MURS

PAR LES VIEUX

En voilà assez, chère Madame; cachez
ce sein que l'on ne saurait voir.

Cachez ce sein que l'on voit trop.

Vous vous mariez, cher Monsieur. C'est bien. Vous savez
ce qui vous attend ?

Ne soyez pas si noir.

Tâchez de faire plaisir à quelqu'un avant
votre mort.
— Le temps d'étrangler encore quelqu'un, et je suis à vous.

DUO DE PHILÉMON ET BAUCIS.

Bravo! Allez ainsi jusqu'à la fin
de la pièce.

QUATRIÈME PARTIE

LES VIEUX

Voici le temps où l'homme, après avoir gravi, sans souci de ce qu'il foulait sous ses pieds, la route qui l'a conduit aux sommets, s'assoit pour trouver du repos et contempler, avec orgueil ou regret, la route parcourue.

C'est le temps aussi où celui qui n'a cessé de marcher péniblement dans les terrains mouvants, peuplés de fondrières, les pieds et les mains déchirés par les cailloux et les ronces, s'arrête épuisé sur la pierre du chemin, attendant que le repos suprême vienne le consoler et l'affranchir.

Heureux celui qui, s'interrogeant alors, n'est pas forcé de se répondre amèrement à lui-même, qu'il soit sur les hauteurs brumeuses ou dans les bas-fonds de la plaine : Je n'ai pas suivi la voie que j'aurais dù prendre; je regrette le vide de mon enfance, l'imprévoyance et la stérilité de ma jeunesse, par suite, les erreurs coupables de mon âge mûr.

Je suis vieux; il n'est plus temps de retourner sur mes pas; les jours m'abandonnent!

Si jeunesse savait! si vieillesse pouvait!

* * *

Oui, mais est-il rien de plus beau que ces admirables vieillards et ces touchantes vieilles femmes sur le visage calme desquels se reflète la vie passée dans le bon et dans le bien? Livres toujours ouverts et parlants que l'on doit consulter avec respect, et qui sont à la fois un enseignement et un exemple.

C'est en eux que vit la tradition et que rayonne le souvenir du passé, sans lequel, quoi qu'en puisse dire l'orgueil du temps actuel, nous ne serions rien dans le présent ni dans l'avenir.

* * *

Dans toute la Grèce, à Sparte surtout, on honorait la vieillesse.

Lorsqu'un vieillard se présentait pour assister aux jeux, les jeunes se levaient et lui cédaient la place avec empressement et respect.

De nos jours, il n'en est point toujours ainsi, loin de là; quand les vieux sont assis, on leur crie sur tous les tons : Place aux jeunes! et on ne leur laisse aucun répit jusqu'au moment où l'on est parvenu à les arracher de leur siége, à les jeter dehors. Cela vaut toujours mieux que de les rôtir et de les manger, comme font encore Messieurs les sauvages.

CEUX QUI NE SAVENT PAS VIEILLIR.

Aussi se rencontre-t-il çà et là des hommes vieux et des vieilles femmes qui s'épuisent à jouer la comédie de la jeunesse, croyant ainsi détourner l'attention et désarmer la malveillance de ceux qui, malgré tout, cherchent à conquérir leur place.

Hélas ! les rides comblées avec du blanc et du rose ne s'en accusent que mieux. Les cheveux, outrageusement noirs ou cruellement blonds, ne s'harmonisent plus ni avec les chairs ni avec le regard.

La taille, quelque sanglée et maintenue qu'elle soit, n'a plus son élasticité ni sa souplesse. Les allures, les mots et les expressions d'un autre âge détonnent péniblement en eux et chagrinent l'oreille comme le grincement faux des vieilles girouettes. La vieillesse n'a fait que perdre sa dignité, je dirai même sa grâce, et n'a trompé personne, pas même elle.

Les simili-jeunes dans l'espèce de l'homme ont peut-être moins de valeur encore que les simili-vieux dans l'espèce de la curiosité et du bibelot. Mais avec l'homme, il faut bien que la comédie ait sa raison d'être jusqu'au bout.

* *
*

Celui qui veut être utile aux siens comme à son pays, peut l'être jusqu'à la vieillesse extrême. Le difficile est de savoir s'arrêter à temps et changer, comme il est convenable de le faire, la nature de ce qu'il faut donner autour de soi. Il est certaines gens infatués de leur personne qui, pareils à ces vieilles actrices, vieilles danseuses ou vieilles coquettes, chez lesquelles la prétention est passée à l'état chronique, persistent à occuper la scène où ils s'agitent douloureusement pour eux-mêmes et pour la galerie, esquissant de pénibles pirouettes et envoyant des baisers au parterre jusqu'au moment où ils sont forcés enfin de comprendre, et de passer au rôle qui leur convient.

SOUS LA REMISE..

QUAND la vie a été remplie par le travail, le repos n'est-il pas nécessaire? Les gens qui viennent après ceux qui occupent les places et qui brûlent d'occuper ces places à leur tour, ont décrété ce repos obligatoire. Arrivés à un certain âge, les gens sont mis à la retraite et placés sous la remise.

Les remises pour les petites gens et les ouvriers sont les Petits-Ménages, les Incurables, les portes des églises, les ponts fréquentés, Sainte-Périne, les Invalides, enfin les demeures hospitalières où l'on trouve le dernier lit préparé aux frais des contribuables, et dont, juste leçon donnée par la loi, on prélève en grande partie la dépense sur les plaisirs et les spectacles de ceux qui s'amusent et jouissent gaiement de la jeunesse et de la santé.

* *
*

Mais il est aussi des retraites splendides et des remises opulentes.

Les remises enviées et jalousées par tous sont l'Institut, et surtout, de toutes les classes, l'Académie française.

SOUS LA REMISE.

— On est philosophe, il le faut bien! mais enfin, il est encore çà et là quelques petits cordons
qui vous rattachent à la vie.

BONNE MAMAN.

— Ils diront ce qu'ils voudront, je vais à l'église. Quand, toute sa vie, on s'est occupé des autres,
on peut bien, à la fin, se préoccuper un peu de soi.

L'ACADÉMIE FRANÇAISE ET LES VISITES.

Après le succès de *Mathilde* et des *Mystères de Paris*, Eugène Suë fut des plus choyés et des plus gâtés dans certains salons des mieux posés, et il en prit une bonne dose de suffisance.

Nous l'avons déjà raconté quelque part.

Il était un jour question, dans une de ces réunions de haute lice, des visites, des obligations et des ennuis qu'elles imposent.

— Pour moi, disait Eugène Suë d'un ton assez cavalier, j'en ai pris mon parti, je ne fais jamais de visites.

— C'est la différence qu'il y a entre vous et M. votre père, le bon docteur Suë, repartit le vieux marquis de Biencourt, car lui en faisait le plus qu'il pouvait.

* * *

H. de Balzac ne portait pas bien haut le talent d'Eugène Suë et ne l'aimait guère ; aussi la jolie et aristocratique impertinence du vieux marquis l'amusa beaucoup.

— Au moins, ajouta-t-il, s'il ne fait pas de visites, nous aurons une compensation, celle de ne pas le voir entrer à l'Académie française.

Et, en effet, Eugène Suë n'en fut pas.

Il est vrai que Balzac n'en fut pas non plus, ce dont je me plais à croire que l'Académie doit encore être tant soit peu confuse.

* * *

C'est qu'en effet il existe une importante question de visites qui domine tout en matière d'Académie ; tout est là, nous assure-t-on : l'art de faire des visites, de les bien faire, de les faire à propos.

Car les visites sont obligatoires, par une vieille et invincible tradition, pour quiconque se pose en candidat à ces fauteuils si ambitionnés. Il semble que cette obligation soit comme une douloureuse et définitive épreuve imposée à l'amour-propre de chacun, avant de lui livrer la porte de l'immortalité. Il faut que le récipiendaire subisse les angoisses, les dédains, les refus, les fausses politesses, — qu'il essuie les déboires, les petites trahisons, les tracasseries et le reste, pour être reconnu *dignus intrare* et pouvoir se livrer, à son tour, à ce jeu qui rappelle les *brimades* de Saint-Cyr.

***

Du reste, cette coutume d'humiliation imposée aux candidats académiciens a sa philosophie. Il faut que l'athée s'incline officiellement devant le théologien, le catholique devant le protestant, le napoléonien devant le légitimiste, le républicain devant l'autoritaire, et réciproquement.

Sans cela, point de vote et point de fauteuil. Il faut, de plus, que le reçu fasse l'éloge de celui qu'il remplace, quand même son mépris littéraire n'aurait pas de limites, et qu'un académicien désigné *ad hoc* entonne les louanges du nouveau venu, lors même que, *in petto,* il le jugerait tout au plus digne d'entrer aux Quinze-Vingts.

Leçon éclatante donnée à la vanité humaine! Victor Hugo a dû solliciter le suffrage de M. Ballanche, comme Lamartine celui de M. de Pongerville, comme Jules Favre celui de Mgr Dupanloup, comme M. Émile Ollivier celui de M. de Falloux, comme, dans quelque temps peut-être, M. Rouher sera conduit à solliciter le suffrage de M. Thiers, et M. Veuillot celui de M. Littré.

***

Quand on examine curieusement le tableau des élus à l'Académie pendant un certain nombre d'années, on ne saurait s'étonner outre mesure d'y voir entrer certaines gens, comme les premiers venus, — que dis-je, les derniers venus, — pour peu qu'ils soient portés sur le flot de l'occasion et du moment; flot toujours changeant, et qui souvent peu après, comme le flot du poëte, est surpris de l'épave qu'il a déposée sur — le rivage — qui est un fauteuil.

Pour en revenir au grand Balzac et à Eugène Suë, dont nous avons cité le mot tout à l'heure :

— Moi aussi, disait Balzac, je suis obligé de faire et de recevoir des visites, mais je ne peux les souffrir. J'ai reçu trop de visites désagréables dans ma vie, sans compter celles des huissiers.

Aussi ne fit-il pas les visites obligatoires et ne fut-il pas de l'Académie, pas plus qu'Alexandre Dumas l'ancien, qui ne voulut pas faire de visites, sans doute pour les mêmes raisons. Pas plus qu'Alphonse Karr, qui s'est retiré à Saint-Raphaël, — maison close, — sans doute pour ne pas en recevoir et peut-être aussi pour ne pas en faire.

* * *

Mais M. Émile Ollivier y est entré, à l'Académie; y entreront de même certaines autres gens de mérite qui pourront comme lui, tranquillement, se livrer à une suite savamment échelonnée de visites — couronnées de ces fins dîners où l'on politique au dessert.

* * *

Ainsi il y a trois hommes que, dans notre première jeunesse, ceux de ma génération, et moi tout le premier, aimions et appréciions avec une passion véritable.

L'un d'eux personnifiait la science profonde de l'humanité, l'étude implacable des passions, l'analyse du cœur humain et la connaissance de ses plus insondables replis.

Le second, c'était la gaieté, l'esprit vivace, l'invention féconde et riche, la chaleur persuasive et le mouvement passionné.

Le troisième, c'était la raison ornée, l'esprit judicieux, la vérité prenant les formes inattendues et paradoxales pour frapper l'intelligence et le cœur, une forme littéraire irréprochable jusque dans les excentricités, la sagacité des races du Nord unie à toutes les souplesses de l'esprit gaulois.

Balzac, Alexandre Dumas, Alphonse Karr.

Et aucun de ces trois n'a figuré parmi les membres de l'Académie française !

Aucun de ces trois noms n'a trouvé grâce devant des hommes qui rayonnaient à la façon de MM. Lebrun, ou Vitet, ou Viennet, ou Népomucène Lemercier, etc., etc.

* * *

Il est vrai que Balzac est mort, et que son nom grandit encore chaque jour.

Il est vrai qu'Alexandre Dumas, lui aussi, est mort et qu'on le lit toujours, et que l'on vient enfin de lui rendre un double et juste hommage en donnant un fauteuil à son fils, qui l'a, du reste, plusieurs fois mérité par lui-même.

Pour ces deux premiers, le crime de l'Académie française est pleinement consommé et la peine irrémissible. Mais il reste encore Alphonse Karr, qui n'est pas mort du tout, et l'on semble en disposition de lui faire subir le même sort qu'aux deux autres.

* *
*

Heureusement Alexandre Dumas fils vient d'ouvrir une porte qui pourra sans doute être quelquefois utilisée dans l'avenir.

Froissé du déni de justice fait à son père, l'auteur du *Demi-Monde* n'a pas cru devoir céder à la tradition qui exige du candidat les visites indispensables et l'expose aux rebuffades de ses juges.

Désireux de faire cette précieuse recrue, un certain nombre d'académiciens se sont réunis en commission et ont décidé de constituer une majorité qui déclare devoir donner, d'une façon absolue, sa voix au candidat qu'elle se désigne elle-même.

C'est alors que, pour ne pas rompre complétement avec la tradition, ledit candidat fait des visites qui deviennent des visites de remercîment, au lieu d'être des visites de solliciteurs.

Ainsi a fait Alexandre Dumas fils.

Ainsi on aurait dû faire pour Balzac et pour Alexandre Dumas père.

Ainsi il faut qu'on fasse pour Alphonse Karr.

L'HOMME AUX RATS.

— Montez, mademoiselle Célina! Descendez!

LA VIEILLE PORTIÈRE.

A fait partie du corps de ballet avec mademoiselle Taglioni.

**

GARDES NATIONAUX.

1830-1848.

— Ce qu'il nous faut, c'est l'adjonction des capacités.
— Et puis après?
— Eh bien, après, l'adjonction des incapacités... faut être juste.

LA MARCHANDE DE GATEAUX DE NANTERRE.

Rosière en 1809.

L'HOMME AU PAVÉ.

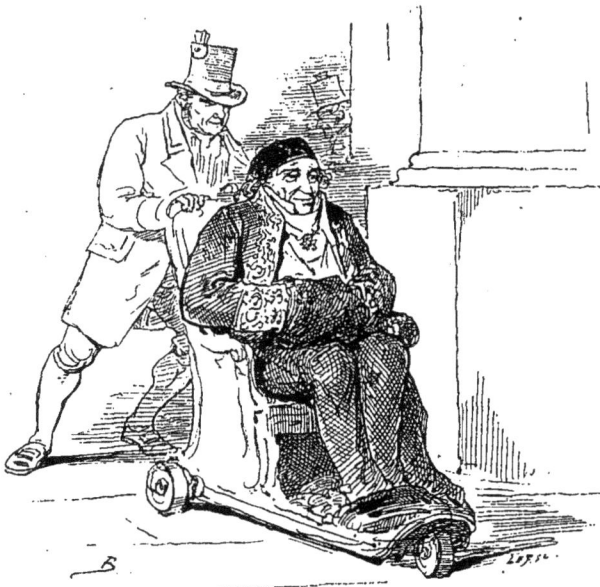

La chaise curule.

CHAMBRE HAUTE.

Quand une fois on a goûté des splendeurs du pouvoir et des bénéfices attachés au jeu de la politique, il est, si nous en croyons nos yeux, bien douloureux de s'en séparer à jamais. Aussi, dans toute constitution on ménage, une compensation aux vieux lutteurs qui ne peuvent plus, comme les jeunes, descendre dans le cirque; un asile aux vieux pilotes qui connaissent les écueils et les signalent au risque de n'être ni entendus ni écoutés.

Toute carrière a son couronnement; la carrière de l'orateur français ne devait pas être plus déshéritée qu'une autre.

Aussi, quand un orateur s'est distingué par ses paroles ou par son silence, lorsqu'il a bu une quantité suffisante de ces verres d'eau sucrée parlementaires puisés à la source officielle et fécondante, lorsque les dents détalent glorieusement, que les cheveux s'en vont, que les articulations se roidissent, que la bouche semble mâcher un peu de bouillie, il est permis alors de chercher à décrocher la suprême timbale et d'aspirer à ce dernier sommet... de la satisfaction et du repos.

Au palais tranquille du Luxembourg, il est une vaste salle recueillie, silencieuse, capitonnée avec soin. Des tapis moelleux assourdissent les pas. Les siéges sont doux et invitent au sommeil.

Il y a bien une tribune, mais elle est rembourrée et l'on y arrive par une pente adoucie avec précaution; le verre d'eau y est remplacé par un julep, et la sonnette du président y est encapuchonnée de velours noir.

Les couloirs sont tièdes, pas de courants d'air, pas d'éclats de lumière et de voix, pas d'irréconciliables, pas d'opposants. Les clartés sont voilées par des abat-jour protecteurs. Toutes ces vieilles lueurs réunies éclairent les questions d'un doux et calme rayonnement qui rappelle celui de la lune et fait rêver à l'heure de minuit au milieu de tombeaux vénérés.

Telle est, telle doit être notre Chambre haute, port refuge-abri, sorte de reposoir dernier avant le débarcadère définitif au champ de l'éternel repos.

L'idéal doit être ces sénateurs de l'ancienne Rome, immobiles et impassibles dans leurs longs vêtements et sur leurs chaises curules, auxquels les Gaulois de Brennus venaient tirer la barbe pour s'assurer que ces vieillards n'étaient pas des figures de cire sorties des salons de quelque antique Curtius.

**
* *

Beaucoup sont appelés, peu sont élus, car le nombre est restreint de ces Pères conscrits.

Une longue carrière a précédé ce droit de s'asseoir enfin, de s'assoupir confortablement, et de dormir si l'on veut; mais tous les vieux acteurs politiques qui ont joué un rôle d'une certaine importance, et qui sont admis à faire valoir leurs droits à la retraite, n'arrivent pas à cet asile envié.

**
* *

L'orateur qui fait partie de cette respectable Chambre, auguste Sainte-Périne des grands rôles officiels, ne doit pas se donner de tracas inutile.

L'orateur qui ne dira exactement rien sera celui qui remplira le mieux son devoir. Voter, enrayer est sa fonction; qu'il vote, qu'il enraye le *char de l'État* sur des pentes trop roides, cela suffit.

Pas de conversations longues; les conversations n'ont jamais servi qu'à embrouiller les affaires.

De temps en temps, il est vrai, il est bon que l'on fasse acte de vie.

On organise un petit tournoi à armes courtoises, et l'on se partage les rôles.

Si vous êtes parmi les orateurs désignés pour ces passagères petites fêtes, demandez au conservateur des bibelots et accessoires tout ce qui regarde la droite, le centre droit, et jusqu'au centre gauche de la Chambre.

Vous avez des accessoires très-soignés et très-bien exécutés, quoique un peu vieux, dans les grandes armoires du fond.

Puisez avec modération. Vous en trouverez qui ont servi à la Chambre des Pairs, sous la Restauration, sous le vieux Louis-Philippe et sous Napoléon III. Demandez conseil à quelques-uns des orateurs présents, qui sont encore Pères conscrits.comme ils avaient été jadis pairs et sénateurs.

* * *

Du reste, votre tact vous révélera quels sont les accessoires à deux faces que l'on pourrait utiliser encore. Faites manœuvrer à votre aise, vous serez toujours applaudis, et on lira dans le journal, le lendemain : « M. A. retourne à sa place et reçoit de nombreuses félicitations. »

Ne craignez pas d'être long, ne craignez pas d'être court, suivez votre fantaisie : il n'en sera rien de plus, rien de moins. D'autres vous succéderont à la tribune. Quand on aura parlé quelque temps l'on s'arrêtera, on votera comme on eût voté si l'on n'avait rien dit, et la chose sera faite.

On se dira dans le public : Tiens, tiens, tiens, ce brave monsieur un Tel, il va toujours. Voyez-vous comme il jabote encore? On dira de vous comme de ces vieilles dames : Pristi! comme elle a dû être belle!

Cela doit vous suffire, vous êtes assez philosophe et vous avez assez vécu pour vous moquer complétement du reste et apprécier à leur valeur ces auréoles de carton que l'on fourre sur la tête d'un homme un jour pour les déchirer le lendemain, et lui en refabriquer d'autres quelque temps après, pour les rejeter de nouveau au panier.

Prenez-en donc à votre aise.

Si vous avez froid à la tête, mettez une bonne calotte, et ne vous donnez pas la gêne d'un faux toupet et d'une perruque. Si vous avez froid aux yeux, mettez-vous un bon abat-jour et une bonne paire de lunettes garnies d'étoffe.

Si vous avez froid aux oreilles, fourrez-y du bon coton bien doux, bien chaud et bien fin. Si vous n'entendez pas, soit vos collègues, soit les voix des braillards et des vociférateurs du dehors, dites-vous que vous n'y perdez guère, et qu'au fond cela vous importe peu.

Tenez-vous les pieds chauds, méfiez-vous des courants d'air et des rhumes.

Si vous tenez à interrompre, tâchez d'être un peu spirituel, lancez au besoin quelque trait finement aiguisé au temps de Louis-Philippe et qu'on aura sans doute oublié.

Si vous voulez absolument dire quelque chose, et que les événements ne paraissent pas s'y prêter, faites un peu de statistique, c'est une ressource. Ça n'amuse pas, c'est vrai, mais ça donne une certaine allure sérieuse au dehors. Vos collègues ne vous en voudront pas, car rien ne pousse à un sommeil profond et bienfaisant comme la statistique.

* * *

Un de nos amis, un vieil homme d'esprit pratique et de sens, qui a fait tranquillement poser un rond vert sur sa chaise curule, nous disait jadis :

« On cherche en ce moment à nous troubler dans notre repos ; ce n'est pas bien. Ce repos, nous l'avons bien gagné ; nous y tenons, nous y reviendrons par la force des choses.

« On ne nous dira pas de penser à notre avenir ; notre avenir, nous le tenons. Tout ce que nous pouvons faire, c'est de conserver le présent pour arriver à demain. Après-demain n'est pas à nous.

« Et nous irions nous donner du mal, troubler nos digestions déjà pénibles, risquer des refroidissements et des congestions ! Non, non ! il n'y faut pas penser.

« Mon père, qui était un homme prudent, n'avait foi qu'aux diligences et n'a jamais voulu aller en chemin de fer. Moi, j'accepte les chemins de fer ; mais je ne voudrais jamais songer aux ballons, et du reste comme cela.

« J'ai vu une douzaine de constitutions, j'en ai assez pour ma consommation personnelle. Que ceux qui viennent après moi s'amusent à en faire, si tel est leur bon plaisir. Moi je m'en lave les mains et je ne m'en mêle plus.

« Je ne m'en servirai pas.

« Que les jeunes s'agitent, puisqu'ils espèrent y trouver leur compte. Moi, je me repose. Bonsoir, la compagnie ! »

Celui-là est un sceptique et va peut-être un peu loin, mais il y a du vrai dans ce qu'il dit, et l'orateur français doit en tenir compte pour ses vieux jours.

* * *

Qu'il se le dise ! La vieille salle du Luxembourg, où se joue cette dernière et nécessaire comédie, vient d'être passagèrement troublée dans son silence et détournée de son repos et de son rôle.

Mais elle ne peut manquer prochainement d'y revenir.

CONCLUSION.

Nous ne sommes pas de ceux qui croient à la loi fatale et nécessaire du progrès dans l'humanité.

Il ne nous est pas démontré que Phidias et Cléomène, et tant d'autres, qui vivaient il y a plus de deux mille années, trouvent chaque année leur supérieur au palais de l'Exposition universelle, que Raphaël ait été surpassé par M. Ingres, Titien et Véronèse par Delacroix, Terburg et Metzu par Meissonier, Arago par M. Leverrier, et le suffrage universel d'Athènes au temps d'Aristide par celui de Paris et de la France au temps de M. Raspail.

Molière est un vieux qui ne nous semble pas avoir été sérieusement dépassé de nos jours, pas plus que Rabelais, La Fontaine, Pascal, Bossuet et Diderot.

Alexandre et César ne furent pas sensiblement inférieurs à Napoléon, Attila et Gengis-Khan ne le céderaient pas sur beaucoup de points aux derniers conquérants qui ont illustré la scène politique.

Et cependant l'art d'aller vite, de tuer rapidement, est le seul dont l'humanité puisse constater les incontestables progrès.

Lorsque nous contemplons les ruines splendides de Thèbes et de Ninive, les monuments gigantesques élevés jadis par les Hindous, les Siamois, les Japonais et les Chinois, nous mettons plus de sobriété dans notre admiration pour nos palais, nos quais et nos boulevards.

Et si nous regardons plus près de nous encore, nous ne pouvons nous défendre d'admirer davantage la pléiade de ceux qui ont illustré la première moitié de notre siècle et qui maintenant sont morts ou vieux, que celle qui s'agite maintenant comme elle peut autour de nous.

La théorie du progrès dont on s'entretient naïvement de nos jours ne nous paraît qu'un rêve destiné à satisfaire l'amour-propre de nos contemporains et à jouer son rôle dans la comédie de notre temps, pour faire sourire les gens sages qui viendront plus tard après nous.

* *
*

Voici pourquoi nous aimons les vieux, pourquoi nous les lisons avec admiration et nous les entendons avec respect. Car nous voyons en eux la tradition des grandeurs et des principes du passé, sur lesquels, en dépit de tout, se basent la tranquillité et la prospérité de l'avenir.

LE DERNIER EXAMEN

— Je n'ai pas été cruelle et je n'ai pas fait de malheureux.

A fait des malheureuses.

A mis bien des malheureux sur la paille.

— Nous avons fait écharper quelques milliers d'hommes. Et puis après, on doit toujours mourir. C'était peut-être pour leur bonheur, et certainement pour le nôtre.

— Ma belle enfant, que faisiez-vous le 28 juillet 1830, à deux heures et demie du matin?

LA DANSE MACABRE DE 1875.

Allons, allons, allons, partons!
(*Orphée aux enfers*, musique d'Offenbach.)

LA COMÉDIE DE L'ARGENT.

Dénouement.

— Lâchez tout!...

LE DÉPART.

— En voiture, Messieurs et Mesdames, en voiture!

LES CHAMPS-ÉLYSÉES.

TABLE DES MATIÈRES

**

DEUXIÈME PARTIE.

TROISIÈME PARTIE.

QUATRIÈME PARTIE.

PARIS. TYPOGRAPHIE E. PLON ET Cie, 8, RUE GARANCIÈRE.

www.ingramcontent.com/pod-product-compliance
Lightning Source LLC
Chambersburg PA
CBHW071135270326
41929CB00012B/1764